普通高等教育经管类专业“十三五”规划教材·会计信息化系列

会计信息化基础

丛书主编　欧阳电平

主　编　胡　丹

副主编　袁　芬　张　玲

清華大學出版社

北　京

内容简介

本书全面介绍了会计信息化的基本知识，包括会计信息化的发展、与会计信息化相关的一些概念、会计信息化的基本结构、基本工作规范以及会计信息系统的安全管理；并且探讨了会计信息化运行平台、运行环境，也对用友ERP-U8、金蝶K/3平台进行了简要介绍，并提供了软件安装方法。

本书还介绍了会计信息系统中总账系统、报表系统、固定资产系统、工资系统、应收管理系统、应付管理的基本原理，包括各子系统的目标、任务、特点、业务流程以及与其他子系统的数据传递关系。在此基础上，本书还设计了一个工业企业的案例来贯穿全书，每个章节围绕该企业具体的管理和业务流程来介绍各子系统的功能和操作流程，使读者能够更清晰、更全面地理解企业的业务，将所学理论知识灵活运用于实务，达到不仅知其然，更知其所以然的目的。全书共分八章，每章包括学习目标、正文、本章小结、关键名词、思考题、练习题，供读者消化理解所学理论知识。本书最后的附录可供读者练习，从而提高对实务的理解能力和应用能力。

本书可用作高等学校财会专业的本科生、专科生的教材或教学参考书，还可以用作企业人员系统学习会计信息化相关基础知识和进行财务软件培训的教材，并可供从事会计信息化研究与实务培训的人员学习参考。

图书在版编目(CIP)数据

会计信息化基础 / 欧阳电平　丛书主编；胡丹　主编. —北京：清华大学出版社，2017
(2022.8重印)
(普通高等教育经管类专业“十三五”规划教材·会计信息化系列)
ISBN 978-7-302-47865-2

Ⅰ. ①会…　Ⅱ. ①欧…　②胡…　Ⅲ. ①会计信息—财务管理系统—高等学校—教材　Ⅳ. ①F232

中国版本图书馆CIP数据核字(2017)第181044号

责任编辑： 刘金喜　蔡　娟
封面设计： 尹梦涵
版式设计： 思创景点
责任校对： 曹　阳
责任印制： 曹婉颖

出版发行： 清华大学出版社
网　　址：http://www.tup.com.cn，http://www.wqbook.com
地　　址：北京清华大学学研大厦A座　　邮　　编：100084
社 总 机：010-83470000　　邮　　购：010-62786544
投稿与读者服务：010-62776969，c-service@tup.tsinghua.edu.cn
质 量 反 馈：010-62772015，zhiliang@tup.tsinghua.edu.cn
课 件 下 载：http://www.tup.com.cn，010-62781730
印 装 者：三河市龙大印装有限公司
经　　销：全国新华书店
开　　本：185mm×260mm　　印　　张：16.25　　字　　数：366千字
版　　次：2017年8月第1版　　印　　次：2022年8月第4次印刷
定　　价：58.00元

产品编号：075547-03

丛 书 序

经济全球化和“大数据”“云计算”“移动互联”“人工智能”等新一轮信息技术的飞速发展，加速了我国企业信息化的进程，会计环境也发生了重大变革。依托于信息技术创新的财务管理模式(如财务共享服务)，以及管理会计信息化的深入推进，不仅提高了会计工作效率，更加提升了会计管理、控制和决策的能力。我国财政部发布的《关于全面推进管理会计体系建设的指导意见》(财会 2014〔17〕号)文件中也明确指出“加快会计职能从重核算到重管理决策的拓展”，我国会计信息化事业进入一个新的发展阶段。

信息化事业的发展对财会人员或经管类专业学生的知识结构和能力提出了更高的要求。财会人员或经管类专业的学生如果不掌握一定的信息技术知识，不具备较熟练的计算机应用能力和必要的分析问题、解决问题的能力，以及自我学习的能力，将很难适应未来专业工作的需要。如何培养适应时代发展的财会专业人才以及企业信息化人才？作为一名在中国会计信息化领域从事教学和研究近三十年的老教师，我一直在思考这个问题。会计信息化需要的是具有多学科交叉的复合型知识结构的人才。我国高校要培养这样的人才首先要解决专业教育理念的转变、培养目标的正确定位，以及会计信息化师资等问题；在此基础上要制定适应信息化发展的人才培养方案，以及编写适应时代发展的合适的教材。为此，我们经过充分的调研和精心的准备，推出了这套“会计信息化”系列丛书。

本系列教材首先出版的是《会计信息化基础》和《财务与会计数据处理——以Excel为工具》两本，随后将陆续推出《ERP系统原理与应用》《企业经营决策模拟实训——以财务决策为中心》《会计综合实训——从手工会计到业财一体化》《管理会计信息化》等。本系列教材具有以下特点。

(1) 学历教育、职业教育、岗位对接一体化。系列教材的读者对象主要为我国普通高校财会专业以及经管类专业的本科生、大专生和在职的财会人员。对于学历教育要求将基本概念、基本原理和知识架构论述清楚；对于职业教育要求将业务流程和数据之间的传递关系要阐述清楚；对于岗位对接则要求将岗位职责和岗位操作流程表达清楚。教材的编写自始至终贯穿这个原则，使理论学习与实践有机结合、课程教学与岗位学习有机结合。

(2) 教材内容不仅注重信息化实践操作能力的培养，也更注重构建相关学科信息化的完整理论体系。我们根据长期从事信息化教学的经验体会到：任何应用软件仅仅是从事专业工作的工具，只有对业务工作熟悉了才能使用好工具；因此，教材重点是对业务流程、业务场景阐述清楚，要有基础理论铺垫，使读者不仅知其然，还要知其所以然。为便于教学，每本教材都配有软件的操作实训(如金蝶 K/3 系统的操作)，但又防止写成软件的操作手册，这样才能做到触类旁通。

(3) 教材的创新性。系列教材由浅入深，内容丰富，满足各个层次的会计信息化教学和读者群的要求。其中，《会计综合实训——从手工会计到业财一体化》《管理会计信息化》《企业经营决策模拟实训——以财务决策为中心》(暂定)是目前市面上少有的教材，我们的编写思路和结构应该是创新性的。系列教材基本覆盖了目前高校财会专业以及经管类专业开设的会计信息化相关的课程教学，同时又充分考虑了企业开展会计信息化培训的不同需求，按照从易到难的原则设计各教材的知识体系。每本教材除了讲授相关课程的信息化理论和实务外，还提供了相应的案例、丰富的习题、上机实训题等，便于教学使用。

(4) 充分利用团队的力量，力保教材的质量。本系列教材由欧阳电平策划、总编和主审，确定每本教材的大纲、编写的思路和原则。其他作者大部分来自于湖北省会计学会会计信息化专业委员会的高校教师，他们都具有多年信息化方面的教学和实践经验；另外，湖北省会计信息化专业委员会除了有高校委员外，还有浪潮集团湖北分公司等企业委员，他们丰富的实战经验和案例等资源为系列教材提供了素材。我们利用会计信息化专业委员会这个平台组织教材编写团队，充分调研和讨论大纲，相互交叉审阅书稿，力保教材质量。

在本系列教材的编著过程中，尽管我们进行了多次的调研和讨论，力求做到推陈出新，希望能够做到尽可能完美，但仍然难免存在疏漏和错误，恳请读者多提宝贵意见。

本系列教材在编著过程中，参考和吸收了国内外不少专家学者的相关研究成果并引用了大量的实例，在此一并表示感谢。

欧阳电平

2017 年夏于珞珈山

前　言

信息技术的日新月异以及经济全球化的发展带来了会计环境的不断变迁，与此同时我国从“会计电算化”到“会计信息化”也历经了三十多年的发展历程，会计信息化的理论和实务已取得可喜的成果，呈现新的特征。然而，由于历史原因，长期以来我国的教科书一直停留在“会计电算化”阶段，这在一定程度上阻碍了会计信息化的发展步伐。本书作为会计信息化系列丛书的第一本，取名为《会计信息化基础》就是力求反映这些转变和会计信息化阶段的新特征。

本书作为会计信息化的基础教材，力求在全面、系统反映会计电算化理论和实务的基础上，进一步建立会计信息化的基本理论，阐述清楚：什么是会计电算化？什么是会计信息化？它们有何区别与联系？会计信息化的核心内容是什么？会计信息化发展方向是什么？如何更好地利用会计信息化平台来进行业务处理？等等。

本书共分八章：第一章会计信息化概述，介绍了与会计信息化相关的一些概念、发展历程、会计信息化基本工作规范、会计信息系统的基本结构以及会计信息系统的安全管理；第二章会计信息化运行平台与系统管理概述，以用友 ERP-U8、金蝶 K/3 平台为例，介绍了会计信息化运行平台、运行环境的概念，并介绍了软件安装方法，以金蝶 K/3 为例介绍了系统管理的功能和操作；第三章总账系统基本原理及应用；第四章报表管理系统原理及应用；第五章工资管理系统原理及应用；第六章固定资产管理系统原理及应用；第七章应收管理系统原理及应用；第八章应付管理系统原理及应用。每章包括各子系统的目标、任务、特点、业务流程、与其他子系统的数据传递关系，以及应用实训。

本书主要特色有：

1. 全面、清晰地论述了与会计信息化相关的概念，会计信息化的发展历程，会计信息化工作规范，会计信息系统结构与组成，会计信息化的运行平台。使读者对会计信息化有了基本认识后，进一步了解会计信息化的发展规律并明确会计信息化的未来发展方向。

2. 基础理论为实训铺垫，让读者在实操的过程中知其然，更知其所以然。每章在介绍了相关子系统的基本原理、业务处理流程、各子系统之间的数据联系的基础上，设计了相应的实训案例资料供读者练习，从而使读者更好地理解和掌握会计业务知识，做到理论联系实际。

3. 提供了丰富的上机实训的案例和数据，便于读者提高理解和应用系统的能力。本书设计了一个工业企业的案例来贯穿全书，每个章节围绕该企业具体的管理和业务流程来介绍各子系统的功能和操作流程，使读者能够更清晰、更全面地理解企业的业务，将所学理论知识灵活运用于实务。本书在附录部分还提供了一套完整的企业业务实训案例供读者练习，同时提供了一个简要案例供读者自测总账部分和报表部分。这些案例不局限于某个会计软件(本书是在金蝶 K/3 系统中操作的)，目的是通过上机操作，加深对各个会计子系统功能模块的理解，掌握计算机环境下的会计业务流程，提高动手能力。

4. 便于教学和自学。本书除了提供丰富的上机练习的案例和数据外，每章后还提供了内容丰富、形式多样的习题、思考题、关键名词等，便于课后的复习和自检。

5. 本书还提供了配套资源，包括每章实训部分的账套备份数据，便于读者练习；教学课件(PPT 格式)，便于教师授课。这些资源可通过 http://www.tupwk.com.cn/downpage 下载。

本书由丛书主编欧阳电平教授策划，确定编写思路和原则，组织讨论总体框架以及详细的大纲，最后对全书统一审核、修改、定稿。胡丹担任本书主编，负责拟定章节详细大纲，组织编写与审阅稿件。本书第一、二、三章及附录由胡丹编写；第四、五、六章由袁芬编写；第七、八章由张玲编写。梅惠娟副教授、李勇副教授对本书编写提出了宝贵的修改意见；耿淑欣、冷芹、平若贝、许文静、董秀娟帮助进行了实训案例的调试工作，在此，向她们表示衷心的感谢。本书是由欧阳电平教授担任丛书主编的会计信息化系列教材之一，在此对丛书其他编者对本书编写所提供的宝贵意见表示感谢。另外，本书的编写还参考和吸收了国内不少学者的相关研究成果，在此一并致谢。由于我们水平有限，不妥和错误之处敬请各位专家和读者指正。

作　者

2017年5月于武汉

目　录

第一章

会计信息化概述

【学习目标】

通过本章的学习，理解会计电算化、会计信息化的含义及特点以及两者之间的区别；了解会计信息化相关概念；了解会计信息化的发展历程；了解不同方式所构建会计信息系统的结构以及各子系统之间的数据传递关系；了解会计软件、会计信息化建设基本规范；理解内部控制的含义；掌握电算化会计信息系统内部控制的特点和分类；了解会计信息系统安全防范的基本方法。

第一节　会计信息化的概念及发展

要了解什么是会计信息化，就必须弄清楚与其相关的一些基本概念。例如，什么是会计电算化？什么是会计信息化？什么是会计软件？什么是会计信息系统？等等。本节主要阐述会计信息化相关的基本概念，使读者对其有一个总体的认识。

一、会计信息化的相关概念

(一) 会计电算化

会计电算化有狭义和广义之分。狭义的会计电算化是指以电子计算机为主的电子信息技术在会计工作中的应用，这是对 1981 年 8 月在长春召开的“财务、会计、成本应用电子计算机专题讨论会”上提出的“会计电算化”概念的解释，也是指由计算机代替人工记账、算账、报账，并能部分替代人脑完成会计信息的分析和判断的过程；广义的会计电算化是指与实现电算化有关的所有工作，包括会计软件的开发应用及其软件市场的培育、会计电算化人才的培训、会计电算化的宏观规划和管理、会计电算化制度的建设等。

(二) 会计信息化

会计信息化是与企业信息化相呼应的一个概念，表述了我国继会计电算化之后的一个新的发展阶段。相对于会计电算化而言，会计信息化是一次质的飞跃。企业会计信息化是企业整体信息化的一个部分，是指依据会计管理理论，应用现代信息技术，整合会计业务流程，将企业的会计业务流程与其他业务流程融为一体，实现物流、资金流、信息流的三流合一，及时、准确地向企业管理者和会计信息使用者提供有用的会计信息支持，达到充分开发和利用会计信息资源，使其产生效益的目的。

(三) 会计软件

会计软件是指企业使用的，专门用于会计核算、会计管理、财务管理的计算机软件。包括用计算机编程语言编制的用于会计核算、会计管理和决策的计算机程序、设计文档、使用说明书和相关的数据文件。会计软件是实现会计数据处理、过程控制规程的计算机程序，是会计信息系统运行的核心部件，它的功能是否完备、它的质量是否优异都将涉及会计信息的生产和使用。

常见的会计软件通常具有以下功能：①为会计核算、财务管理直接采集数据；②生成会计凭证、账簿、报表等会计资料；③对会计资料进行转换、输出、分析、利用。

(四) 会计信息系统

会计信息系统(Accounting Information System，AIS)，是指利用信息技术对会计数据进行采集、存储和处理，完成会计核算任务并提供会计管理、分析与决策相关的会计信息的系统，其实质是将会计数据(在会计工作中，从不同的来源和渠道取得的各种原始会计资料)转化为会计信息(按一定要求通过加工处理的会计数据)的系统，是企业管理信息系统(Management Information System，MIS)的一个重要子系统。会计信息系统根据信息技术的影响程度可划分为手工会计信息系统、传统自动化会计信息系统和现代会计信息系统(即本书所涉及的电算化会计信息系统)；根据其功能和管理层次的高低，可以分为会计核算系统、会计管理系统和会计决策支持系统。

(五) ERP 系统

ERP(Enterprise Resource Planning 的简称，译为“企业资源计划”)，是指利用信息技术，一方面将企业内部所有资源整合在一起，另一方面将企业与其外部的供应商、客户等市场要素有机结合，实现四流合一(即物流、资金流、信息流、业务流)。ERP 的基本思想是将企业的经营流程看成是一个紧密连接的供应链，包括供应商、制造工厂、分销网络和用户等。ERP 系统将企业内部划分为几个相互协同作业的支撑子系统，如财务、市场营销、生产制造、人力资源、质量控制、工程技术、服务维护以及对竞争对手的监视管理等。在管理技术上，ERP 系统对整个供应链的管理过程更加强调了对资金流和信息流的控制。ERP 系统的目标是充分协调企业内部资源，确立企业全面竞争优势。ERP 管理软件还在不断地吸收先进的管理技术和信息系统技术，将从动态性、集成性、优化性和广泛性等方面得到更大的发展。

(六) XBRL

XBRL(eXtensible Business Reporting Language 的简称，译为“可扩展商业报告语言”)，是一种基于可扩展标记语言(eXtensible Markup Language，XML)的开放性业务报告技术标准。

XBRL 是基于互联网、跨平台操作，专门用于财务报告编制、披露和使用的计算机语言，基本实现了数据的集成与最大化利用，会计信息数出一门，资源共享，是国际上将会计准则与计算机语言相结合，用于非结构化数据，尤其是财务信息交换的最新公认标准和技术。通过对数据统一进行特定的识别和分类，可直接为使用者或其他软件所读取及做进一步处理，实现一次录入、多次使用。其特点在于它根据财务信息披露规则，将财务报告内容分解成不同的数据元(data elements)，再根据信息技术规则对数据元赋予唯一的数据标记，从而形成标准化规范。以这种语言为基础，通过对网络财务报告信息的标准化处理，可以编制出比现行网络财务报告更加及时、满足决策所需的报告，可以将网络财务报告的不能自动读取的信息转换为可以自动读取的信息，大大地方便信息使用者对信息的批量需要和个性化利用。同传统的网络财务报告相比，以 XBRL 为基础的网络财务报告具有以下一些特点：

(1) 降低信息交换成本，提高财务信息的可获得性，间接增加了财务信息可比性；

(2) 通过互联网提供更具时效性的信息，提高信息的相关性，增强了财务信息的利用效率；

(3) 可自动交换并摘录财务信息而不受个别公司软件和信息系统的限制，为信息使用者使用财务信息提供方便；

(4) 可以减少为了不同格式需求的资料而重复输入的问题；

(5) 降低了信息供给成本，有利于信息供给者提高财务报表编制效率。

我国的 XBRL 发展始于证券领域。2003 年 11 月上海证券交易所在全国率先实施基于 XBRL 的上市公司信息披露标准；2005 年 1 月，深圳证券交易所颁布了 1.0 版本的 XBRL 报送系统；2005 年 4 月和 2006 年 3 月，上海证券交易所和深圳证券交易所先后分别加入了 XBRL 国际组织；2008 年 11 月，XBRL 中国地区组织成立；2009 年 4 月，财政部在《关于全面推进我国会计信息化工作的指导意见》中将 XBRL 纳入会计信息化的标准；2010 年 10 月 19 日，国家标准化管理委员会和财政部颁布了可扩展商业报告语言(XBRL)技术规范系列国家标准和企业会计准则通用分类标准。

截止到 2016 年，财政部已经建立的会计信息化标准体系包括：①可扩展商业报告语言技术规范系列国家标准(GB/T25500)；②企业会计准则通用分类标准；③会计软件数据接口标准，用于交换账簿和凭证数据。《会计改革与发展“十三五”规划纲要》已明确进一步推动 XBRL 在政府监管、资本市场、企业内部的应用；尤其是在企业内部应用 XBRL 技术建立内部信息数据标准，形成企业内部运营大数据，挖掘数据应用场景，找到企业应用 XBRL 技术的原生动力；推进企业会计准则通用分类标准实施、利用 XBRL 提升内部信息标准化、促进财务业务数据融合。

(七) 云会计

云会计即云计算环境下的会计工作，其实质是利用云技术在互联网上构建虚拟会计信息系统，完成企业的会计核算和会计管理等工作。这种对会计信息化的建设与服务采用外包的模式，将进一步推动会计工作向前发展。在传统意义上，企业会将自己购买的会计软件视作一项产品，并将其安装于企业的计算机系统中。而云会计软件的出现，使企业会计信息系统的边界和管理理念都发生了变革。在云会计框架下，会计信息通过网络导入，企业通过线上服务提供商购买到的是会计软件的使用权，而非所有权。

作为现代企业财务管理信息化的“利器”，云会计的显著优势在于远程操控。在云会计环境下，会计信息共享在“云端”，通过手机、平板电脑和台式机等终端，会计人员可以随时随地对会计业务进行处理，大大提高了会计人员的工作效率；企业管理者可以实时通过财务信息与非财务信息融合后的挖掘分析，对企业的经营风险进行全面、系统地预测、识别、控制和应对，实现企业对市场变化的柔性适应。

虽然云会计的应用能带来诸多便利，但是仍有许多企业对于采用云会计保持观望态度，这主要是出于对会计信息安全性的考虑。基于云计算的部署模式，大量数据存储在同一云端，一旦云存储中心遭到破坏或者攻击，后果将是无法承受的，无数的企业将会受到影响。在同一云端中，如果企业的核心数据意外地泄露给其他公司，也将会带来严重的后果。因此，云会计服务提供商的选择直接关系到企业会计信息化实施的成效，因而企业应慎重选择云会计服务提供商。需对服务商的规模、对外服务、价格和信誉等因素进行综合考虑，同时还需考虑云会计服务的安全性、稳定性、可定制性、可扩展性及技术支持。

二、会计信息化的特点

(一) 普遍性

会计的所有领域(包括会计理论、会计工作、会计管理、会计教育等)要全面运用现代信息技术。而在上述领域中，我国都有不同程度的运用，可以说是起步晚、发展快、成效大，只是还不能真正达到会计信息化的水平且在会计理论方面相对滞后。准确地讲，现阶段会计信息化赖以存在的还是传统的会计理论，既没有修正传统的会计理论体系，更没有构建起适应现代信息技术发展的完善的会计理论体系。从会计信息化的要求来看，首先就是现代信息技术在会计理论、会计工作、会计管理、会计教育诸领域的广泛应用并形成完整的应用体系。

(二) 集成性

会计信息化将对传统会计组织和业务处理流程进行重整，以支持“虚拟企业”“数据银行”等新的组织形式和管理模式。这一过程的出发点和终结点就是实现信息的集成化。信息集成包括三个层面：一是在会计领域实现信息集成，即实现财务会计和管理会计之间的信息集成，协调和解决会计信息真实性与相关性的矛盾；二是在企业组织内部实现财务和业务的一体化，即集成财务信息和业务信息，在两者之间实现无缝连接；三是建立企业组织与外部利益相关者(客户、供应商、银行、税务、财政、审计等)的信息网络，实现企业组织内外信息系统的集成。信息集成的结果是信息共享，企业组织内外与企业组织有关的所有原始数据只要一次输入，就能做到分次利用或多次利用，既减少了数据输入的工作量，又实现了数据的一致性，还保证了数据的共享性。建立在会计信息化基础上的集成的会计信息系统是与企业组织内外信息系统有机整合的、高度数字化、多元化、实时化、个性化、动态化的信息系统，它具有极强的集成性。

(三) 动态性

动态性，即实时性或同步性。会计信息化在时间上的动态性表现为：首先，会计数据的采集是动态的。无论是企业组织外部的数据(如发票、订单)，还是企业组织内部的数据(如入库单、产量记录)；也无论是局域数据，还是广域数据，一旦发生，都将存入相应的服务器，并及时送到会计信息系统中等待处理。其次，会计数据的处理是实时的。在会计信息系统中，会计数据一经输入系统，就会立即触发相应的处理模块，对数据进行分类、计算、汇总、更新、分析等一系列操作，以保证信息动态地反映企业组织的财务状况和经营成果。第三，会计数据采集和处理的实时化、动态化。会计数据采集、输入、处理的实时性使得会计信息的发布、传输和利用能够实时化、动态化，会计信息的使用者也就能够及时地做出管理决策。

(四) 渐进性

现代信息技术对会计模式重构具有主观能动性。但是，这种能动性的体现是一个渐进的过程。具体应分三步走：第一步，以信息技术去适应传统会计模式，即建立核算型会计信息系统，实现会计核算的信息化。第二步，现代信息技术与传统会计模式相互适应。传统会计模式为适应现代信息技术而对会计理论、方法做局部的小修小改；扩大所用技术的范围(从计算机到网络)及所用技术的运用范围(从核算到管理)，实现会计管理的信息化。第三步，以现代信息技术去重构传统会计模式，以形成现代会计信息系统，实现包括会计核算信息化、会计管理信息化和会计决策支持信息化在内的会计信息化。

三、会计信息化的发展历程

信息化的发展离不开计算机、网络等高科技的发展，会计工作的发展也离不开信息化的支持。随着信息技术的日益发展与广泛运用，我国会计信息化的发展也日新月异。会计信息化不仅改变了会计核算方式、数据存储形式、数据处理程序和方法，扩大了会计数据处理领域，提高了会计信息质量，而且改变了会计内部控制与审计的方法和技术。会计的本质是一种经济管理活动，因此，会计信息化的进程是伴随着管理信息化以及作为其载体的管理信息系统不断发展而逐步形成的。

最早把计算机应用于会计信息处理领域是在1954年10月，美国通用电器公司用计算机计算工资。直到20世纪60年代中期，由于这一时期计算机价格比较昂贵，人们只是把计算机作为一种计算工具应用于会计领域，主要用来计算数据量大、重复工作较多的会计业务，如计算工资、库存材料收发核算等。这是计算机应用于会计领域的初期，主要是局部替代一些手工操作，提高工作效率。60年代中期以后，随着计算机技术、数据库技术的发展与完善，尤其是微型计算机的发展与计算机价格的下跌，计算机在会计领域的应用不断扩大，计算机在会计中的应用已使会计管理工作发生了深刻的变革。因此，会计信息化的发展阶段可以概括为：单项会计数据处理阶段、部门级会计数据处理阶段和财务数据与业务数据一体化处理阶段。

(一) 单项会计数据处理阶段

单项会计数据处理是会计信息系统的初级阶段，国外称这一时期的系统为电子数据处理会计(Electronic Data Processing Accounting，EDPA)，从20世纪50年代延续到20世纪60年代末。这一阶段，企业的计算机应用水平还很低，系统开发的主要目的是减轻管理人员的劳动强度，替代手工操作，提高业务处理的工作效率。这时期的计算机应用软件的功能比较简单，主要完成的功能是工资计算、账目汇总、数据统计等单一性，低管理层，小范围的数据处理或事务处理，提供业务数据的汇总资料。这一阶段的会计信息系统的主要特点如下。

(1) 会计核算和操作流程模拟手工方式。

(2) 只有相互独立的单机运行的会计核算程序，一种核算程序独立完成某项会计业务，相互之间没有联系，还没有形成真正意义上的会计信息系统。

(3) 会计数据的采集、输入和处理是后台以批处理方式进行的，即一般通过人工在各业务点收集、整理数据，将一批数据穿孔在纸带或卡片上，然后送到计算机房，输入计算机中，集中成批处理。

我国在1981年8月提出“会计电算化”的概念后，会计理论界开始研究计算机在会计核算中的应用，并建立起会计电算化理论模型；部分企业也开始与高校和研究所合作，开始会计电算化相关的应用初步探索，但这一时期的会计电算化工作仅仅局限于工资管理和会计核算业务处理工作，开发水平低。

(二) 部门级会计数据处理阶段

这一阶段也称为部门级的会计信息系统阶段，从20世纪70年代一直延续至今。20世纪70年代，随着小型机和微型计算机的普及，财务部门内越来越多的会计事务独立使用计算机进行处理。当财务部门内的计算机应用达到一定程度时，人们开始考虑如何将内部的各种计算机应用进行集成，使各种应用程序能够共享数据。即任何数据可由一个部门的操作员从一个应用程序录入，存入统一的数据库，按一定的规则处理和授权使用。这样可以减少数据重复输入，提高效率、避免差错、明确责任，同时被授权者能实时共享数据库中不断变化的信息。这就是财务部门内的信息集成。这一阶段会计信息系统开发的主要目标是：综合处理企业各个业务环境中的会计信息，解决多用户、多应用共享数据的要求，使数据为尽可能多的应用服务，为管理者的管理和决策提供信息支持。这一阶段会计信息系统的主要特点如下。

(1) 实现了财务部门内的信息集成，即“来源唯一、实时共享”。会计信息系统突破了传统的数据处理范围的局限，会计信息系统中各子系统有机地结合在一起，形成了整体性的会计信息系统，会计数据的采集和输入可由某个子系统完成，其他子系统共享。例如，产品基本信息可以在存货核算子系统输入，销售核算子系统共享。

(2) 部门级的会计信息系统一般是局域网结构或主机终端结构。部门级的会计信息系统的功能是比较完备的，包括账务处理、工资核算、固定资产核算、应收应付核算、存货核算、成本核算等诸多子系统。各子系统之间可进行信息传递和数据共享。

(3) 会计信息系统与其他业务子系统之间形成相互独立的“信息孤岛”。由于部门级的会计信息系统是以会计部门为目标对象建立的，主要考虑财会部门的管理需求和功能，没有考虑与企业其他业务系统的联系，会计数据的采集和输入要被动地等待其他业务系统的业务员传递业务单据，系统只能进行事后的核算和分析，生产的会计信息是滞后的；另外，系统不能同时提供财会信息和非财会信息，不利于企业管理者的管理和决策。

中国会计学会于 1988 年在吉林省召开了第一届会计电算化学术讨论会，主题是讨论会计软件的通用化问题。1989 年，我国财政部颁布了第一个有关会计软件的指导性文件即《会计核算软件管理的几项规定(试行)》，其中提出了会计软件的十项标准(包括会计软件的规范化、通用化、商品化以及会计软件评审等)。但是，在这一阶段，会计电算化软件主要在财务部门使用，是一种部门级核算软件。

(三) 财务数据与业务数据一体化处理阶段

这一阶段又称为企业级的会计信息系统阶段，是目前会计信息系统发展的主流方向。20 世纪 70 年代后期，市场竞争加剧，企业越来越深刻地认识到：要提高企业的市场竞争力，仅靠提高某个职能部门的工作效率是不够的，需要企业各个业务部门紧密协同，才能从整体上提高企业的效率和效益。这个时期，如何将管理的思想、方法和模式与信息系统的研发和应用相结合日益受到重视，管理者希望通过信息技术的应用，使企业生产经营活动中的物流、资金流、信息流融为一体，在企业内畅通地流动，有效地支持管理和决策，推动企业管理的进步，为企业和客户创造价值。这个阶段，企业建立管理信息系统的目的是提高企业经济效益和核心竞争力，会计信息系统作为企业整个管理信息系统的一个有机子系统，其设计目标应充分考虑企业整体的管理和决策需求。这一阶段会计信息系统的主要特点如下。

(1) 会计信息系统与企业业务信息系统进行了高度集成，是企业管理信息系统的一个有机组成部件。这个阶段的会计信息系统建设要打破职能部门壁垒的局限，企业要进行业务流程的改进，按照企业的业务过程(如采购与付款过程、生产转换过程、销售与收款过程)来设立组织结构，实现企业业务流程、会计工作流程和信息流程的集成，从而使企业的物流、资金流、信息流和业务流整合为一体，彻底消除了“信息孤岛”的现象，极大地提高了整个企业的信息共享性。

(2) 企业级的会计信息系统大多是基于 B/S(浏览器/服务器)结构的网络系统。企业高度集成的管理信息系统包括会计管理、人力资源管理、生产管理、成本管理、销售管理等所有业务管理的功能。这些业务部门的地理位置分布是广泛的，企业管理信息系统的网络应该是一个覆盖各个业务部门的整体的网络系统，能够实现各个业务部门之间的数据传递和企业范围内的信息共享。

(3) 企业级的会计信息系统是事件驱动型，会计系统可以实时采集业务系统的会计数据。所谓事件驱动型，是指会计的业务流程与企业的业务执行系统融为一体，会计数据的采集、存储、处理、传输嵌入在业务处理系统中，当业务事件发生时能够实时、自动采集详细的业务和财务数据，执行处理和控制规则。事件驱动型系统的核心是集成，即业务处理和信息处理的集成、财务信息和非财务信息的集成、会计核算与会计管理的集成。

(4) 会计信息系统的管理和控制功能得以发挥，会计信息系统的应用价值得以提升。由于能实时采集和处理会计数据，使会计信息系统不仅能执行事后的核算和分析，还能够进行有效的事中控制，使会计工作的重点由核算转为管理和控制，并且可以充分利用业务和财务的综合信息和决策模型，为高层管理决策和企业发展战略提供支持。

随着信息技术的发展，我国会计电算化软件功能也逐步完善增强。由孤立的几个财务模块发展成为具有账务、报表、应收应付、固定资产、采购管理、库存管理、存货核算、销售管理、成本管理等模块的集成化通用系统；由单一的财务部门应用，发展成为多部门共享的企业级会计信息系统；由单纯的记账、算账、报账发展成为以管理为核心的面向企业生产经营全过程，实现财务业务一体化的 ERP 系统。

四、会计信息化和会计电算化的区别

会计信息化与会计电算化的区别主要体现在目标与功能、信息输入输出以及系统构成三个方面，如表 1-1 所示。

表 1-1　会计信息化与会计电算化的区别

比较项 / 区别项	会计电算化	会计信息化
目标与功能	采用电子计算机替代手工记账、算账、报账，主要以核算为主，解决了工作效率的问题	实现会计业务全面的信息化，不仅有核算功能，而且有控制和管理功能，且能整合其他相关业务信息为企业决策提供支持
信息输入输出	在单机环境下要求财务部门自己输入数据，报送给其他部门主要采用打印输出，因此，会计信息在部门间的共享时效性差，存在信息孤岛	依托现代网络技术和通信技术，将交易信息通过网络传递，从原始单据到生成最终会计信息瞬间完成，会计信息随时生成
系统构成	以会计核算为主，与管理信息系统的其他系统整合性差	按照现代管理信息系统的思想来构建会计信息系统。横向上与管理信息系统的其他子系统有机结合，信息资源高度共享；纵向上，除了基本的会计核算系统，还包括会计管理信息系统和更高层次的会计决策支持系统

第二节　会计信息系统的基本组成与结构

一、会计信息系统的基本组成

会计信息系统主要由人(会计人员、系统维护人员等)、系统运行的硬件平台、会计软件、会计数据库、会计规程等组成。

(一) 系统运行的硬件平台

系统运行的硬件平台由计算机硬件系统、系统软件(操作系统、数据库管理系统等)、网络控制设备、网络传输设施、网络规程等组成，是会计信息系统生存和运行的基础与环境。一个好的平台建设方案应该能够方便地支持现有会计信息系统的运行和将来的发展，同时要具有安全、可靠、易维护、易升级和可保护原有系统资源等良好性能。

(二) 会计软件

会计软件是会计信息系统运行的核心部件，可以从不同的角度对会计软件进行分类。从使用范围分类，可将会计软件分为通用软件和专用软件。通用软件一般由专业软件公司研制，一次开发，多个单位使用；专用软件一般指单位自行开发或委托或合作开发的本单位使用的会计软件(如成本管理软件)，主要考虑某一单位或部门会计处理的特殊性，便于其使用。从会计软件所能支持同时上机的用户数量和系统运行的硬件平台分类，可分为单机版和网络版。单机版又称单用户会计软件，通常安装在一台计算机上，在某一时刻为一个用户使用；网络版又称为多用户会计软件，根据应用系统的结构又分为主机系统版、F/S版、C/S版、B/S版等，通常安装在多用户环境的服务器或主机上，在某一时刻可以为多个用户使用，实现资源共享。从发展阶段划分，还可以将会计软件分为部门级、企业级、集团企业会计软件等。

(三) 会计数据库

会计数据库是存放在计算机外存储器上，按一定的组织方式合理存放的相互关联的某单位的会计数据集合，是会计软件处理的数据对象和结果的存储部件。手工会计处理中的记账凭证、会计账簿、会计报表、会计科目、客户和供应商等数据都被组织成数据文件存放在会计数据库中。会计数据库改变了会计档案的存储介质和方式，同时给会计档案的管理和审计提出了新的需求。

(四) 会计规程

会计规程是保障会计信息系统正确运行，确保会计信息真实、可靠、完整和安全的一系列政策法规、方法和制度，包括对经济业务进行会计处理的准则和方法、对会计信息生产过程进行内部控制的制度和方法、保证会计信息资产安全和防范系统风险的控制制度和方法等。这些会计规程有一部分可以编写到会计软件中，由计算机程序实现刚性控制，有一部分还必须由组织的制度建设来保证。

二、会计信息系统的基本结构

会计信息系统的结构是指系统的组成部件及部件之间的构成框架。会计信息系统是企业管理信息系统的一个子系统，根据系统所具有的独立性、层次性的特点，它本身又是一个完整的独立整体。因此，可以从垂直方向按职能结构建立基于计算机的会计信息系统；也可以从水平方向按管理的层次结构建立会计信息子系统。

(一) 按会计核算职能构建的会计信息系统的功能结构

由于企业经营业务不同，会计核算本身又有明显的行业特点，则不同行业的会计核算信息系统划分的子系统功能模块就会不同。按会计核算职能构建的会计信息系统结构主要表述了会计软件的功能结构，以及会计软件模块之间的信息传递关系。

工业企业经营活动的特点是供、产、销三个环节，即企业要对购进的原材料进行加工，使之成为商品后进行销售。工业企业的特点决定了工业企业的会计信息系统主要是对其供、产、销过程进行核算、反映和控制。虽然不同企业的生产特点不同，使用的核算方法不同，但其核算的过程却大同小异，所以工业企业会计核算信息系统划分的子系统基本一致，其构成如图 1-1 所示。

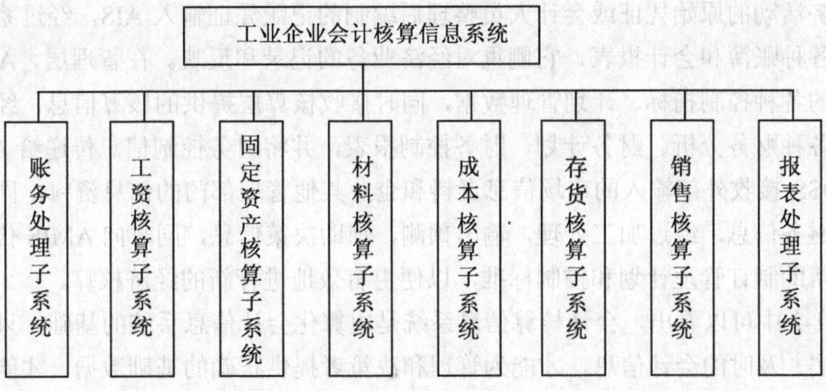

图 1-1　工业企业会计核算信息系统的子系统构成

(二) 按管理层次构建的会计信息系统的结构

按会计信息服务层次的不同构建的会计信息系统结构，其最底层是会计核算信息系统(Accounting Information System，AIS)，中间层是会计管理信息系统(Accounting Management Information System，AMIS)，最上层是会计决策支持系统(Accounting Decision Support System，ADSS)，如图 1-2 所示。按管理层次构建的会计信息系统结构主要表述了不同层次的管理者所要求的信息支持系统，以及不同层次信息系统之间的数据传递关系。

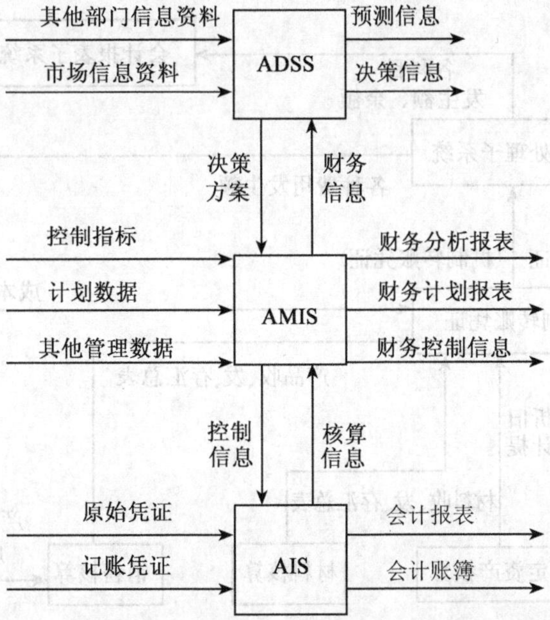

图 1-2　三个层次子系统之间的数据联系

三个层次的信息传递及与外部环境的信息交流有明显的层次性。在核算层，外部环境记录的经济活动的原始凭证或会计人员整理后编制的记账凭证输入 AIS，经过系统加工处理，输出各种账簿和会计报表，它侧重对经济业务的记录和反映。在管理层，AMIS 接受外部输入的各种控制指标、计划管理数据，同时接收核算层提供的核算信息，经过加工处理，输出各种财务分析、财务计划、财务控制报表，并将财务控制信息传递给 AIS。在决策层，ADSS 接收外部输入的市场信息资料和企业其他管理部门的信息资料，同时接收内部输入的财务信息，经过加工处理，输出预测、辅助决策信息，同时向 AMIS 传递决策方案信息，帮助制订管理计划和控制标准，以便更有效地进行新的经济核算。

从图 1-2 中可以看出，会计核算信息系统是电算化会计信息系统的基础，只有它提供准确、真实、及时的会计信息，才能为管理和决策者提供正确的基础数据，才能为相关使用者提供需要的信息。只有在会计核算软件广泛普及应用并且企业实现现代化管理之后，AMIS、ADSS 系统才能真正发挥作用。

三、会计信息系统各核算子系统之间的数据传递关系

在会计信息系统中，各个核算子系统一方面要接收各自的原始凭证进行处理，输出满足特定管理要求的会计信息，另一方面各个子系统之间还要传递信息，共同完成会计核算职能。各核算子系统之间传递信息的方式大多采用汇总原始数据、编制转账凭证的方式。例如，工业企业会计核算信息系统各子系统之间的数据联系可用图 1-3 表示。

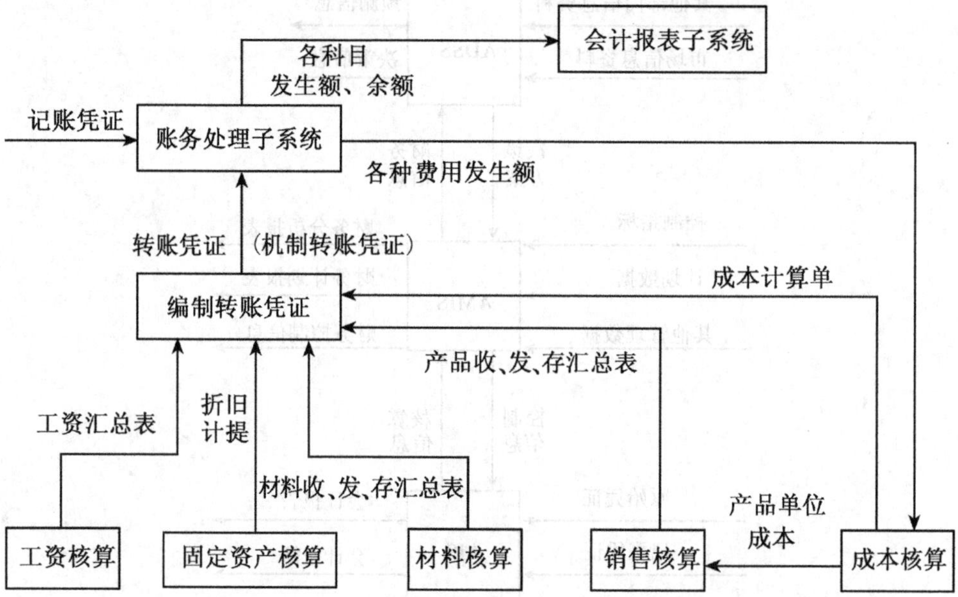

图 1-3 工业企业会计核算信息系统各子系统之间的数据联系

从图 1-3 中可以看出，工资、材料、销售核算子系统都是通过汇总原始凭证，编制转

账凭证传递至账务处理子系统，所以，很多会计软件都设有自动转账功能模块，由机器自动编制转账凭证(机制转账凭证)，完成子系统之间的数据传递。报表处理子系统编制的对外会计报表的数据基本上能从账务处理子系统中获得。内部管理用的报表比较复杂，需从其他核算子系统中取数。账务处理与成本核算两个子系统的联系最复杂，成本核算子系统既要向账务处理子系统传递凭证，又要从账务处理子系统中获取各种费用数据。

第三节　企业会计信息化基本工作规范

为推动企业会计信息化，节约社会资源，提高会计软件和相关服务质量，规范信息化环境下的会计工作，我国财政部于 2013 年 12 月 6 日制定并印发了《企业会计信息化工作规范》(以下简称《工作规范》)。该《工作规范》分总则、会计软件和服务、企业会计信息化、监督、附则 5 章 49 条，自 2014 年 1 月 6 日起施行。本节主要阐述其中关于会计软件及会计信息化建设部分的规范。

一、会计软件的工作规范、配备方式和服务

(一) 会计软件的工作规范

(1) 会计软件应当保障企业按照国家统一的会计准则制度开展会计核算，不得有违背国家统一会计准则制度的功能设计。

(2) 会计软件的界面应当使用中文并且提供对中文处理的支持，可以同时提供外国或者少数民族文字界面对照和处理支持。

(3) 会计软件应当提供符合国家统一会计准则制度的会计科目分类和编码功能。

(4) 会计软件应当提供符合国家统一会计准则制度的会计凭证、账簿和报表的显示和打印功能。

(5) 会计软件应当提供不可逆的记账功能，确保对同类已记账凭证的连续编号，不得提供对已记账凭证的删除和插入功能，不得提供对已记账凭证的日期、金额、科目和操作人的修改功能。

(6) 鼓励软件供应商在会计软件中集成可扩展商业报告语言(XBRL)功能，便于企业生成符合国家统一标准的 XBRL 财务报告。

(7) 会计软件应当具有符合国家统一标准的数据接口，满足外部会计监督需要。

(8) 会计软件应当具有会计资料归档功能，提供导出会计档案的接口，在会计档案存储格式、元数据采集、真实性与完整性保障方面，符合国家有关电子文件归档与电子档案管理的要求。

(9) 会计软件应当记录生成用户操作日志，确保日志的安全、完整，提供按操作人员、

操作时间和操作内容查询日志的功能，并能以简单易懂的形式输出。

(二) 会计软件的配备方式

企业配备会计软件的方式主要有购买、定制开发、购买与开发相结合等方式。其中，定制开发包括企业自行开发、委托外部单位开发、企业与外部单位联合开发三种具体开发方式。

1. 购买通用会计软件

通用会计软件是指软件公司为会计工作而专门设计开发，并以产品形式投入市场的应用软件。企业作为用户，付款购买即可获得软件的使用、维护、升级以及人员培训等服务。采用这种方式的企业投入少，见效快，实现信息化的过程简单。

2. 自行开发

自行开发是指企业自行组织人员进行会计软件开发。采用这种方式的企业能够在充分考虑自身生产经营特点和管理要求的基础上，设计最有针对性和适用性的会计软件。

3. 委托外部单位开发

委托外部单位开发是指企业通过委托外部单位进行会计软件开发。采用这种方式的企业开发的会计软件针对性较强，降低了用户的使用难度。

4. 企业与外部单位联合开发

企业与外部单位联合开发是指企业联合外部单位进行软件开发，由本单位财务部门和网络信息部门进行系统分析，外部单位负责系统设计和程序开发工作，开发完成后，对系统的重大修改由网络信息部门负责，日常维护工作由财务部门负责。采用这种方式的企业开发工作既考虑了企业的自身需求，又利用了外部单位的软件开发力量，开发的系统质量较高。

综合来看，会计软件的各配备方式的特点如表 1-2 所示。

表 1-2　会计软件各配备方式的特点

项目 \ 建立途径	购买通用会计软件	自行开发	委托外部单位开发	企业与外部单位联合开发
耗用时间	较短	较长	较长	较长
费用	较低	较低	较高	较高
针对性	较差	强	强	强
使用难度	较难	容易	容易	容易
易维护性	较容易	容易	较难	较容易
灵活性	好	较差	差	较差
对技术力量的要求	低	高	低	较高

(三) 会计软件服务供应商

(1) 以远程访问、云计算等方式提供会计软件的供应商，应当在技术上保证客户会计资料的安全、完整。对于因供应商原因造成客户会计资料泄露、损毁的，客户可以要求供应商承担赔偿责任。

(2) 客户以远程访问、云计算等方式使用会计软件生成的电子会计资料归客户所有。软件供应商应当提供符合国家统一标准的数据接口供客户导出电子会计资料，不得以任何理由拒绝客户导出电子会计资料的请求。

(3) 以远程访问、云计算等方式提供会计软件的供应商，应当做好本厂商不能维持服务情况下，保障企业电子会计资料安全以及企业会计工作持续进行的预案，并在相关服务合同中与客户就该预案做出约定。

(4) 软件供应商应当努力提高会计软件相关服务质量，按照合同约定及时解决用户使用中的故障问题。会计软件存在影响客户按照国家统一会计准则制度进行会计核算问题的，软件供应商应当为客户免费提供更正程序。

(5) 鼓励软件供应商采用呼叫中心、在线客服等方式为用户提供实时技术支持。

(6) 软件供应商应当就如何通过会计软件开展会计监督工作，提供专门教程和相关资料。

二、企业会计信息化建设及管理

(一) 企业会计信息化建设

(1) 企业应当充分重视会计信息化工作，加强组织领导和人才培养，不断推进会计信息化在本企业的应用。企业应当指定专门机构或者岗位负责会计信息化工作。未设置会计机构和配备会计人员的企业，由其委托的代理记账机构开展会计信息化工作。

(2) 企业开展会计信息化工作，应当根据发展目标和实际需要，合理确定建设内容，避免投资浪费。

(3) 企业开展会计信息化工作，应当注重信息系统与经营环境的契合，通过信息化推动管理模式、组织架构、业务流程的优化与革新，建立健全适应信息化工作环境的制度体系。

(4) 大型企业、企业集团开展会计信息化工作，应当注重整体规划，统一技术标准、编码规则和系统参数，实现各系统的有机整合，消除信息孤岛。

(5) 企业配备的会计软件应当符合会计软件和服务规范的要求。

(6) 企业配备会计软件，应当根据自身技术力量以及业务需求，考虑软件的功能、安全性、稳定性、响应速度、可扩展性等要求，合理选择购买、定制开发、购买与开发相结合等方式。定制开发包括企业自行开发、委托外部单位开发、企业与外部单位联合开发。

(7) 企业通过委托外部单位开发、购买等方式配备会计软件，应当在有关合同中约定操作培训、软件升级、故障解决等服务事项，以及软件供应商对企业信息安全的责任。

(8) 企业应当促进会计信息系统与业务信息系统的一体化，通过业务的处理直接驱动会计记账，减少人工操作，提高业务数据与会计数据的一致性，实现企业内部信息资源共享。

(9) 企业应当根据实际情况，开展本企业信息系统与银行、供应商、客户等外部单位信息系统的互联，实现外部交易信息的集中自动处理。

(10) 企业进行会计信息系统前端系统的建设和改造，应当安排负责会计信息化工作的专门机构或者岗位参与，充分考虑会计信息系统的数据需求。

(11) 企业应当遵循企业内部控制规范体系要求，加强对会计信息系统规划、设计、开发、运行、维护全过程的控制，将控制过程和控制规则融入会计信息系统，实现对违反控制规则情况的自动防范和监控，提高内部控制水平。

(12) 对于信息系统自动生成且具有明晰审核规则的会计凭证，可以将审核规则嵌入会计软件，由计算机自动审核。未经自动审核的会计凭证，应当先经人工审核后再进行后续处理。

(13) 处于会计核算信息化阶段的企业，应当结合自身情况，逐步实现资金管理、资产管理、预算控制、成本管理等财务管理信息化。处于财务管理信息化阶段的企业，应当结合自身情况，逐步实现财务分析、全面预算管理、风险控制、绩效考核等决策支持信息化。

(14) 外商投资企业使用的境外投资者指定的会计软件或者跨国企业集团统一部署的会计软件，应当符合会计软件和服务规范的要求。

(二) 企业会计信息化会计资料管理

(1) 分公司、子公司数量多、分布广的大型企业、企业集团应当探索利用信息技术促进会计工作的集中，逐步建立财务共享服务中心。实行会计工作集中的企业以及企业分支机构，应当为外部会计监督机构及时查询和调阅异地储存的会计资料提供必要条件。

(2) 企业会计信息系统数据服务器的部署应当符合国家有关规定。数据服务器部署在境外的，应当在境外保存会计资料备份，备份频率不得低于每月一次。境外备份的会计资料应当能够在境外服务器不能正常工作时，独立满足企业开展会计工作的需要以及外部会计监督的需要。

(3) 企业会计资料中对经济业务事项的描述应当使用中文，可以同时使用外国或者少数民族文字对照。

(4) 企业应当建立电子会计资料备份管理制度，确保会计资料的安全、完整和会计信息系统的持续、稳定运行。

(5) 企业不得在非涉密信息系统中存储、处理和传输涉及国家秘密、关系国家经济信息安全的电子会计资料；未经有关主管部门批准，不得将其携带、寄运或者传输至境外。

(6) 企业内部生成的会计凭证、账簿和辅助性会计资料，同时满足下列条件的，可以不输出纸面资料：①所记载的事项属于本企业重复发生的日常业务；②由企业信息系统自动生成；③可及时在企业信息系统中以人类可读形式查询和输出；④企业信息系统具有防止相关数据被篡改的有效机制；⑤企业对相关数据建立了电子备份制度，能有效防范自然灾害、意外事故和人为破坏的影响；⑥企业对电子和纸面会计资料建立了完善的索引体系。

(7) 企业获得的需要外部单位或者个人证明的原始凭证和其他会计资料，同时满足下列条件的，可以不输出纸面资料：①会计资料附有外部单位或者个人的、符合《中华人民共和国电子签名法》的可靠的电子签名；②电子签名经符合《中华人民共和国电子签名法》的第三方认证；③所记载的事项属于本企业重复发生的日常业务；④可及时在企业信息系统中以人类可读形式查询和输出；⑤企业对相关数据建立了电子备份制度，能有效防范自然灾害、意外事故和人为破坏的影响；⑥企业对电子和纸面会计资料建立了完善的索引体系。

(8) 企业会计资料的归档管理，遵循国家有关会计档案管理的规定。

(9) 实施企业会计准则通用分类标准的企业，应当按照有关要求向财政部报送 XBRL 财务报告。

第四节 会计信息系统安全管理

随着网络技术的飞速发展，各种网络攻击层出不穷，信息系统的安全性已成为网络互联技术中的关键问题。为了确保会计信息系统加工输出的财务报表的可靠性，信息系统在建设的过程中必须遵循一套内部控制制度，这就是内部控制规范体系。会计信息系统的安全管理首先要进行会计信息系统内部控制建设，其次要保障会计软件的安全性。

一、会计信息系统内部控制

(一) 内部控制的基本概念

内部控制的概念是从内部牵制发展而来的，会计界的学者、理论工作者，以及各类职业团体从不同的层面对内部控制进行研究，形成了从不同角度对内部控制的描述。其中，影响较大的是 COSO 委员会(由美国的注册会计师协会(AICPA)、美国会计学会(AAA)、财务经理协会(FWI)、国际内部审计协会(IIA)和管理会计师协会(IMA)组成的一个下属委员会)在《内部控制——整体框架》报告中对内部控制的定义：“内部控制是由公司董事会、管理层和其他员工实施的，为保护公司的资产、保证运营的效率和效果、保证财务报告的可靠性以及法律法规的遵循性等目标达成而提供合理保证的过程。”

我国由财政部、审计署、国资委、证监会、保监会联合发起成立的企业内部控制标准委员会在《企业内部控制基本规范》的第三条中定义如下："本规范所称内部控制，是由企业董事会、监事会、经理层和全体员工实施的、旨在实现控制目标的过程。内部控制的目标是合理保证企业经营管理合法合规、资产安全、财务报告及相关信息真实完整，提高经营效率和效果，促进企业实现发展战略。"

(二) 会计信息系统内部控制的特点和分类

1. 会计信息系统内部控制的特点

(1) 系统开发阶段的控制是其他控制有效发挥作用的前提

系统开发是系统运行的前提，系统开发阶段的错误是会往后扩散的。如果设计出来的系统不能满足用户的要求或设计上有错误，那么，即使以后的各项控制制度是严密完善的，也会给企业带来巨大的损失，而且系统一旦投入使用，再要修改非常困难或要耗费巨额成本。

(2) 电子数据处理部门是控制重点

在手工会计系统中，每一项经济业务活动，都可划分为授权、核准、执行、记录和复核等步骤并把这些步骤分别交给不同的部门或人员来办理。但在电算化会计信息系统中，会计人员主要负责原始数据的输入、审核，以及分析处理计算机输出的报告，因此，控制的重点之一在输入和输出这两个人机交互环节；而原始数据一经输入就由计算机自动处理，大量的工作都集中到电子数据处理部门，数据及其安全可靠的责任也都高度集中于电子数据处理部门，因此，该部门是控制重点。

(3) 部分控制的手段和方式变成自动化、程序化

手工会计系统中，一般用职责分离、平行登账、对账等控制措施来防止正常工作过程中发生的人为错误或舞弊。电算化会计信息系统中，可以将某些控制措施编写成计算机程序，由系统进行自动控制。例如，会计凭证输入后，计算机可自动检查会计科目编码是否正确，凭证编号是否重复，借贷是否平衡，制单和审核是否为同一个人，等等。

(4) 控制的要求更为严格，内容更加广泛

电算化会计信息系统数据处理比手工系统有更大的风险，要求更为严格，同时控制的内容也扩大了。例如，需要严格操作管理制度，以管理和保护各种机器设备、机房设施以及为数众多的计算机文件，否则，就会造成比手工会计系统更大的危害。

2. 会计信息系统内部控制的分类

(1) 依据控制的预定意图，分为预防性控制、检查性控制和纠正性控制三类。其中，预防性控制是指为防止不利事件的发生而设置的控制；检查性控制是指用来检查发现不利事件而设置的控制；纠正性控制，也称恢复性控制，是为了消除或减少不利事件造成的损失和影响而设置的控制。

(2) 依据控制所采取的工具或手段，分为手工控制和程序控制两类。手工控制是指控

制的实施由人工进行操作；而程序控制是指由计算机程序自动完成。

(3) 依据控制对象的范围和环境，分为一般控制和应用控制两类。一般控制是指对电算化会计信息系统的构成要素(人、机器、文件)及环境的控制；应用控制是对数据处理过程本身的控制。一般控制是应用控制的基础，它为数据处理提供了良好的环境；应用控制是一般控制的深化，在其基础上，直接深入具体的业务数据处理过程，为数据处理的准确性、完整性和可靠性提供保证。

二、会计软件的安全

(一) 安全使用会计软件的基本要求

1. 严格管理账套使用权限

在使用会计软件时，用户应该对账套使用权限进行严格管理，防止数据外泄；用户不能随便让他人使用计算机；在离开计算机时，必须立即退出会计软件，以防止他人偷窥系统数据。

2. 定期打印备份重要的账簿和报表数据

为防止硬盘上的会计数据遭到意外或被人为破坏，用户需要定期将硬盘数据备份到其他磁性介质上(如 U 盘、光盘等)。在月末结账后，对本月重要的账簿和报表数据还应该打印备份。

3. 严格管理软件版本升级

对会计软件进行升级的原因主要有：因改错而升级版本；因功能改进和扩充而升级版本；因运行平台升级而升级版本。经过对比审核，如果新版软件更能满足实际需要，企业应该对其进行升级。

(二) 计算机病毒的防范

计算机病毒是指编制者在计算机程序中插入的破坏计算机功能或数据，影响计算机使用并且能够自我复制的一组计算机指令或程序代码。

1. 计算机病毒的特点

(1) 寄生性。计算机病毒寄生在其他程序之中，当执行这个程序时，病毒就起破坏作用，而在未启动这个程序之前，它是不易被人发觉的。

(2) 传染性。计算机病毒入侵系统后，在一定条件下，破坏系统本身的防御功能，迅速地进行自我复制，从感染存储位置扩散至未感染存储位置，通过网络更可以进行计算机与计算机之间的病毒传染。

(3) 潜伏性。一般情况下，计算机病毒感染系统后，并不会立即发作攻击计算机，而是具有一段时间的潜伏期。潜伏期长短一般由病毒程序编制者所设定的触发条件来决定。

(4) 隐蔽性。计算机病毒具有很强的隐蔽性，有的可以通过病毒软件检查出来，有的根本就查不出来，有的时隐时现、变化无常，这类病毒处理起来通常很困难。

(5) 破坏性。计算机系统一旦感染了病毒程序，系统的稳定性将受到不同程度的影响。一般情况下，计算机病毒发作时，由于其连续不断的自我复制，大部分系统资源被占用，从而减缓了计算机的运行速度，使用户无法正常使用。严重者，可使整个系统瘫痪，无法修复，造成损失。

(6) 可触发性。一般情况下，计算机病毒侵入系统后，并不会立刻发作，而是较为隐蔽地潜伏在某个程序或某个磁盘中，当达到病毒程序所敲定的触发条件，例如设定日期为触发条件或设定操作为触发条件，当条件满足预设时，病毒程序立即自动执行，并且不断地进行自我复制和传染其他磁盘，对系统进行破坏。

2. 计算机病毒的类型

(1) 按计算机病毒的破坏能力，分为良性病毒和恶性病毒。良性病毒是指不破坏计算机的数据或程序，只占用计算机资源来执行而不会导致计算机系统瘫痪的计算机病毒。恶性病毒往往没有直观的表现，但会对计算机数据进行破坏，有的甚至会破坏计算机硬件，造成整个计算机瘫痪。良性病毒一般比较容易判断，病毒发作时会尽可能地表现自己，虽然影响程序的正常运行，但重新启动后可继续工作。恶性病毒感染后一般没有异常表现，病毒会想方设法将自己隐藏得更深。一旦恶性病毒发作，等人们察觉时，已经对计算机数据或硬件造成了破坏，损失将很难挽回。

(2) 按计算机病毒存在的方式，分为引导型病毒、文件病毒和网络病毒。引导型病毒主要通过软盘在操作系统中传播，感染引导区，蔓延到硬盘，并能感染到硬盘中的“主引导记录”。这种类型的病毒主要就是隐藏在系统盘引导分区中，不容易被察觉。文件病毒是指附属在可执行文件中的病毒，它运行在计算机存储器中，通常感染扩展名为 COM、EXE、SYS 等类型的文件。网络病毒是指通过计算机网络传播感染网络中的可执行文件的病毒。

3. 导致病毒感染的人为因素

(1) 不规范的网络操作

不规范的网络操作可能会导致计算机感染病毒。其主要途径包括浏览不安全网页、下载被病毒感染的文件或软件、接收被病毒感染的电子邮件、使用即时通信工具等。

(2) 使用被病毒感染的磁盘

使用来历不明的硬盘和 U 盘，容易使计算机感染病毒。

4. 计算机感染病毒的主要症状

当计算机感染病毒时，系统会表现出一些异常症状，主要有：

(1) 系统启动时间比平时长，运行速度减慢；

(2) 系统经常无故发生死机现象；

(3) 系统异常重新启动；

(4) 计算机存储系统的存储容量异常减少，磁盘访问时间比平时长；

(5) 系统不识别硬盘；

(6) 文件的日期、时间、属性、大小等发生变化；

(7) 打印机等一些外部设备工作异常；

(8) 程序或数据丢失或文件损坏；

(9) 系统的蜂鸣器出现异常响声；

(10) 其他异常现象。

5. 防范计算机病毒的措施

防范计算机病毒的措施主要有：

(1) 规范使用 U 盘的操作；

(2) 使用正版软件，杜绝购买盗版软件；

(3) 谨慎下载与接收网络上的文件和电子邮件；

(4) 经常升级杀毒软件；

(5) 在计算机上安装防火墙；

(6) 经常检查系统内存；

(7) 计算机系统要专机专用，避免使用其他软件。

6. 计算机病毒的检测与清除

(1) 计算机病毒的检测

计算机病毒的检测方法通常有人工检测和自动检测两种。

(2) 计算机病毒的清除

对于一般用户而言，清除病毒一般使用杀毒软件进行。杀毒软件可以同时清除多种病毒，并且对计算机中的数据没有影响。

(三) 计算机黑客的防范

计算机黑客是指通过计算机网络非法进入他人系统的计算机入侵者。他们对计算机技术和网络技术非常精通，能够了解系统的漏洞及其原因所在，通过非法闯入计算机网络来窃取机密信息，毁坏某个信息系统。

1. 黑客常用手段

(1) 密码破解

黑客通常采用的攻击方式有字典攻击、假登录程序、密码探测程序等，主要目的是获取系统或用户的口令文件。

(2) IP 嗅探与欺骗

IP 嗅探是一种被动式攻击，又叫网络监听。它通过改变网卡的操作模式来接收流经计算机的所有信息包，以便截取其他计算机的数据报文或口令。

欺骗是一种主动式攻击，它将网络上的某台计算机伪装成另一台不同的主机，目的是使网络中的其他计算机误将冒名顶替者当成原始的计算机而向其发送数据。

(3) 攻击系统漏洞

系统漏洞是指程序在设计、实现和操作上存在的错误。黑客利用这些漏洞攻击网络中的目标计算机。

(4) 端口扫描

由于计算机与外界通信必须通过某个端口才能进行。黑客可以利用一些端口扫描软件对被攻击的目标计算机进行端口扫描，搜索到计算机的开放端口并进行攻击。

2. 防范黑客的措施

(1) 制定相关法律法规加以约束

随着网络技术的深入发展，国家有关部门陆续出台了一些有关网络信息安全的法律法规并在不断地发展完善，为网络信息的安全传递提供相应保障。

(2) 数据加密

目前仍是计算机系统对信息进行保护的一种最可靠的办法。利用密码技术对信息进行加密，实现信息隐蔽，从而保护系统内的数据、文件、口令和控制信息，增强网络传输的安全性。

(3) 身份认证

在计算机及计算机网络系统中确认操作者身份，从而确定该用户是否具有对某种资源的访问和使用权限，保证计算机和网络系统的访问策略能够可靠、有效地执行，防止攻击者假冒合法用户获得资源的访问权限，保证系统和数据的安全，以及授权访问者的合法利益，同时也降低黑客攻击的可能性。

(4) 建立完善的访问控制策略

系统应该设置进入网络的访问权限、目录安全等级控制、网络端口和节点的安全控制、防火墙的安全控制等。通过各种安全控制机制的相互配合，才能最大限度地保护计算机系统免受黑客的攻击。

【本章小结】

本章第一节阐述了会计电算化、会计信息化、会计软件、会计信息系统、ERP、XBRL、云会计等基本概念，在阐述了会计信息化的特点之后，指出了会计电算化与会计信息化两者之间的区别。同时，也介绍了会计信息化的发展历程和我国会计信息化的发展阶段，使读者对会计信息化有了一个整体的基本认识。

本章第二节探讨了会计信息系统的基本组成，分别描述了按会计核算职能和按管理层次构建的会计信息系统结构，并指出了会计信息系统各核算子系统之间的数据传递关系。

使读者对会计信息系统构建的基本原理及基本组成、结构有了清晰的认识。

本章第三节介绍了会计软件的工作规范、配备方式及各种方式之间的比较，以及对会计软件服务提供商的要求。同时也介绍了会计信息化建设、会计信息资料管理的基本规范。使读者对现有会计信息化相关制度有一个基本的了解。

本章第四节介绍了内部控制的概念，重点阐述了电算化会计信息系统内部控制的特点及其分类。同时也介绍了会计软件安全应注意的问题及风险防范。计算机系网络技术在会计中的应用，使会计工作模式发生了很大的改变，同时也给会计信息系统带来了新的风险；根据计算机环境下会计信息系统的特征和运行规律建立内部控制体系，是防范会计信息系统风险的重要手段，它贯穿在会计信息系统建设的整个过程中。

【关键名词】

会计电算化	会计信息化	会计信息系统	ERP	XBRL
云会计	会计软件	会计数据库	自行开发	内部控制
一般控制	应用控制	计算机病毒	IP 嗅探	

【思考题】

1. 什么是会计电算化？它有哪些特点？
2. 什么是会计信息化？它有哪些特点？
3. 简述会计信息化的发展阶段及各阶段的特点。
4. 会计信息系统主要包含哪些子系统？各子系统之间有怎样的数据传递关系？
5. 简述会计软件的配备方式及各方式之间的比较。
6. 什么叫内部控制？会计信息系统内部控制有什么特点？
7. 会计软件服务供应商应遵循哪些规范？
8. 计算机病毒有什么特点？
9. 如何进行计算机黑客防范？

【练习题】

一、单项选择题

1. 下列不属于会计电算化的特点的是(　　)。

A. 集中性　　B. 自动化　　C. 人机结合　　D. 内控方式单一

2. 会计信息系统按(　　)，可以分为会计核算系统、会计管理系统和会计决策支持系统。

A. 信息技术的影响程度　　B. 自动化程度

C. 功能和管理层次的高低　　D. 复杂程度

3. 企业资源计划的缩写为(　　)。

A. ERP　　B. AIS　　C. XBRL　　D. MIS

4. (　　)，上海证券交易所在全国率先实施基于 XBRL 的上市公司信息披露标准。

A. 2005 年 1 月　　B. 2005 年 4 月　　C. 2003 年 11 月　　D. 2008 年 11 月

5. (　　)一般是指由使用单位自行开发或委托其他单位开发，供本单位使用的会计核算软件。

A. 商品化会计核算软件　　B. 通用会计核算软件

C. 专用会计核算软件　　D. 非商品化会计核算软件

6. 会计电算化是(　　)的初级阶段，是其基础工作。

A. 会计决策化　　B. 会计核算化　　C. 会计信息化　　D. 管理信息化

7. (　　)会计信息系统的初级阶段，国外称这一时期的系统为电子数据处理会计(Electronic Data Processing Accounting，EDPA)，从 20 世纪 50 年代延续到 20 世纪 60 年代末。

A. 单项会计数据处理阶段　　B. 部门级会计数据处理阶段

C. 财务数据与业务数据一体化处理阶段　　D. 会计电算化

8. (　　)是指专门用于会计核算、管理和决策工作的计算机应用软件，包括用计算机编程语言编制的用于会计核算、会计管理和决策的计算机程序、设计文档、使用说明书和相关的数据文件。

A. 会计电算化　　B. 会计信息系统　　C. 会计规程　　D. 会计软件

9. (　　)奠定了建立会计信息系统的理论依据。

A. 会计方程式　　B. 借贷记账法　　C. 会计账户　　D. 会计分录

10. (　　)是指通过计算机网络非法进入他人系统的计算机入侵者。他们对计算机技术和网络技术非常精通，能够了解系统的漏洞及其原因所在，通过非法闯入计算机网络来窃取机密信息，毁坏某个信息系统。

A. 计算机病毒　　B. 计算机网络　　C. 计算机黑客　　D. 计算机软件

二、多项选择题

1. 工业企业会计核算信息系统一般包括(　　)子系统。

A. 账务处理　　B. 融资管理　　C. 存货核算

D. 工资核算　　E. 固定资产核算

2. 会计信息系统根据信息技术的影响程度可划分为(　　)。

A. 手工会计信息系统　　B. 传统自动化会计信息系统

C. 现代会计信息系统　　D. 会计决策支持系统

3. 会计信息系统主要由(　　)等部分组成。

A. 人(会计人员、系统维护员等)　　B. 系统运行的硬件平台

C. 会计软件　　D. 会计数据库　　E. 会计规程

4. 防范黑客的措施有(　　)。

A. 制定相关法律法规加以约束　　B. 数据加密

C. 建立完善的访问控制策略　　D. 身份认证

5. 会计电算化对于(　　)等诸方面都有着十分重要的意义。

A. 提高会计核算质量　　B. 强化会计管理

C. 促进会计职能的转变　　D. 提高会计工作的效率

6. 会计核算软件与手工会计核算的相同点为(　　)。

A. 目标一致　　B. 会计数据处理流程完全一致

C. 遵守共同的会计准则和会计制度　　D. 遵守共同的基本会计理论和会计方法

7. 下列属于安全使用会计软件的基本要求的是(　　)。

A. 严格管理下载与接收网络上的文件和电子邮件

B. 严格管理账套使用权限

C. 定期打印备份重要的账簿和报表数据

D. 严格管理软件版本升级

三、判断题

1. 从会计电算化发展到会计信息化是量的积累的过程。(　　)

2. 从实现的功能上，会计信息化以实现会计业务核算为主。(　　)

3. 账务处理程序为会计核算工作计算机程序化奠定了基础。(　　)

4. 财务数据与业务数据一体化处理阶段的特点是：会计信息系统与其他业务子系统之间形成相互独立的“信息孤岛”。(　　)

5. 会计电算化实现了会计业务全面的信息化，不仅有核算功能，而且有控制和管理功能，且能整合其他相关业务信息进行为企业决策提供支持。(　　)

6. 会计电算化与传统会计相比，会计业务处理流程没有太大的变化。(　　)

7. 会计软件应当提供符合国家统一会计准则制度的会计科目分类和编码功能。(　　)

8. 自行开发会计软件投入少，见效快，实现信息化的过程简单。(　　)

9. 企业开展会计信息化工作，应当根据发展目标和实际需要，合理确定建设内容，避免投资浪费。(　　)

10. 系统开发阶段不需要内部控制，因为后期发现问题是可以修改的。(　　)

第二章

会计信息化运行平台与系统管理概述

【学习目标】

通过本章的学习，了解会计软件运行的硬件环境、软件环境和网络环境的概念，掌握会计软件所需要的共同的软硬件支持；了解用友 ERP-U8、金蝶 K/3 系统的基本内容，掌握其基本的软件安装方法；掌握系统管理的作用及基本功能，学会建立账套、建立用户并授权、备份账套以及恢复账套等基本操作。通过本章的操作要知道：无论哪家公司生产的会计软件，基本功能都是一样的，要学会触类旁通。

第一节　会计软件的运行环境

基于会计电算化基础发展起来的会计信息化不仅是一种以互联网为基体的综合性平台，更是一种全新的管理模式在企业实践中的应用。无论是哪家公司提供的软件，它们都有共性的地方，企业的相关从业人员可以利用这些平台来进行数据处理、信息生成和业务分析，进而为企业高层管理人员提供更为真实有效的会计信息，提高决策准确度，区别仅仅在于操作界面和部分操作流程的不同。同时，由于平台本身的控制功能与人工控制相结合，减少了错误出现的可能性，可以及时地帮助企业规避一些实质性的风险，促进企业更好地发展。

会计软件运行环境，狭义上讲是会计软件运行所需要的系统软硬件支持，广义上也可以说是一个软件运行所要求的各种条件，包括软件环境、硬件环境、网络环境、运行规程等。譬如各种操作系统需要的硬件支持是不一样的，对 CPU、内存等的要求都不一样。而许多应用软件不仅仅要求硬件条件，还需要系统软件条件的支持。例如，苹果软件只能在苹果机上运行，如果这些软件想跨平台运行，必须修改软件本身，或者模拟它所需要的软件环境。

一、会计软件的硬件环境

(一) 硬件设备

硬件设备一般包括输入设备、处理设备、存储设备、输出设备和通信设备。

1. 输入设备

输入设备是向计算机输入数据和信息的设备，是计算机与用户或其他设备通信的桥梁，也是用户和计算机系统之间进行信息交换的主要装置之一。常见的输入设备有键盘、鼠标、光电自动扫描仪、条形码扫描仪(又称扫码器)、二维码识读设备、POS 机、芯片读卡器、语音输入设备、手写输入设备等。在会计软件中，键盘一般用来完成会计数据或相关信息的输入工作；鼠标一般用来完成会计软件中的各种用户指令，选择会计软件各功能模块的功能菜单；扫描仪一般用来完成原始凭证和单据的扫描，并将扫描结果存入会计软件相关数据库中。

2. 处理设备

处理设备主要是指计算机主机。中央处理器(CPU)是计算机主机的核心部件，主要功能是按照程序给出的指令序列，分析并执行指令。

3. 存储设备

存储设备是用于储存信息的设备，通常是将信息数字化后再以利用电、磁或光学等方式的媒体加以存储。计算机的存储设备包括内存储器和外存储器。内存储器即内存，分为随机存储器 RAM(Random Access Memory)和只读存储器 ROM(Read-Only Memory)，一般容量较小，但数据存取速度较快。断电后，RAM 的数据将消失。外存储器一般存储容量较大，但数据存取速度较慢。常见的外存储器有硬盘、U 盘、光盘等。会计软件中的各种数据一般存储在外存储器中。

4. 输出设备

输出设备是计算机硬件系统的终端设备，用于接收计算机数据的输出显示、打印、声音、控制外围设备操作等，也是把各种计算结果数据或信息以数字、字符、图像、声音等形式表现出来。计算机常见的输出设备有显示器和打印机。在会计软件中，显示器既可以显示用户在系统中输入的各种命令和信息，也可以显示系统生成的各种会计数据和文件；打印机一般用于打印输出各类凭证、账簿、财务报表等各种会计资料。

5. 通信设备

通信设备包括有线通信设备和无线通信设备。有线通信是指通信设备之间传输需要经过线缆连接，即利用架空线缆、同轴线缆、光纤、音频线缆等传输介质传输信息的方式。有线通信设备最大优势就是抗干扰性强，稳定性高，具备一定的保密性，传输速率快，带宽能够无限大；但有线通信受环境影响较大，扩展性较弱，施工难度大，移动性差，费用高。

无线通信是指不需要物理连接线的通信，即利用电磁波信号可以在自由空间中传播的特征进行信息交换的一种通信方式。无线通信设备最大的优点就是环境不需要受线的限制，具有一定的移动性，可以在移动状态下通过无线连接进行通信，施工难度低，成本低；

但无线通信设备抗干扰较弱，传输速率较慢，带宽有限，传输距离也有限制。无线通信正在改变相应的技术让传输速率更高，更稳定方便，所以无线通信设备将是发展趋势。常见的无线通信设备有卫星、无线电台、无线电视、无线局域网、移动电话(手机)等。

(二) 硬件结构

硬件结构是指硬件设备的不同组合方式。会计信息系统中常见的硬件结构通常有单机结构、多机松散结构、多用户主机终端结构和微机局域网络四种形式。

1. 单机结构

单机结构属于单用户工作方式，一台微机同一时刻只能一人使用。

2. 多机松散结构

多机松散结构是指有多台微机，但每台微机都有相应的输入输出设备，每台微机仍属单机结构，各台微机不发生直接的数据联系(通过磁盘、光盘、U 盘、移动硬盘等传送数据)。

3. 多用户主机终端结构

多用户主机终端结构又称为联机结构，整个系统配备一台计算机主机(通常是中型机，目前也有较高档的微机)和多个终端(终端由显示器和键盘组成)。主机与终端的距离较近(0.1 千米左右)并为各终端提供虚拟内存，各终端可同时输入数据。

4. 微机局域网络

微机局域网络(又称为网络结构)，是由一台服务器(通常是高档微机)将许多中低档微机连接在一起(由网络接口卡、通信电缆连接)，相互通信、共享资源，组成一个功能更强的计算机网络系统。微机局域网络通常分为客户机/服务器结构(C/S)和浏览器/服务器结构(B/S)两种结构，主要适用于大中型企业。

二、会计软件的软件环境

(一) 软件的类型

1. 系统软件

系统软件是用来控制计算机运行，管理计算机的各种资源并为应用软件提供支持和服务的一类软件。系统软件通常包括操作系统、数据库管理系统、支撑软件和语言处理程序等。

(1) 操作系统

操作系统是指计算机系统中负责支撑应用程序的运行环境以及用户操作环境的系统软件，具有对硬件直接监控、管理各种计算机资源以及提供面向应用程序的服务等功能。

(2) 数据库管理系统

数据库是指按一定的方式组织起来的数据的集合，它具有数据冗余度小、可共享等特点。数据库管理系统是一种操作和管理数据库的大型软件。目前常用的数据库管理系统有 Oracle、Sybase、Visual FoxPro、Informix、SQL Server、Access 等。数据库系统主要由数据库、数据库管理系统组成，此外还包括应用程序、硬件和用户。会计软件是基于数据库系统的应用软件。

(3) 支撑软件

支撑软件是指为配合应用软件有效运行而使用的工具软件，它是软件系统的一个重要组成部分，也是支撑各种软件的开发与维护的软件，又称为软件开发环境。它主要包括环境数据库、各种接口软件和工具组。著名的软件开发环境有 IBM 公司的 Web Sphere，微软公司的 Studio.NET 等。

(4) 语言处理程序

语言处理程序包括汇编程序、解释程序和编译程序等，其任务是将用汇编语言或高级语言编写的程序翻译成计算机硬件能够直接识别和执行的机器指令代码。

2. 应用软件

应用软件是为解决各类实际问题而专门设计的软件。会计软件属于应用软件。

(二) 安装会计软件的前期准备

在安装会计软件前，技术支持人员必须首先确保计算机的操作系统符合会计软件的运行要求。在检查并设置完操作系统后，技术支持人员需要安装数据库管理系统。会计软件的正常运行需要某些支撑软件的辅助。因此，在设置完操作系统并安装完数据库管理系统后，技术支持人员应该安装计算机缺少的支撑软件。在确保计算机操作系统满足会计软件的运行要求并安装完毕数据库管理软件和支撑软件后，技术支持人员方可开始安装会计软件，同时应考虑会计软件与数据库系统的兼容性。

三、会计软件的网络环境

1. 计算机网络基本知识

(1) 计算机网络的概念与功能

计算机网络是以硬件资源、软件资源和信息资源共享以及信息传递为目的，在统一的网络协议控制下，将地理位置分散的许多独立的计算机系统连接在一起所形成的网络。计算机网络的功能主要体现在资源共享、数据通信、分布处理三个方面：①资源共享，在计算机网络中，各种资源可以相互通用，用户可以共同使用网络中的软件、硬件和数据；②数据通信，计算机网络可以实现各计算机之间的数据传送，可根据需要对这些数据进行集中与分散管理；③分布处理，当计算机中的某个计算机系统负荷过重时，可以将其处理的任务传送到网络中较空闲的其他计算机系统中，以提高整个系统的利用率。

(2) 计算机网络的分类

按照覆盖的地理范围进行分类，计算机网络可以分为局域网(LAN)、城域网(MAN)和广域网(WAN)三类：①局域网，它是一种在小区域内使用的，由多台计算机组成的网络，覆盖范围通常局限在 10 千米范围之内，属于同一个单位或部门组建的小范围网；②城域网，它是作用范围在广域网与局域网之间的网络，其网络覆盖范围通常可以延伸到整个城市，借助通信光纤将多个局域网联通公用城市网络形成大型网络，使得不仅局域网内的资源可以共享，局域网之间的资源也可以共享；③广域网，它是一种远程网，涉及长距离的通信，覆盖范围可以是一个国家或多个国家，甚至整个世界。

2. 会计信息系统的网络组成部分

(1) 服务器

服务器，也称伺服器，是网络环境中的高性能计算机，它侦听网络上的其他计算机(客户机)提交的服务请求并提供相应的服务，控制客户端计算机对网络资源的访问并能存储、处理网络上大部分的会计数据和信息。服务器的性能必须要适应会计软件的运行要求，其硬件配置一般高于普通客户机。

(2) 客户机

客户机又称为用户工作站，是连接到服务器的计算机，能够享受服务器提供的各种资源和服务。会计人员通过客户机使用会计软件，因此客户机的性能也必须适应会计软件的运行要求。

(3) 网络连接设备

网络连接设备是把网络中的通信线路连接起来的各种设备的总称，这些设备包括中继器、交换机和路由器等。

第二节　用友 ERP-U8 平台概述

一、用友 ERP-U8 简介

用友 ERP-U8 是一个企业综合运营平台，用以满足企业各级管理者对信息处理的需求，从企业的日常运营、物流管理、财务管理、人力资源管理到办公事务管理等全方位地提供企业经营管理和决策所需的信息支持。会计软件是其中的组成部件，每个会计软件模块既可独立运行又可在集成的环境下运行。

用友 ERP-U8 管理软件采用三层式客户机/服务器体系结构，即逻辑上分为数据库服务器、应用服务器和客户端。物理上，既可以将数据库服务器、应用服务器和客户端安装在一台计算机上(即单机应用模式)，也可以将数据库服务器、应用服务器安装在一台计算机上，而将客户端安装在另一台计算机上(网络应用模式，只有一台服务器)；还可以将它们分别安装在 3 台不同的计算机上(网络应用模式，两台服务器)。不同的物理结构有不同的安装过程，在此仅介绍单机的安装过程。

二、用友 ERP-U8 安装

用友ERP-U8(V8.61)的大专院校版要求以微软公司的SQL Server 2000数据库管理系统和 Windows 2000 操作系统作为数据库和操作系统的支撑平台。在安装数据库管理系统和用友 ERP-U8 软件前，要安装好操作系统运行环境。以下仅介绍数据库管理系统和用友 ERP-U8 软件的安装过程。

(一) SQL Server 2000 数据库管理系统的安装

SQL Server 2000 有个人版、标准版、企业版、专业版等多种版本。建议服务器上安装 SQL Server 2000 标准版；客户端视其安装的操作系统安装 SQL Server 2000 标准版或个人版。下面以安装 SQL Server 2000 个人版为例介绍安装过程。

(1) 装入 SQL Server 2000 的光盘，执行 SQL Server 2000 安装文件 Setup 后，打开 SQL Server 2000 自动菜单，选择其中的“安装 SQL Server 2000 组件”命令，打开“安装组件”对话框。

(2) 选择其中的“安装数据库服务器”选项，打开“安装向导—欢迎”对话框，单击“下一步”按钮，打开“计算机名”对话框，选择“本地计算机”选项，单击“下一步”按钮，打开“安装选择”对话框。

(3) 选择“创建新的 SQL Server 实例或安装‘客户端工具’”选项，单击“下一步”按钮，打开“用户信息”对话框，输入姓名，单击“下一步”按钮，打开“软件许可证协议”对话框，单击“是”按钮。

(4) 打开“安装定义”对话框，选择“服务器或客户端工具”选项，单击“下一步”按钮，打开“实例名”对话框，采用系统默认，单击“下一步”按钮，打开“安装类型”对话框，选择“典型”安装并选择适合的目标文件夹，以保证有足够的安装空间，如图 2-1 所示。

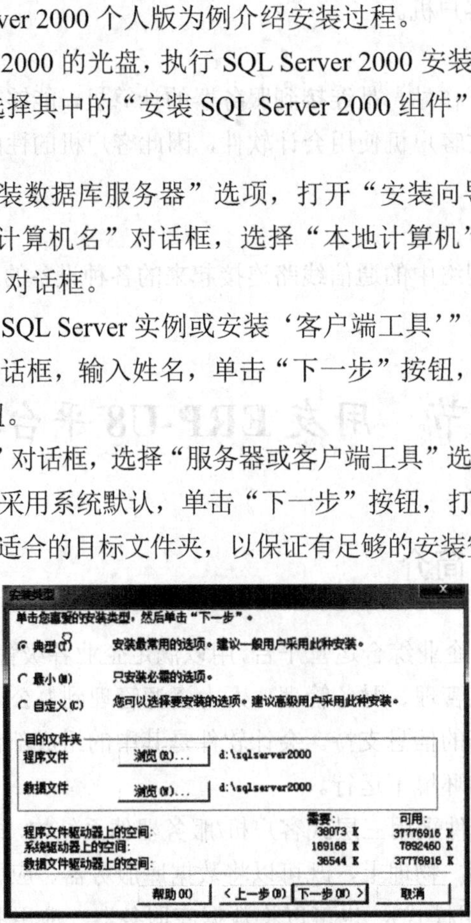

图 2-1　安装类型选择

(5) 单击“下一步”按钮，打开“选择组件”对话框，采用系统默认，单击“下一步”按钮，打开“服务账户”对话框，选择“对每个服务使用同一账户。自动启动 SQL Server 服务”选项，将服务设置为“使用本地系统账户”，如图 2-2 所示。

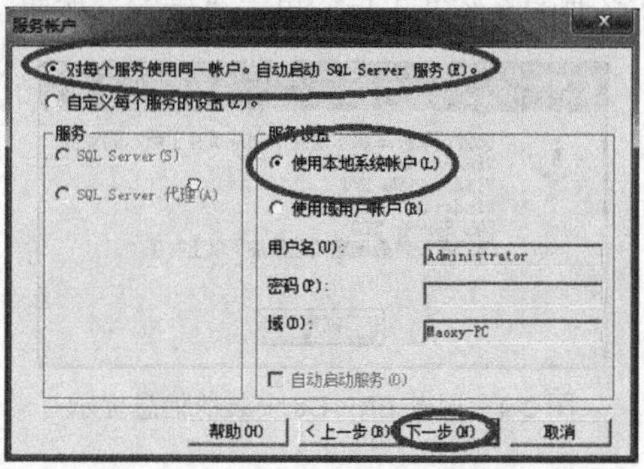

图 2-2　服务账户选择

(6) 单击“下一步”按钮，打开“身份验证模式”对话框，选择“混合模式(Windows 身份验证和 SQL Server 身份验证)”选项并输入 SA 登录密码，如图 2-3 所示。

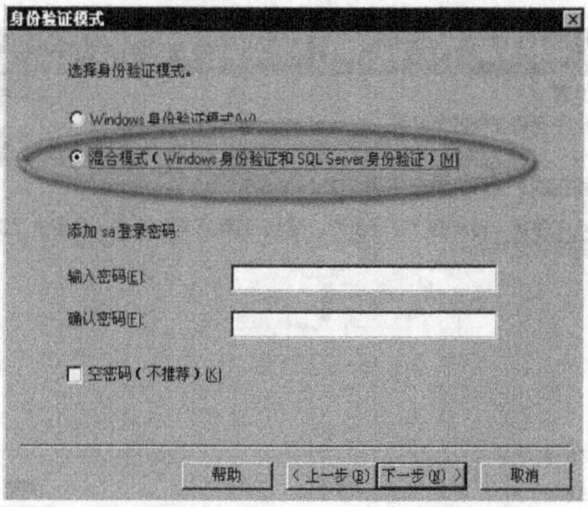

图 2-3　身份验证模式选择

(7) 单击“下一步”按钮，打开“开始复制文件”对话框，单击“下一步”按钮，打开“Microsoft Data Aaccess Components 2.6 安装”对话框，按系统提示关闭列表中的任务，单击“下一步”按钮，打开安装“软件”对话框，单击“完成”按钮，开始安装，直到系统安装结束，显示“安装结束”对话框，单击“完成”按钮。

(二) 用友 ERP-U8 管理软件的安装

用友 ERP-U8 管理软件对 Windows 操作系统和 SQL Server 2000 数据库管理系统的设置有些要求，例如，在 Windows 操作系统的 IIS(信息服务)中需要安装 WWW 服务；在 SQL Server 2000 数据库管理系统中需要安装 SP3 补丁组件。最好在安装操作系统和数据库管理系统以及必要的补丁组件后，没有安装过其他软件就直接安装 ERP-U8 管理软件。下面以单机安装用友 ERP-U8 管理软件为例，介绍其安装过程。

(1) 将用友 ERP-U8 管理软件光盘放入驱动器，以系统管理员 Administrator 身份注册进入系统，打开光盘目录，双击 Setup，安装前，系统出现提示(如图 2-4 所示)，确认计算机中已安装用友 ERP-U8 必要的系统补丁后，单击“确定”按钮，进入安装界面。

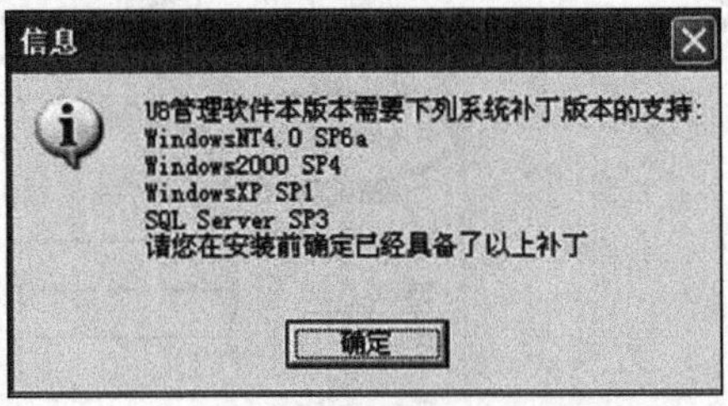

图 2-4　用友 ERP-U8 安装前信息提示

(2) 单击“下一步”按钮，打开安装授权“许可证协议”对话框，单击“是”按钮；打开“客户信息”对话框，输入用户名和公司名称等客户信息，用户名默认为本机的计算机名；单击“下一步”按钮，打开“选择目的地位置”安装界面，选择用友 ERP-U8 管理软件的安装路径，如图 2-5 所示。

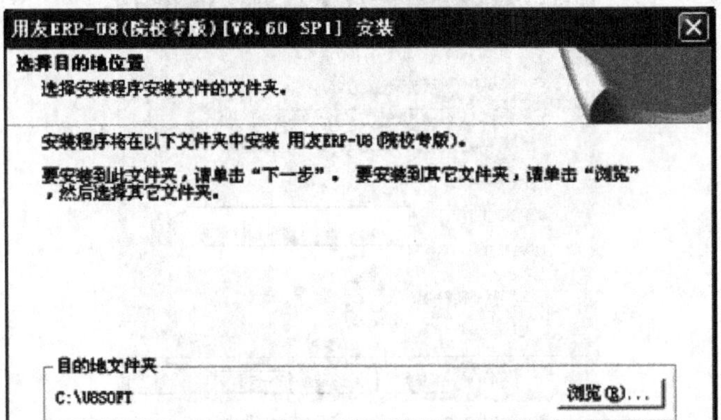

图 2-5　选择用友 ERP-U8 管理软件的安装路径

(3) 单击“下一步”按钮，打开“安装类型”对话框，系统提供了 7 种安装类型。如果选择“单机版安装”，只安装所有财务和业务的基本组件，可最大限度地减少对资源的耗费；如果选择“自定义安装”，则可按用户需求选择组件，如图 2-6 所示。

(4) 单击“下一步”按钮，打开“开始复制文件”安装界面，再单击“下一步”按钮，系统开始复制文件，复制完成后，显示“系统安装完成，是否需要立即启动计算机”信息提示，建议选择“是”。安装完成重启计算机后，会跳出如图 2-7 所示的画面，单击“完成”按钮。

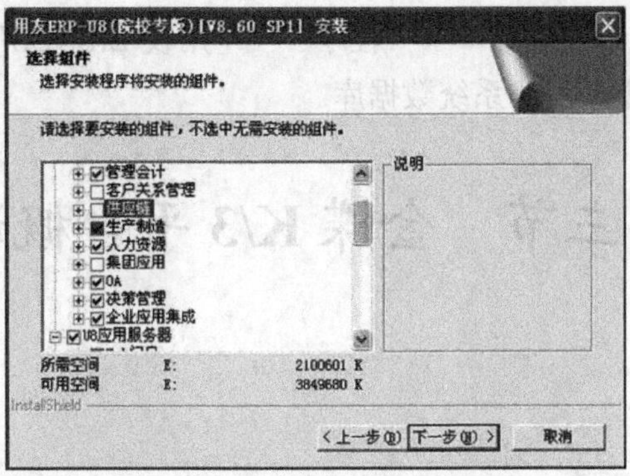

图 2-6　选择安装用友 ERP-U8 组件

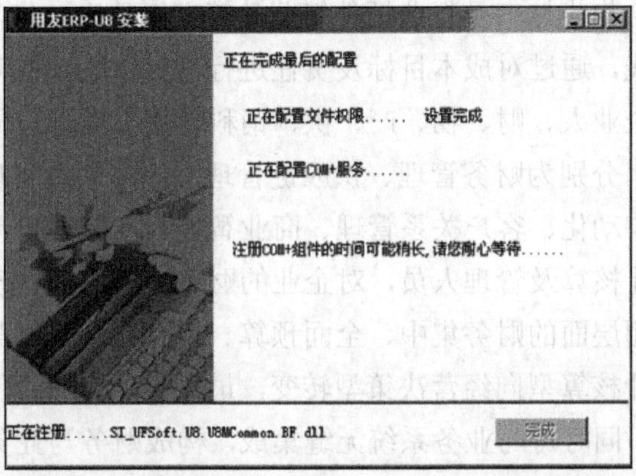

图 2-7　用友 ERP-U8 安装完成后的系统配置过程

(5) 随后，出现“数据源配置”界面，在“数据库”文本框后填写数据库服务器(或本地)的计算机名或 IP 地址，再输入数据库管理员 SA 的口令(填入安装 SQL 时输入的密码)，单击“测试连接”按钮，系统提示“连接串测试成功”信息，表示数据源配置成功。单击“完成”按钮，如图 2-8 所示。

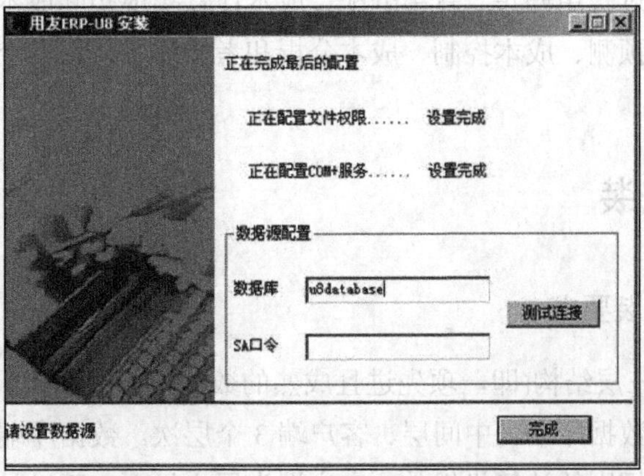

图 2-8　用友 ERP-U8 安装后的数据源配置

(6) 安装完成后，执行“开始”→“程序”→“用友 ERP-U8”→“系统服务”→“系统管理”→“注册”命令，创建系统数据库。

第三节　金蝶 K/3 平台概述

一、金蝶 K/3 简介

金蝶 K/3 系统集供应链管理、财务管理、人力资源管理、客户关系管理、办公自动化、商业分析、移动商务、集成接口及行业插件等业务管理组件为一体，以成本管理为目标，计划与流程控制为主线，通过对成本目标及责任进行考核激励，推动管理者应用先进的管理模式和工具，建立企业人、财、物、产、供、销科学完整的管理体系。金蝶 K/3 系统主要有八大模块子系统，分别为财务管理、供应链管理、生产制造管理、销售与分销管理、人力资源管理、办公自动化、客户关系管理、商业智能。本书主要涉及其中的财务管理系统，它是面向企业会计核算及管理人员，对企业的财务进行全面管理，在完全满足会计核算的基础上，实现集团层面的财务集中、全面预算、资金管理、财务报告的全面统一，帮助企业财务管理从会计核算型向经营决策型转变，最终实现企业价值最大化。财务管理系统各模块可独立使用，同时可与业务系统无缝集成，构成财务与业务集成化的企业应用解决方案。例如财务会计模块，它主要提供以凭证处理为核心的财务核算系统，在凭证录入的基础上，自动生成各种分析账表，帮助企业减少重复工作，提高数据准确性、适时性、共享性；还提供以固定资产卡片为核心的全面的资产管理，根据资产的不同的折旧方法，自动计提折旧并形成各种资产分析管理报表，帮助企业强化资源有效控制，防范减值风险；也提供全面的工业企业成本核算及管理系统，围绕“费用对象化”的基本成本理念与相关模块集成，通过费用归集、费用分配、成本计算实现实际成本处理的业务流程；在此基础上，建立成本预测、成本控制、成本分析和考核体系，帮助企业实现全面、科学的成本管理。

二、金蝶 K/3 安装

(一) 金蝶 K/3 安装要求

K/3 系统是一个三层结构(即一项先进且成熟的数据库应用结构，根据数据库分布式计算原理，将应用分为数据库端、中间层、客户端 3 个层次。数据库端即数据库服务器；中间层包含了封装商业规则的计算机组件；客户端为用户界面，可以是本地客户端 GUI，也可以是远程的 Citrix 客户端)的应用，系统安装也可以分为多个部分来进行，包括客户端、中间层、Web 系统、数据库端等部分。

客户端指的是基于 Windows 的 GUI 桌面应用程序，需要安装在业务系统使用人员的机器上。中间层包括所有业务系统的业务逻辑组件，这些组件会被客户端所调用，是 K/3 系统的核心部分，对硬件环境的配置要求较高。Web 系统是基于 IIS 提供 K/3 人力资源、SRM、CRM、网上报销等的 Web 服务。数据库端主要安装数据库产品和 K/3 系统的数据库端组件，对目前的 K/3 系统而言，要安装的数据库是 Microsoft SQL Server 2000(安装步骤参照第二节相关内容，这里不再赘述)，所有的业务数据都是存储在这里的。如果用户是 Windows 2000 操作系统，则可以安装标准版或企业版的数据库；如果是 Windows XP 操作系统，则可以尝试安装个人版或开发版的数据库。同时应注意，安装时对系统配置的要求如下。

(1) 服务器端：SQL Server 2000 Standard/Enterprise(需再打 SP4 补丁)。安装时系统管理员 SA 的口令设置为 SA。

(2) 中间层：Windows 2000 Server 或以上版本安装(需再打 SP4 补丁)。

(3) Web 服务器：Windows 2000 Server 或以上版本安装(需再打 SP4 补丁)。

(4) 客户端：Windows XP Professional SP2/SP3。

(二) 金蝶 K/3 安装步骤

1. 数据库端安装操作步骤

(1) 将金蝶 K/3 光盘放入光盘驱动器，单击“我的电脑”→“光盘”选项，进入安装界面，先进行环境检测，如图 2-9 所示。

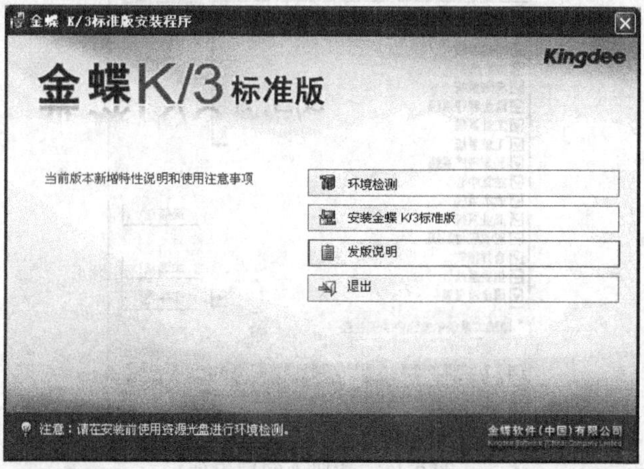

图 2-9　环境检测

(2) 环境检测通过后，单击“安装金蝶 K/3 标准版”选项，根据系统提示安装数据库服务部件，如图 2-10 所示。

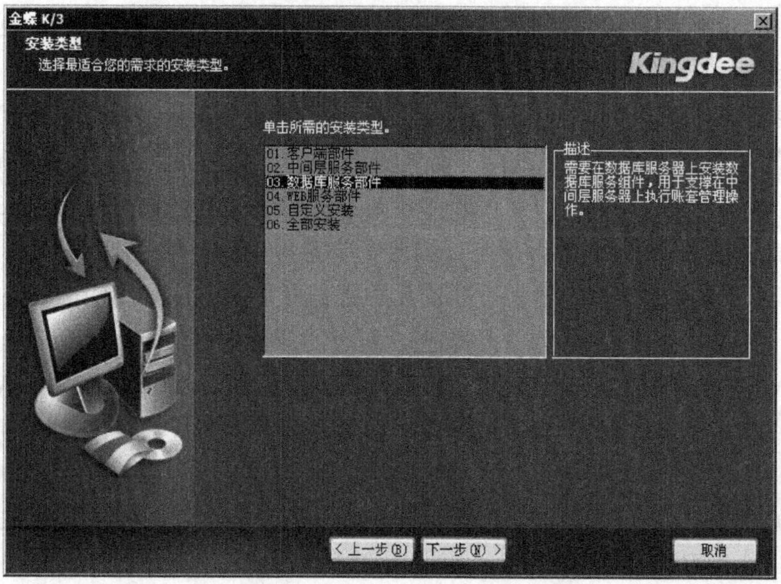

图 2-10　安装数据库服务部件

2. 中间层安装操作步骤

仿照上述步骤，选择“中间层服务部件”选项，进行环境检测后，根据系统提示安装如图 2-10 中的中间层服务部件(可通过自定义安装选择安装所有或部分中间层组件包)。

安装完成后，需注册中间层组件(可自动运行或手动运行“程序”→“金蝶 K/3”→“金蝶 K/3 服务器配置工具”→“中间层组件注册”命令)，如图 2-11 所示。

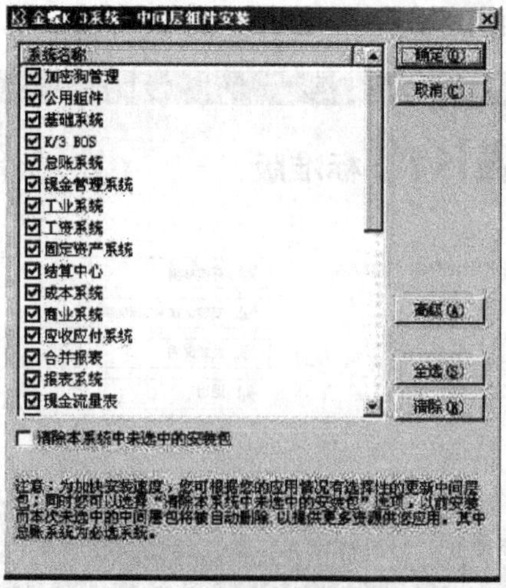

图 2-11　注册中间层组件

3. Web 服务器安装操作步骤

仿照上述步骤，选择“Web 服务器部件”选项，进行环境检测后，根据系统提示安装

图 2-10 中的 Web 服务器部件。

安装完成后，需注册 Web 端服务器部件(可自动运行或手动运行“程序”→“金蝶 K/3”→“金蝶 K/3 服务器配置工具”→“HR Web 服务组件注册”命令)。

安装完成后，需运行“站点及远程组件配置工具”(或手动运行“程序”→“金蝶 K/3”→“金蝶 K/3 服务器配置工具”→“站点及远程组件配置工具”命令)，直接单击“下一步”按钮至完成，如图 2-12 和图 2-13 所示。可根据实际情况进行选择。

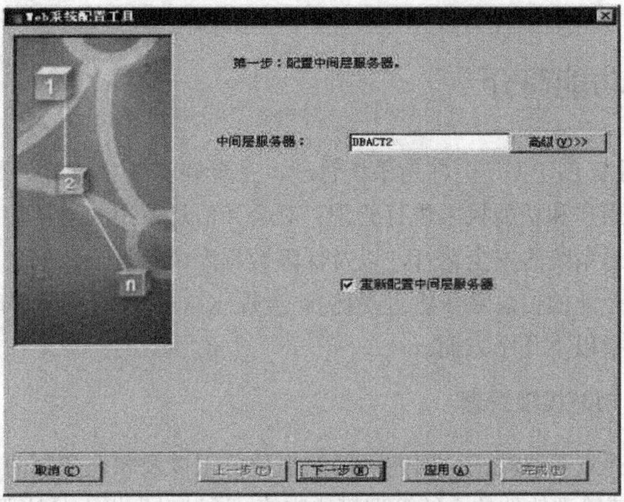

图 2-12　配置中间层服务器

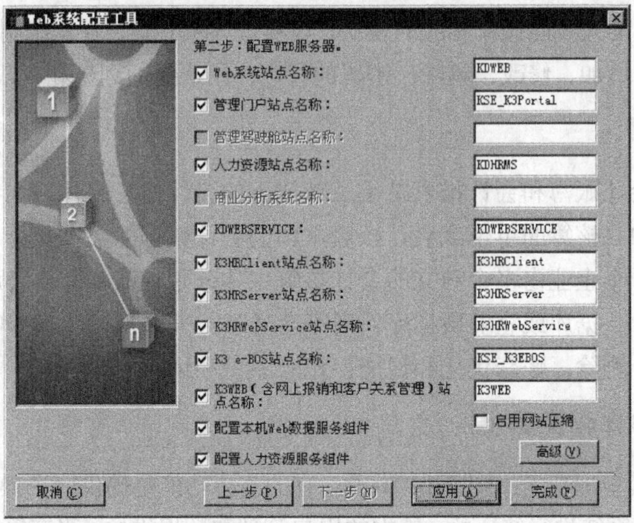

图 2-13　配置 Web 站点

4. 客户端安装操作步骤

仿照上述步骤，选择“客户端部件”选项，进行环境检测后，根据系统提示安装图 2-10

中的客户端部件(可通过自定义安装选择安装所有或部分中间层组件包)。

客户端安装完毕后，可运行“程序”→“金蝶 K/3”→“金蝶 K/3 工具”→“远程组件配置工具”命令，完成远程组件的注册和配置，整个客户端安装过程完成。

第四节　系统管理概述

一、系统管理功能简介

系统管理(在用友 ERP-U8 中称为系统管理，在金蝶 K/3 中则称为账套管理)的主要功能是对上机操作的用户和功能权限进行管理；对会计信息系统的会计数据库或企业数据库进行管理；保障信息系统的安全运行，以及保障数据库中数据资源的安全。系统管理模块的使用对象主要为企业的信息系统管理员(例如金蝶 K/3 默认的系统管理员 admin)。系统管理的功能主要包括以下几个方面。

(一) 用户及其功能权限管理

会计电算化或企业信息化后，职能部门的岗位分工以及相互牵制的内部控制功能很大程度上由会计软件或管理软件的系统管理模块实施。通过对上机人员注册和密码管理，以及操作分工和权限管理，一方面保障没有注册的人员不能进入系统，另一方面，保障只有获得功能模块操作权限的人才能操作相应的模块，以实现各负其责，互相牵制的目的。此部分主要功能包括用户的增加、修改、删除；密码的管理；用户组的划分和权限的分配；等等。

(二) 账套管理

会计凭证、会计账簿和会计报表是手工环境下的会计信息载体，而在电算化环境下，账套是存储一个独立核算的单位或会计核算主体的会计数据的数据集合。一套会计软件或管理软件可以为一个企业内多个独立的会计核算主体分别建账，每一套账在计算机外存储器上就是一个会计数据库或企业数据库，用账套号唯一来区别。此部分的主要功能包括账套的建立、修改、删除；账套优化和注册；账套备份和恢复；等等。

(三) 金蝶 K/3 账套管理功能

金蝶 K/3 账套管理功能如图 2-14 所示。它的主要功能是提供一个操作平台对金蝶 K/3 管理软件的各个子系统进行统一的、集中的用户管理和数据维护。账套管理的主要功能包括以下内容：账套管理、系统用户及操作权限的集中管理、组织机构管理和系统数据库管理。

组织机构管理是指把不同企业数据按组织机构划分，每个组织机构中又可以建立多个账套并可设置组织机构属性。

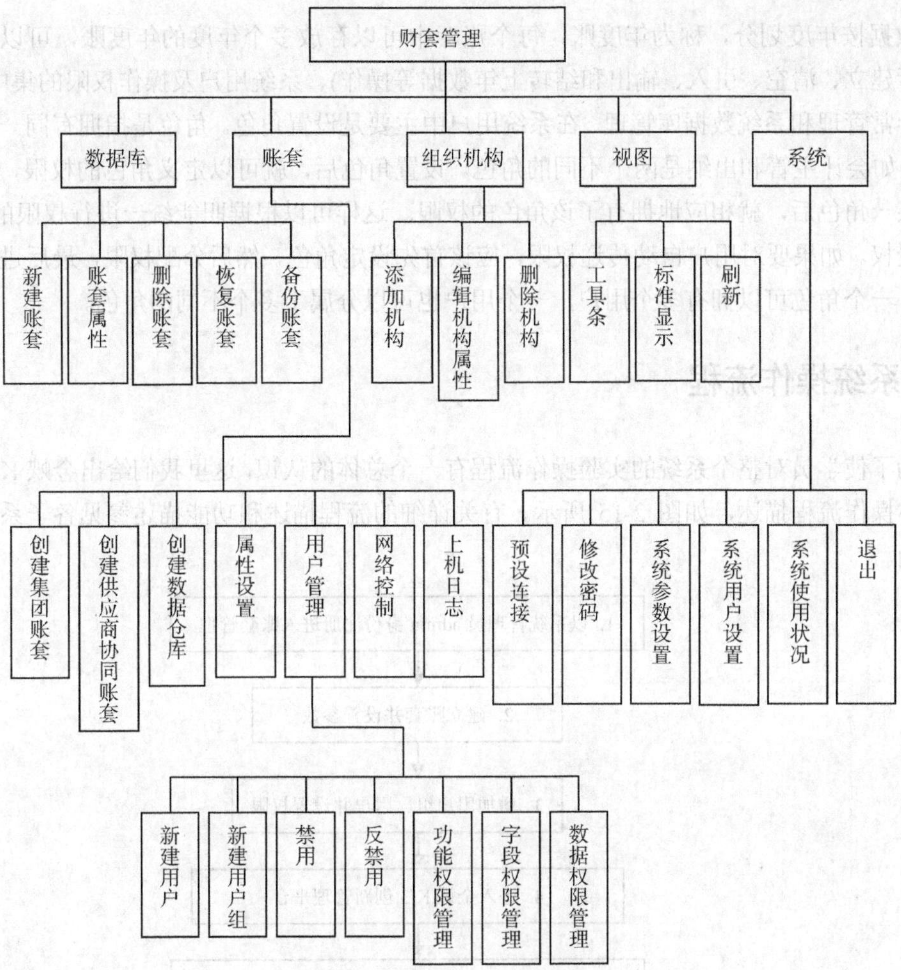

图 2-14　金蝶 K/3 账套管理功能图

用户组是指把拥有同一类职能的人归入同一组别，也就是说，当用户归属某一用户组后，就相应地拥有了该用户组的权限。这样可以根据组别统一进行权限的划分，方便授权。如果有的用户除了拥有该组的权限之外还需有某个特定的权限时，则可以再单独对其进行授权。

数据库管理主要是进行新建账套、删除账套、备份账套、恢复账套、账套优化和注册账套操作。其中账套优化是指如果一个账套的使用时间较长，其数据量逐步增多，导致数据查询和使用的速度就会下降，系统的整体性能也会下降，通过账套优化的功能，可以帮助减少这种性能下降的问题。账套注册是指将已经存在于其他数据库服务器上的金蝶账套加入当前的账套环境中，以实现一个中间层对多个数据库服务器上多个账套的管理。

账套管理功能模块如图 2-14 所示。

(四) 用友 ERP-U8 账套管理功能

用友 ERP-U8 的系统管理总体功能与之类似，主要包括账套、年度账账套管理(是指把企业数据按年度划分，称为年度账，每个账套中可以存放多个年度的年度账，可以对年度账进行建立、清空、引入、输出和结转上年数据等操作)、系统用户及操作权限的集中管理、系统异常管理和系统数据库管理。在系统用户中主要是设置角色。角色是指拥有同一类职能的人，如会计主管和出纳是两个不同的角色。设置角色后，就可以定义角色的权限，当用户归属某一角色后，就相应地拥有了该角色的权限。这样可以根据职能统一进行权限的划分，方便授权。如果要对用户自动传递权限，应该首先设定角色，然后分配权限，最后进行用户设置。一个角色可以拥有多个用户，一个用户也可以分属于多个不同的角色。

二、系统操作流程

为了使学员对整个系统的实验操作流程有一个总体的认识，这里我们给出金蝶 K/3 系统的总体操作流程描述，如图 2-15 所示。有关详细的流程描述和功能描述参见各子系统的详细说明。

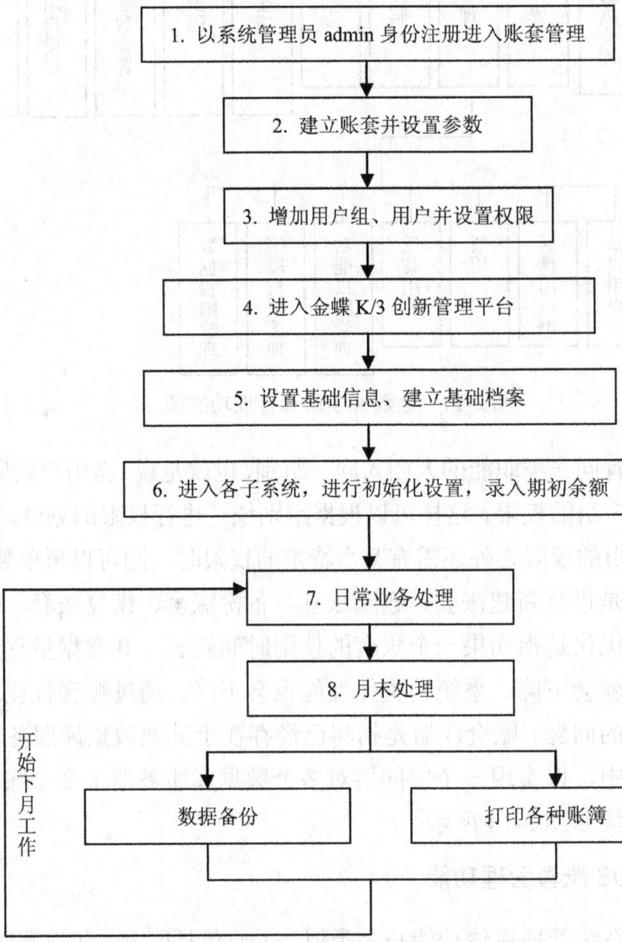

图 2-15　金蝶 K/3 系统的总体操作流程

用友 ERP-U8 系统的操作流程也与之类似，首先以系统管理员 admin 的身份注册进入系统管理，建立账套并设定账套主管，然后增加角色、用户并设定权限，再以账套主管的身份登录并设置账套参数，之后进入企业应用平台，开始启用系统并设置基础信息和建立基础档案，最后进入各子系统进行初始设置、日常业务处理和期末处理。

本节主要以金蝶 K/3 账套管理为例来介绍操作流程。

三、账套管理实验

(一) 实验目的

理解系统管理在整个系统中的作用及其重要性。掌握建账的基本过程及步骤，掌握用户组及用户建立、授权，学会进行账套数据备份和数据恢复。

(二) 实验内容

(1) 注册账套管理
(2) 添加组织机构
(3) 增加用户组和用户
(4) 建立账套
(5) 进行用户功能权限管理
(6) 账套备份与恢复

(三) 实验案例资料

1. 新建组织机构及账套

(1) 机构代码：01
(2) 机构名称：湖北天盛
(3) 账套号：01.1031
(4) 账套名：湖北天盛工业有限公司
(5) 账套类型：标准供应链解决方案
(6) 数据实体：系统会自动给出，不需客户命名
(7) 数据库文件路径：默认即可

2. 设置账套参数

(1) 机构名称：湖北天盛工业有限公司
地址：武汉市洪山区　　电话：88888888
(2) 记账本位币：人民币　　货币代码：RMB
(3) 凭证过账前必须审核
(4) 账套启用期间：2017 年 01 月 01 日

3. 添加用户组和用户(见表 2-1 和表 2-2)

表 2-1 用户分组及功能权限相关信息

用户组名	说　明	功能权限
Administrators	系统管理员组	所有权限
总账组	非业务类凭证制作、个人往来账管理、会计报表制作等	基础资料、数据引入引出、总账、报表、财务分析、现金流量表
人事薪资组	工资核算	基础资料、工资
固定资产组	固定资产入账、计提折旧、报废等管理	基础资料、固定资产

表 2-2 用户明细资料

用户姓名	认证方式	用　户　组	备　注
王明	密码认证(不设密码)	Administrators(系统管理员组)	总经理
张婷	密码认证(不设密码)	总账组	财务主管
李强	密码认证(不设密码)	总账组	出纳
马大勇	密码认证(不设密码)	总账组	总账会计
刘洋	密码认证(不设密码)	人事薪资组	薪资管理员
曹丽	密码认证(不设密码)	固定资产组	资产管理员

注：一定要注意每一个用户所在的组别

(四) 实验步骤(下面以金蝶 K/3 为例介绍实验步骤)

1. 注册账套管理

执行“开始”→“程序”→“金蝶 K/3 WISE 创新管理平台”→“金蝶 K/3 服务器配置工具”→“账套管理”命令或直接单击桌面上的“账套管理”图标，启动账套管理，进入“账套管理登录”界面，如图 2-16 所示。设置“用户名”为 Admin，“密码”为空，单击“确定”按钮，进入“金蝶 K/3 账套管理”界面。

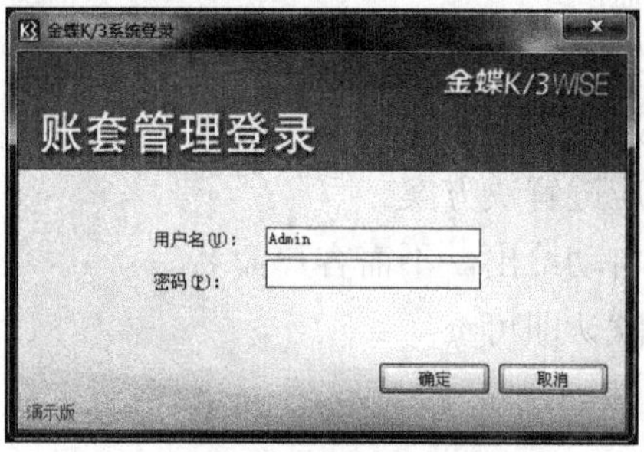

图 2-16 “账套管理登录”界面

2. 添加组织机构

添加组织机构的目的是方便对各种账套进行分类管理，因为一个系统中可能存在多个企业账套。

在“金蝶 K/3 账套管理”对话框中，右击“组织机构”菜单项，在弹出的列表中选择“添加机构”选项，即进入如图 2-17 所示的界面，输入资料中的机构代码和机构名称，单击“确定”按钮即可。

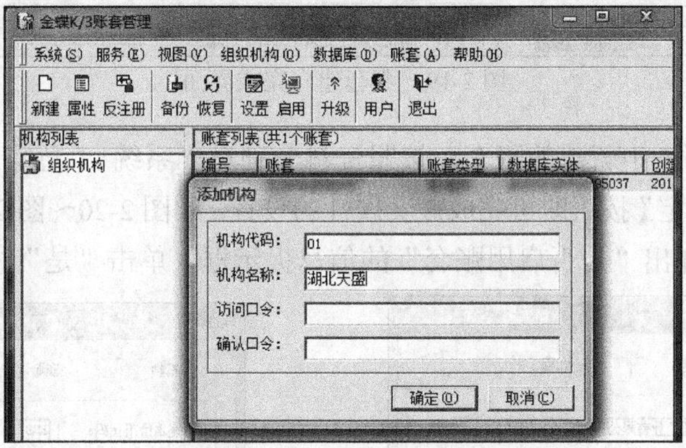

图 2-17　添加组织机构

3. 建立账套

(1) 在“金蝶 K/3 账套管理”对话框中，单击“新建”按钮，阅读弹出的“信息”窗口内容后，单击“确定”按钮，即可进入“新建账套”界面，如图 2-18 所示。依次输入资料中的信息，系统账号可选择 Windows 身份验证方式，数据库文件路径和数据库日志文件路径选择默认路径即可(如果采用 SQL Server 身份验证，则需输入系统口令；如果在安装数据库服务器过程中没有进行特别设置时，默认口令通常为 SA 或 123)。信息输入完毕后，单击“确定”按钮即可。建账完成后，在“账套列表”中会形成一条记录，如图 2-19 所示。

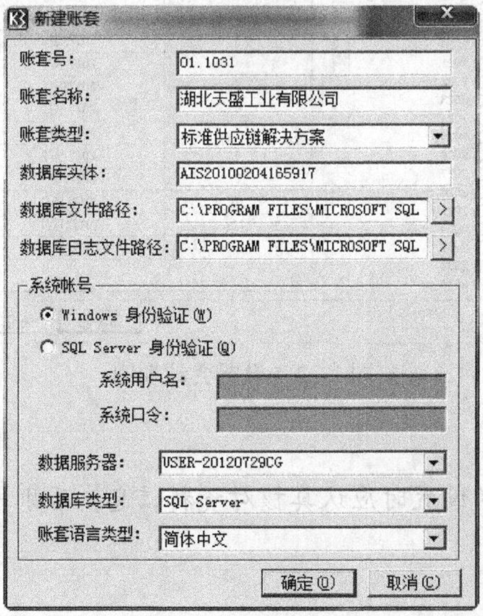

图 2-18“新建账套”界面

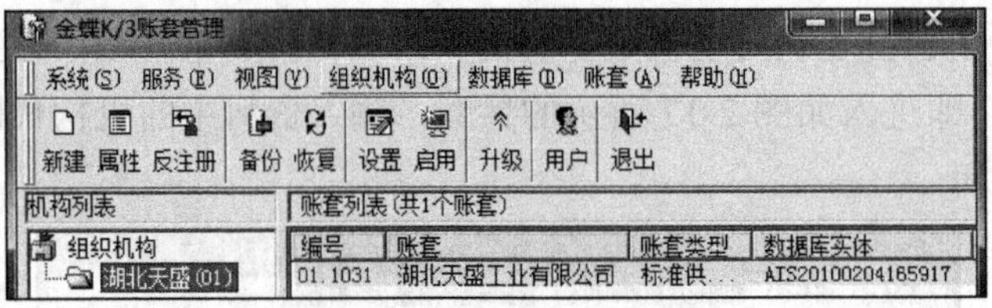

图 2-19　账套建立完成界面

(2) 双击账套列表中新建的账套，按照资料分别对“系统”“总账”“会计期间”进行设置，最后单击“确定”按钮即可完成账套属性的设置，如图 2-20～图 2-22 所示。单击“确定”按钮后系统会弹出“是否启用账套”的信息提示框，单击“是”按钮即可。

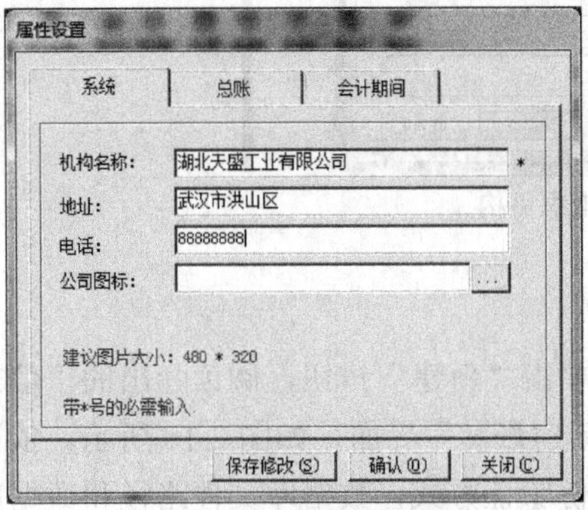

图 2-20　系统属性设置

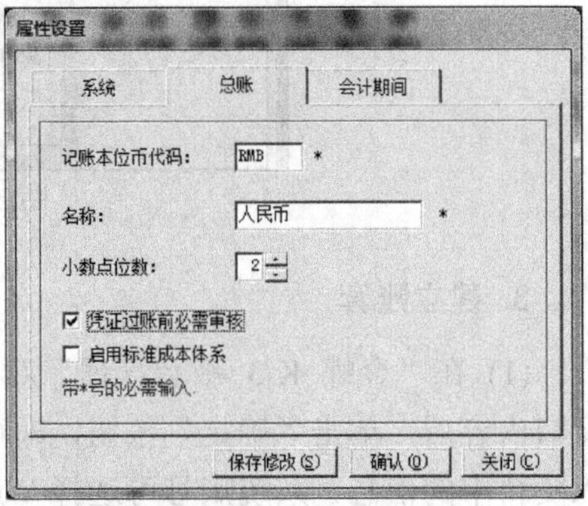

图 2-21　设置总账属性

图 2-22　设置会计期间

注意：

在进行“会计期间”的设置时应认真核对资料信息，否则一旦设定无法更改。

4. 增加用户组和用户

(1) 单击账套管理界面上的“用户”图标，进入“用户管理”界面，单击“新建用户组”图标，按照表 2-1 所提供的资料，完成用户组的添加，如图 2-23 所示。

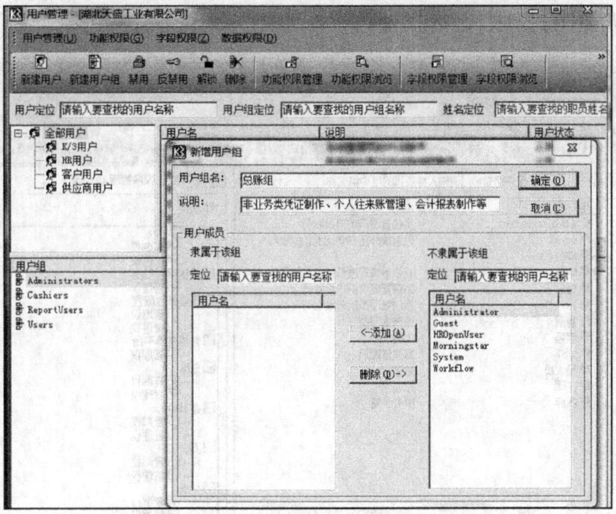

图 2-23　添加用户组

(2) 单击“用户管理”界面上的“新建用户”图标，按照表 2-2 所提供的资料完成用户的添加。

但要注意在用户组界面，将所在用户组从图 2-24 的右侧移动至左侧。

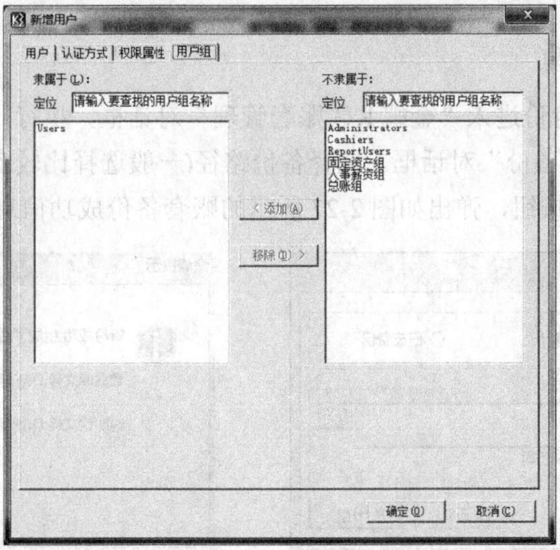

图 2-24　添加用户

5. 进行用户功能权限管理

因为用户已经归类到用户组，所以只需对用户组授权，该组的用户就具备了本组的功能权限。以总账组为例，在“用户管理”对话框中的“用户组”列表下，单击“总账组”，再单击菜单栏中的“功能权限”或直接右击“总账组”，弹出如图 2-25 所示的“用户管理_

权限管理[总账组]”界面，按照表 2-2 所提供的资料将对应的权限选中，再单击“授权”按钮即可。其他用户组的权限做类似处理。

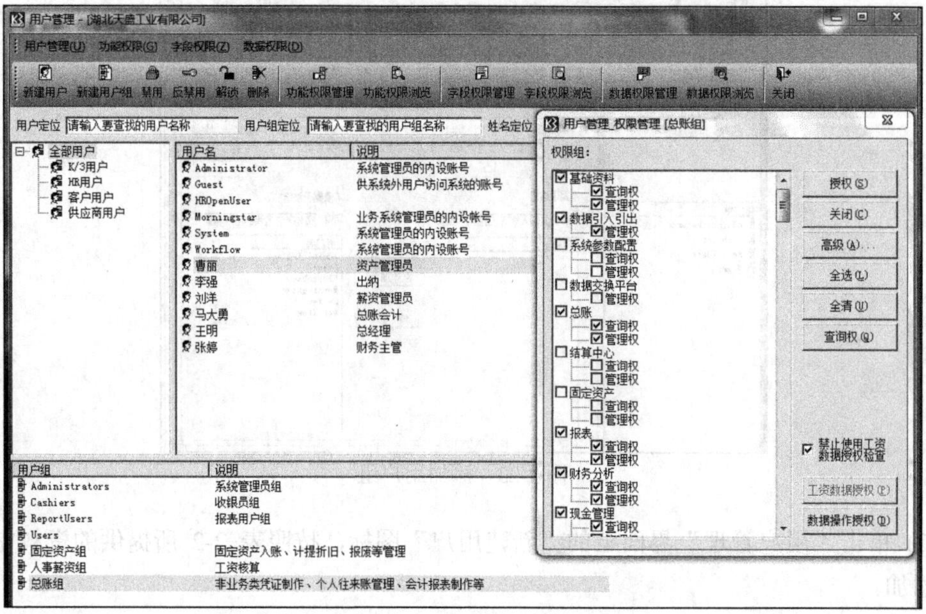

图 2-25 用户功能权限管理

6. 账套备份与恢复

(1) 以 Admin 的身份进入“金蝶 K/3 账套管理”对话框，执行“备份”命令，弹出如图 2-26 所示的“账套备份”对话框。选择备份路径(一般选择比较容易找到备份文件的磁盘)后，单击“确定”按钮，弹出如图 2-27 所示的账套备份成功信息提示框。

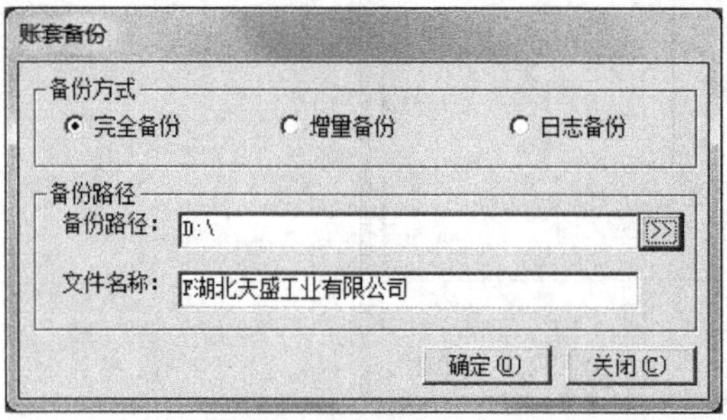

图 2-26 “账套备份”对话框

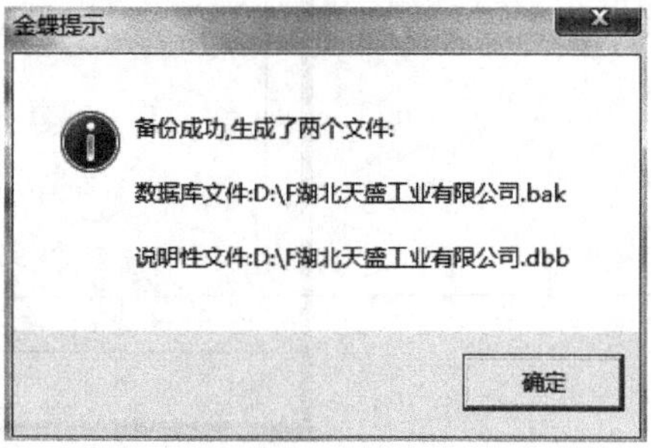

图 2-27 账套备份成功信息提示框

(2) 如果要恢复账套，则执行“恢复”命令，弹出如图 2-28 所示的“恢复账套”对话框。在该对话框的左侧找到要恢复的账套数据文件并单击，账套名即可自动出现在界面右侧，此时需要输入账套号，再单击“确定”按钮，弹出如图 2-29 所示的界面，如果没有其他账套需要恢复，则单击“否”按钮。

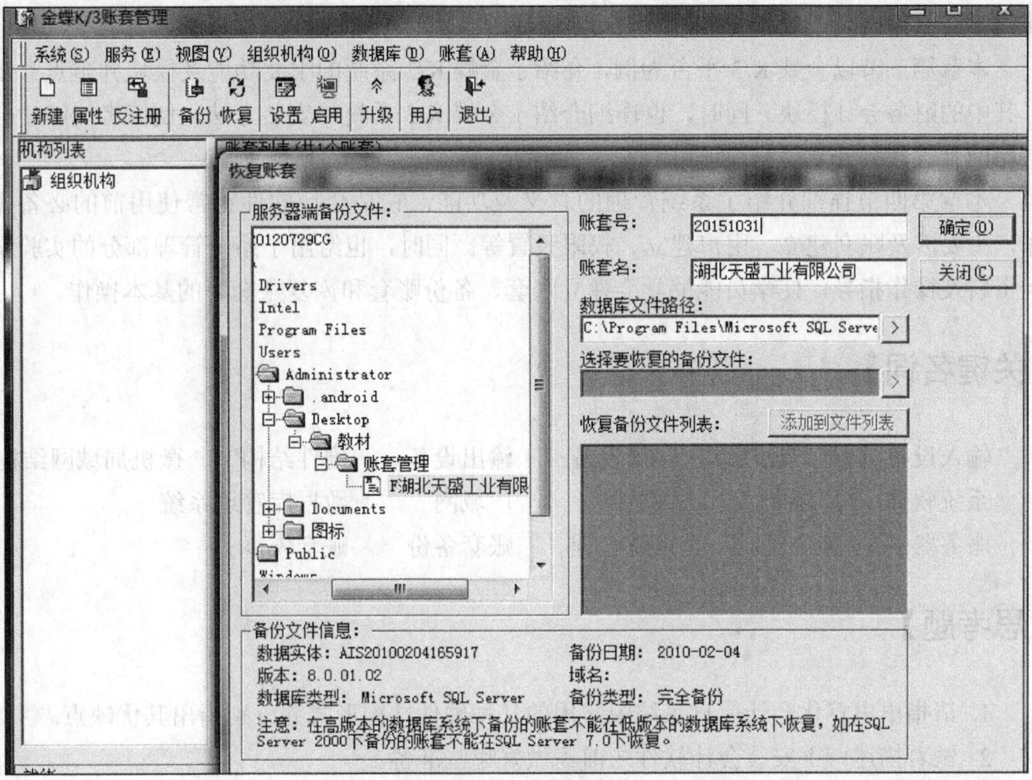

图 2-28　恢复账套

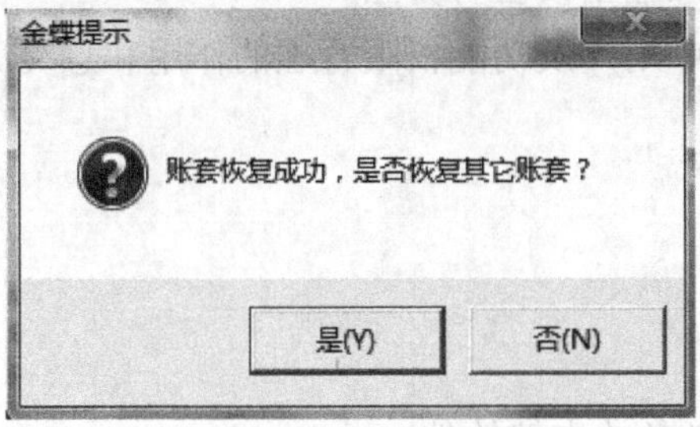

图 2-29　账套恢复提示

【本章小结】

本章第一节主要从硬件环境、软件环境和网络环境三个方面介绍了会计软件的运行环境。通过对硬件设备、硬件结构、软件类型、计算机网络等相关概念进行阐述，使读者对会计信息系统的基本组成有一个清晰的认识。

本章第二节以用友 ERP-U8 平台为例，介绍了用友 ERP-U8 系统的主要功能及模块并重点介绍了其三层体系结构。同时，也详细介绍了用友 ERP-U8 系统的安装方法，使读者能够学会常用的用友软件安装过程。

本章第三节以金蝶 K/3 平台为例，介绍了金蝶 K/3 系统的主要功能及模块并重点介绍了其中的财务会计模块。同时，也详细介绍了金蝶 K/3 系统的安装方法，使读者能够学会常用的金蝶软件安装过程。

本章第四节详细介绍了系统管理的含义及功能，它是会计软件正常使用前的必备操作，主要涉及账套建立、用户建立、权限设置等。同时，也给出了系统管理部分的实验案例资料及操作指导，使学员能够学会建立账套、备份账套和恢复账套等的基本操作。

【关键名词】

输入设备　处理设备　存储设备　输出设备　硬件结构　微机局域网结构
系统软件　局域网　城域网　广域网　数据库管理系统
服务器　客户机　系统管理　账套备份　账套恢复

【思考题】

1. 请指出电算化会计信息系统中常用的几种硬件结构形式并分别指出其优缺点。
2. 试着描述一下安装会计软件之前需做好哪些准备。
3. 简述系统管理的作用及其主要功能。
4. 常见的计算机输入输出设备有哪些？
5. 请指出会计软件中用户及功能权限管理的作用和意义。

【练习题】

一、单项选择题

1. (　　)是计算机必备的支持软件。

A. 应用软件　B. 专用软件　C. 系统软件　D. 通用软件

2. (　　)又称为联机结构，整个系统配备一台计算机主机(通常是中型机，目前也有较高档的微机)和多个终端(终端由显示器和键盘组成)。

A. 单机结构　B. 多机松散结构　C. 多用户结构　D. 微机局域网络

3. (　　)是一种远程网，涉及长距离的通信，覆盖范围可以是一个国家或多个国家，甚至整个世界。

A. 互联网　B. 广域网　C. 城域网　D. 局域网

4. 下列关于硬件结构中的多机松散结构的说法中，正确的是(　　)。

A. 多机松散结构中的每台微机直接发生数据联系

B. 多机松散结构中的每台微机通过U盘等传送数据

C. 多机松散结构的优点在于配置成本低，数据共享程度高

D. 多机松散结构的缺点是主机负载过大，容易形成拥塞

5. 语言处理程序的任务是(　　)。

A. 将源程序翻译成机器语言程序　　B. 编辑源程序

C. 处理源程序中的错误指令　　D. 执行程序

二、多项选择题

1. 计算机网络的功能主要体现在(　　)。

A. 资源共享　　B. 实时处理　　C. 数据通信　　D. 分布处理

2. 下列属于计算机常用的输出设备的有(　　)。

A. 光电自动扫描仪　B. 二维码识读设备　　C. 打印机　　D. 显示器

3. 在会计电算化领域，会计人员一般用(　　)来完成会计数据或相关信息的输入工作。

A. 键盘　　B. 鼠标　　C. 扫描仪　　D. 打印机

4. 网络连接设备是把网络中的通信线路连接起来的各种设备的总称，这些设备主要包括(　　)。

A. 中继器　　B. 交换机　　C. 打印机　　D. 路由器

5. 以下属于系统管理主要功能的有(　　)。

A. 新建用户　　B. 新建账套　　C. 用户授权　　D. 账套备份

三、判断题

1. 系统软件是为解决各类实际问题而专门设计的软件。　　(　　)

2. 操作系统是系统软件的核心。　　(　　)

3. 与内存储器相比，外存储器容量大，价格低，但存储速度较慢。　　(　　)

4. 广域网是作用范围介于城域网和局域网之间的网络。　　(　　)

5. 把某一用户归入某用户组，便具备了该组的所有权限。　　(　　)

6. 账套建立成功后，如果发现错误，都可以修改过来。　　(　　)

四、业务分析题

1. 以Admin的身份进行账套建立后，发现设置的会计期间错误，该如何更正？

2. 以Admin的身份进行账套恢复不成功，可能的原因有哪些？

第三章

总账系统的基本原理及应用

【学习目标】

通过本章的学习，掌握、领会总账系统的特点、任务及与其他子系统的关系；重点掌握电算化环境下的账务处理流程；理解会计核算基本原理与会计信息系统的关系；了解总账系统中主要功能模块并能熟练地进行总账系统初始化、日常业务处理、期末处理等业务操作。

第一节 总账系统的基本原理

总账系统又称账务处理系统，是会计信息系统的核心子系统。总账系统将企事业单位发生的经济业务数据进行加工处理后生成会计信息供各类信息使用者使用。本节主要阐述会计核算的基本原理与会计信息系统、总账系统的特点、目标、任务及其业务处理流程，从而让学员在进行实际操作前掌握会计核算的基本理论基础。

一、会计核算基本原理与会计信息系统

(一) 会计方程式奠定了建立会计信息系统的理论依据

会计方程式也称会计平衡式，它是一切会计方法的出发点和基础。

1. 静态会计三要素与会计基本方程式

资产＝负债＋所有者权益

该方程式是贯穿于财务会计始末的一根主线，是会计中设置账户、复式记账、编制会计报表的理论依据。静态会计方程式反映了企业某一时点资金运动的静态表现，即任何特定时点一个企业资产的数量必须等于其相应的来源(即权益)的数量。

2. 动态会计三要素与基本方程式的扩充

$$收入-费用=利润$$

根据该公式编制的利润表反映了企业的经营状况。

3. 会计六要素与扩充的方程式

企业资金运动的静态与动态是一种辩证的统一，它们总是处在一种相对静止→显著变动→新的相对静止→新的显著变动的不断交替过程。因此，资产、负债、所有者权益、收入、费用和利润的数量关系存在着一种内在有机的联系，它们之间的关系可以用以下扩充的会计方程式表示：

$$资产+(收入-费用)=负债+所有者权益+利润(分配前)$$

扩充的会计方程式揭示了企业资金运动中六项会计要素之间的数量关系以及动静结合的平衡式，它用一种科学的数学化的方法总结归纳了客观世界中纷繁复杂的经济业务之间的一种内在规律性。通过设置账户、复式记账等一系列的专门方法，把反映企业经济活动的大量杂乱的原始数据通过分类、记录、汇总而浓缩到易于理解的会计报表中，传递给信息使用者。正是这些独特的理论和方法使会计成为一门独立的科学和技术，也正是这些独特的理论和方法使会计核算工作能计算机程序化，它们是构建电算化会计信息系统的理论依据和前提。

(二) 设置账户与复式记账原理奠定了会计信息系统基本方法的理论

会计账户、复式记账、财务会计报表等都是从会计基本理论(会计要素与会计平衡式)到基本方法和基本操作的研究成果。

1. 设置账户

设置账户是指如何按经营管理的需要，对会计要素预先设计，进行精细的科学分类以及规定账户的结构和登记的内容、方法的过程，它是复式簿记系统中的一种专门方法，是对经济业务的原始数据进行分类记录的手段。一个会计核算体系的基本结构就是它的账户体系。

2. 复式记账原理与借贷记账法

(1) 复式记账原理

复式记账是指对每一项发生的经济业务同时在两个或两个以上的相互对应的账户中以相等的金额进行登记，以便能够全面、系统地反映各个会计要素具体内容的增减变动情况及其结果。不仅可以通过账户的对应关系观察各会计要素具体内容的来龙去脉及增减变化，而且能够通过试算平衡原理来检验账户记录的正确性。

(2) 借贷记账法

复式记账原理揭示了如何把经济活动记录下来的科学方法。通常把以“借”和“贷”

作为记账符号的复式记账方法简称为借贷记账法。借贷记账法要求对任何一项经济业务都至少要登记在一个账户借方的同时必须登记在另一个账户的贷方，而且记入借方的金额必须和记入贷方的金额相等。记账规则为：有借必有贷，借贷必相等。

设置账户和复式记账提供了一套科学、规范、严谨、可操作的方法和手段，对经济业务进一步分类整理、记录、存储，既保证了会计方程式两边相等，又满足了经济管理的要求，同时也为会计信息系统提供了实现方法的理论依据。设置账户与复式记账使动态经济业务的数据到静态的记录繁杂而有序，使对应关系清晰、规范、有条理，这些是电算化会计信息系统的基本方法的理论依据。

(三) 记账凭证、会计账簿和会计报表规范了会计信息系统处理的数据结构

复式借贷记账法解决了记录经济业务也就是记账的原理和方法。会计凭证、会计账簿和会计报表则是记录和反映经济业务的载体和工具。

1. 记账凭证

会计凭证分为原始凭证和记账凭证。原始凭证是表明经济业务已经发生或已经完成，作为明确经济责任，进行记账的最初书面证明文件，具有法律效力。记账凭证是会计人员根据原始凭证反映的经济业务内容，按复式记账法和设置的会计账户加以归类整理编制以确定会计分录的凭证，它规范了记录和表述经济业务的格式和要求。

2. 会计账簿

会计账簿是以会计凭证为依据，全面、系统、连续、综合地反映经济业务的簿籍，由具有专门格式的账页组成。每一个会计主体都有一套与账户体系相适应的账簿体系，它包括账簿的种类、数量以及账簿的结构和账页的格式，应该体现出各会计主体的生产经营业务以及账务处理上各自的特点。

记账凭证和会计账簿都起到了分类、整理、记录、存储经济业务数据的目的。记账凭证是以每笔经济业务为对象进行分类记录和存储，会计账簿是按会计科目进行分类、记录、存储和汇总，它们分类记录的数据源是一致的。

3. 会计报表

会计报表是指根据日常核算资料，运用货币信息，以一定的表格形式，定期综合反映企业财务状况和经营成果的书面文件。它是会计核算工作的总结，是满足各有关方面对会计信息需求的关键的一道工序。会计报表是对会计账簿数据进一步归类、汇总计算和浓缩，其用一种简明扼要并且集中的形式反映了企业财务状况和经营成果。

计算机最适合处理结构化数据，即逻辑关系清晰，从加工的对象到加工的结果步骤清楚的这类问题易于用计算机存储和自动加工处理。记账凭证、会计账簿、会计报表规范了经济业务信息的记录和反映格式，为会计电算化打下了良好的基础。

(四) 账务处理程序为会计核算工作计算机程序化奠定了基础

为确保记录的经济交易数据能够产生管理所需要的会计信息，需要把记账凭证、会计账簿、会计报表有机地组织起来，构成一个完整的整体。账务处理程序也称会计核算形式，是指记录和产生会计信息的步骤和方法，具体地说就是填制和审核凭证，根据凭证登记各种账簿，根据账簿记录编制会计报表这一整个过程的步骤和方法。我国企业一般采用的账务处理程序主要有记账凭证账务处理程序、汇总记账凭证账务处理程序、科目汇总表账务处理程序、多栏式日记账账务处理程序等。它们之间最主要的区别是如何登总账。不同的账务处理程序，在登总账时会计数据传递的路线不同，但基础数据来源是一样的。图 3-1 所示是手工记账凭证账务处理程序流程图。

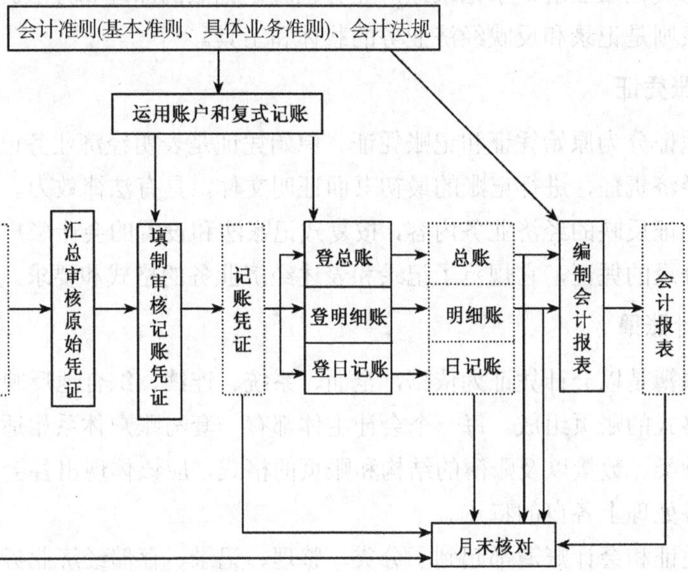

图 3-1　手工记账凭证账务处理程序流程图

在图 3-1 中，虚线框表示数据存储，实线框表示数据处理。账务处理程序图清晰地展示了会计核算的每个工作步骤，它们都体现为数据输入、数据处理、数据存储、信息输出。所有工作步骤构成一个有序的数据处理和信息生成的过程并且存储的信息格式规范，手工会计的账务处理程序是会计工作计算机程序化的依据。

会计的基本原理是电算化会计信息系统中会计核算软件设计和开发的理论依据。记账凭证、会计账簿、会计报表信息格式的规范以及账务处理程序的有序化，为计算机应用于会计核算工作提供了基础条件。计算机非常适合处理格式规范(计算机中称为结构化程度高)的数据，这也是企业管理中应用计算机最早从会计入手的原因。

二、总账系统的目标

总账系统的总目标是及时、正确、连续、系统、全面、可靠地记录经济交易或会计事项数据，及时、准确地完成会计核算，提供各类信息使用者所需的会计信息，以便于会计监督、控制和决策。具体目标可分解如下。

(1) 及时、正确、全面地采集和输入会计数据，保证进入系统的会计数据的正确、安全和可靠。

(2) 保证对输入的会计凭证进行正确、有效的审核、入账。

(3) 高效、准确地完成对账、结账等数据处理工作。

(4) 及时、准确、可靠地输出各种记账凭证、账簿、报表。

(5) 及时、准确地完成自动转账及相关数据处理工作。

(6) 建立与其他子系统的数据接口，有效地实现会计数据的及时传递和数据共享。

此外，为了充分发挥计算机数据处理的优势，增强账务处理子系统的核算和辅助管理功能，账务处理子系统设计目标还应增加部门核算和管理、项目核算和管理、往来核算和管理等辅助管理以及自动转账等功能。这些功能是对实现账务处理子系统目标的进一步补充。

三、总账系统的特点

无论是企事业单位内部管理所需要的会计信息，还是外部信息使用者所需要的决策相关的会计信息，都必须由总账系统对发生的经济业务进行加工处理后才能取得。与其他核算子系统相比较，总账系统有以下几个重要特征。

(一) 系统通用性强

会计账务处理软件是按复式记账的原理设计的，复式记账法是世界通用的会计记账方法，它包括“有借必有贷，借贷必相等”“资产＝负债＋所有者权益”“总账余额发生额必须等于下属明细账余额发生额之和”等一系列基本处理方法，尽管不同的单位由于业务性质的不同而选择不同的会计账务处理程序，但最终的账簿格式和内容都基本相同。因此，无论是国内还是国外的会计软件，总账系统的结构和程序模块的功能基本相同。

(二) 系统综合性强，数据处理量大

总账系统除直接采集部分原始数据进行加工外，还要接收其他子系统处理后的综合性数据并进一步处理，以求得反映企业全部经济活动的总括性会计信息。同时它也要为其他子系统提供必要的数据。因此系统的输入输出数据量大，数据存储量大，数据的准确性要求高。在会计信息系统中，子系统划分得越细和越多，总账系统处理的范围就越小，但与其他子系统的接口则越多越复杂。

(三) 系统的安全和可靠性要求高

由于总账系统包括有关现金、银行存款收支等是容易发生舞弊、贪污行为的业务数据处理，因此在设计中必须设置严密的内部控制和安全保密措施，以保证系统的安全性和可靠性。

四、总账系统的任务

根据上述账务处理子系统的目标，总账系统应完成的主要任务如下。

(一) 保证会计核算的连续性，提供系统初始设置操作

为保证手工会计系统与电算化会计信息系统中会计核算的连续性和会计数据的一致性，要进行总账系统的初始设置，也称系统初始化。系统初始设置工作是将手工环境下的账务处理转移到计算机环境下的账务处理系统的过程，是使通用的总账系统变为满足特定企事业单位需要的总账系统的过程。系统初始设置主要包括建立账套、定义基础参数和业务处理规则、设置会计科目、转入期初余额、设置凭证类别、设置汇率，以及辅助核算所需的初始设置，如部门、往来单位、项目等。

(二) 完成对经济交易或会计事项的确认、计量、记录

主要包括凭证编制、凭证审核、凭证入账、凭证汇总、凭证查询打印等日常账务处理工作。

(三) 对本期会计记录的核对、结转和整理

主要包括期末自动转账、期末调汇、对账、期末结账等期末账务处理。

(四) 查询输出或打印输出所需的账表

例如，总账、明细账、日记账、科目余额表、现金日清月结表等。

(五) 根据单位经营管理要求提供辅助核算和管理功能

例如，按部门、按项目等进行辅助核算和管理，提供更明细的、满足管理要求的辅助核算信息。

(六) 提供保证系统正常运行所必需的维护和管理的功能

提供包括整个账务处理过程中会计内部控制所要求的职责分工(如凭证的编制和审核分离)、权限控制、留有痕迹的修改等控制功能。主要功能模块包括数据备份、数据恢复、用户管理、口令密码管理等。

五、电算化环境下的账务处理流程

电算化环境下的账务处理流程主要分为系统管理、系统初始化、日常账务处理和期末处理等步骤。在进行日常账务处理前，必须先完成上机操作人员的岗位权限设置和系统初始设置处理。进入日常账务处理后，这些初始设置一般不能随意修改，只能通过系统维护模块完成。总账系统的使用流程如图 3-2 所示。

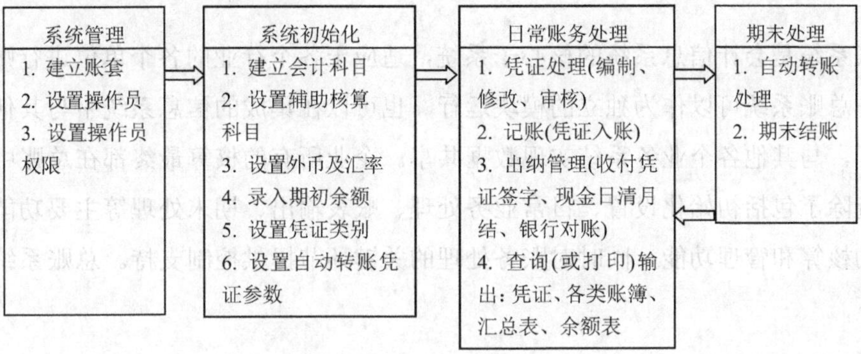

图 3-2 账务处理流程

六、总账系统与其他业务系统的数据传递与共享

总账系统既可以通过凭证输入模块采集会计数据，也可以共享其他核算子系统的数据。总账系统与其他会计业务系统的数据传递关系如图 3-3 所示。总账系统将凭证、账簿数据传递给报表系统；接收工资管理系统、固定资产管理系统、应收款管理系统、应付款管理系统、存货核算系统生成的转账凭证；提供成本核算所需的费用数据并接收其生成的转账凭证。在集成的信息系统环境下运行时，总账系统共享各个核算子系统的记账凭证。

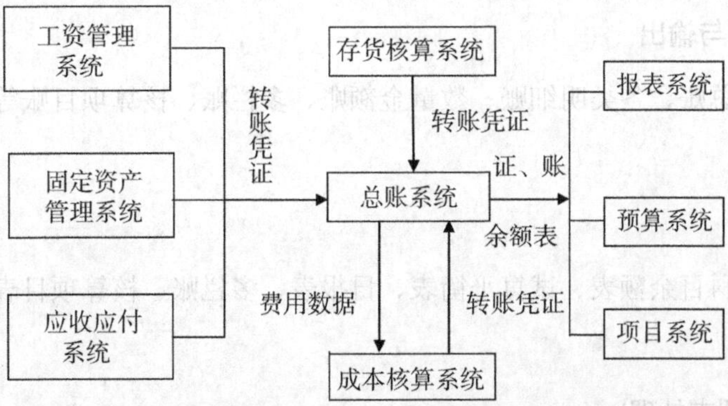

图 3-3 总账管理系统与其他业务系统的数据传递关系

第二节　总账系统应用

一、总账管理概述

(一) 总账系统功能简介

总账系统是会计信息系统的核心子系统，适应于各个行业的各个单位进行账务核算和管理。总账系统可以作为独立的模块运行，也可以在集成的信息系统中与其他子系统协调运行，与其他各个业务系统实现数据共享。企业所有的核算最终都在总账中体现，总账系统除了包括初始化设置、日常业务处理、账表输出、期末处理等主要功能外，还提供辅助核算和管理功能，同时对账务处理的关键环节提供控制支持。总账系统的主要功能如下。

1. 初始化设置

初始设置也称总账系统初始化，主要功能是将通用的账务处理系统转换成满足会计核算主体需要的账务处理系统，是在计算机上进行日常账务处理工作的前提，主要包括设置总账系统参数、设置会计科目、设置凭证类别、设置币别及汇率、设置总账系统的业务处理规则和初始余额录入等。

2. 凭证处理

该功能提供日常凭证处理的功能。主要包括：凭证输入和修改、凭证审核、过账，凭证的查询和打印，等等。

3. 账簿查询与输出

该功能提供总账、各类明细账、数量金额账、多栏账、核算项目账等各类账簿的查询与输出。

4. 财务报表

该功能提供科目余额表、试算平衡表、日报表、多栏账、核算项目表等各类报表的查询与输出。

5. 结账(即期末处理)

该功能提供完成期末调汇、结转损益、自动转账、凭证摊销、凭证预提以及期末结账等账务处理功能。

6. 往来款项处理

该功能主要是进行往来业务(如应收、应付账款)的核销处理。主要包括核销管理以及往来对账单、账龄分析表、坏账明细表以及坏账统计分析表的查询与输出。

金蝶 K/3 总账系统是 ERP 管理软件的一个核心子系统，既可以独立运行，也可以在集成信息系统中协同运行。其主要功能结构如图 3-4 所示。

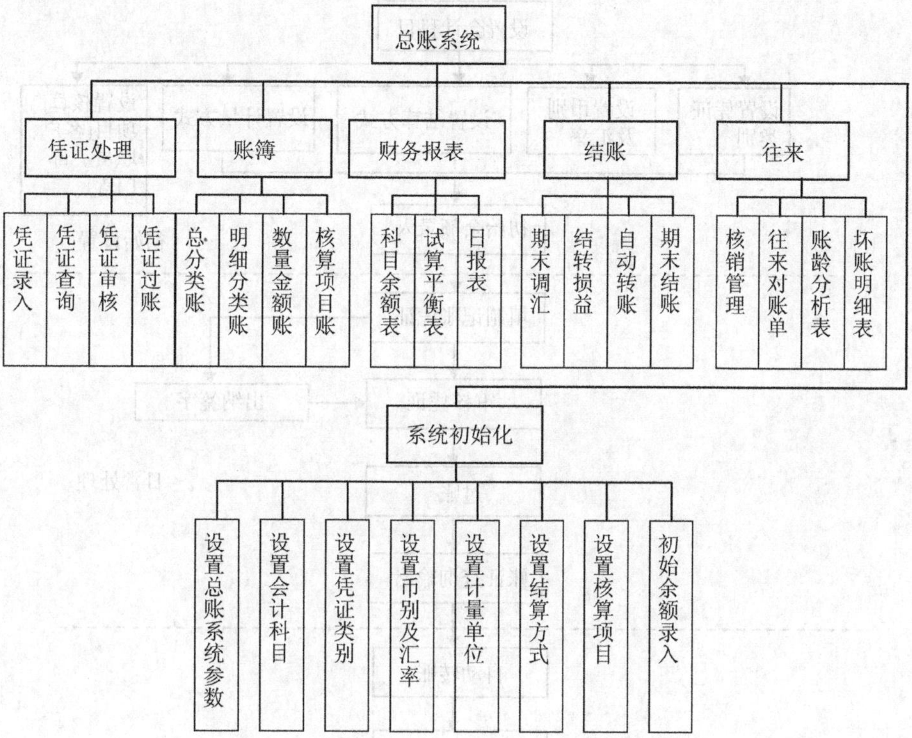

图 3-4　金蝶 K/3 总账系统主要功能结构

(二) 总账系统业务处理操作流程

图 3-5 所示是总账系统独立运行的基本操作流程，其中的建立账套和用户权限设置在系统管理模块完成。启动总账后，可对总账业务控制规则进行设置；如果要进行往来等辅助核算和管理，可在相应的会计科目进行设置。

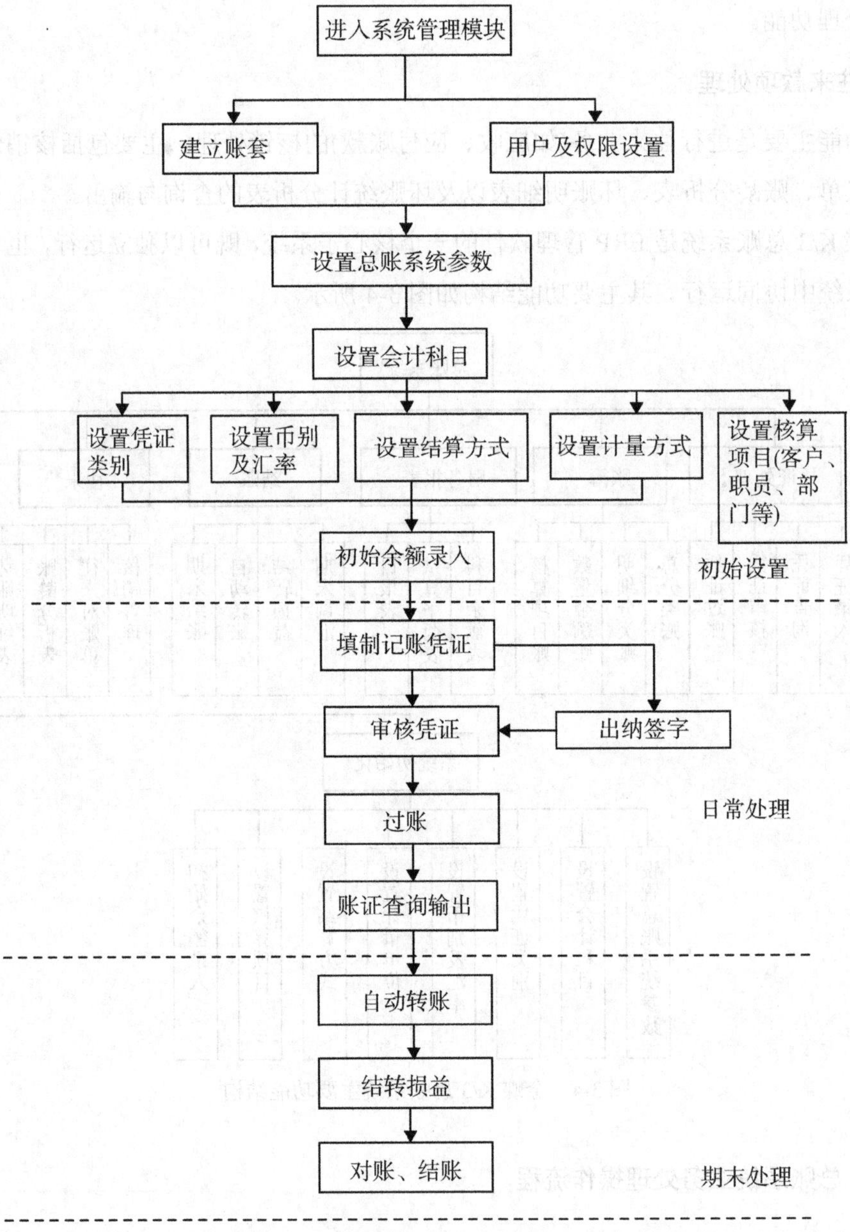

图 3-5 总账系统业务处理操作流程

二、总账系统初始化

(一) 总账系统初始化简介

初始化是指企业账务与供应链业务的基础设置以及启用账套会计期间的期初数据录

入。本章主要讲述金蝶 K/3 总账系统在使用前的初始化工作——基础设置和初始数据录入的操作，总账系统的初始化是最基础的设置，关系到 K/3 系统后续的整个运行与使用。

系统设置模块是企业管理信息系统对整个企业的基础信息和数据资料进行初始设置和统一管理的一个公共平台。尤其在集成的信息系统环境下财务与业务一体化管理模式中，可以充分发挥数据共享和数据集成的优势，保障企业的基础信息的一致性和正确性。不同的软件公司或不同的管理软件提供的基础设置功能和操作有所不同，下面以金蝶 K/3 为例，简单介绍其提供的基础设置的主要功能(如图 3-4 中系统初始化模块所示)。

1. 基础资料设置

基础资料中主要包括会计科目、币别、汇率体系、凭证字、计量单位、核算项目、职员、客户、供应商等基础信息设置。金蝶 K/3 是一个集成的管理信息系统，包括财务会计、管理会计、人力资源、供应链管理等多个子系统，每个子系统又包含若干功能模块。它们当中大多数既可以独立运行又可以集成使用，但两种用法的流程是有差别的。进行基础资料设置后，可以为各个子系统共享使用。基础资料也是信息系统进行日常业务处理的基础数据资料，是系统运行的基石。在一个账套中，各个子系统的运行都必须以此为基础，共享公共的基础资料信息。只有在基础资料设置正确后再进入业务处理，才能保证业务处理的正确性。

2. 初始化余额录入

初始化余额录入是将原系统(手工系统或旧系统)的初始余额数据录入系统中，保证会计核算的连续性和一致性。在金蝶 K/3 系统中，基础资料设置完毕后，如果要使用某个子系统，还必须要进行初始余额录入，完毕后结束初始化的同时便正式启用了该系统，也就是可以进行后续日常业务处理了。如果初始化工作有错误，可以通过反初始化来进行修改，但前提是启用系统后尚未进行日常业务处理。

3. 系统设置

该模块主要进行子系统的系统参数设置，一旦将某些系统参数勾选或设置后，就会在后续使用过程中起到控制约束作用。

(二) 总账系统初始化实验

1. 实验目的

掌握总账系统初始化设置的流程，了解系统参数设置的含义与作用，明确初始化设置对后续系统运行的基础关键作用。

2. 实验内容

(1) 设置会计科目并进行会计科目维护

(2) 设置总账系统参数

(3) 设置凭证类别

(4) 设置币别及汇率

(5) 设置计量方式

(6) 设置结算方式

(7) 设置核算项目

(8) 初始余额录入及试算平衡

(9) 结束总账系统初始化

3. 实验案例资料

1) 从模板中引入会计科目并进行会计科目维护

(1) 增加或修改会计科目，如表 3-1 所示。

表 3-1　会计科目表

科目代码	科目名称	外币核算	期末调汇	核算项目
1002	银行存款	所有币别	√	
1002.01	建设银行	不核算		
1002.02	中国银行	美元	√	
1002.03	工商银行	港币	√	
1221	其他应收款			职员
1403	原材料			物料
1405	库存商品			物料
1801	长期待摊费用			
1801.01	报刊费			
2211	应付职工薪酬			
2211.01	工资			
2211.02	福利费			
6601	销售费用			
6601.01	工资福利			
6601.02	折旧			
6601.03	通信费			部门、职员
6602	管理费用			
6602.01	工资及福利			
6602.02	折旧费			
6602.03	通信费用			部门、职员
5001	生产成本			

(续表)

科目代码	科目名称	外币核算	期末调汇	核算项目
5001.01	基本生产成本			物料
5001.02	辅助生产成本			
5101	制造费用			
5101.01	折旧费用			
5101.02	工资及福利费			
6001	主营业务收入			部门、职员、物料
6603	财务费用			
6603.01	利息			
6603.02	汇兑损益			

注：其他应收款启用往来业务核算

(2) 往来会计科目的修改，如表 3-2 所示。

表 3-2　往来会计科目的修改

科目代码	科目名称	往来业务核算	核算项目
1122	应收账款	√	客户
2202	应付账款	√	供应商

2) 设置总账系统参数

(1) 设置“本年利润”科目代码；设置“利润分配”科目代码。

(2) 对以下账套选项打“√”：①启用往来业务核销；②新增凭证自动填补断号；③凭证过账前必须审核。

3) 系统资料维护

(1) 增加两种币别，如表 3-3 所示。

表 3-3　币别资料

币别代码	币别名称	记账汇率	折算方式
HKD	港币	1.22	原币×汇率=本位币
USD	美元	6.35	原币×汇率=本位币

(2) 增加凭证字“记”。

(3) 增加两个计量单位组及相应组中的计量单位，如表 3-4 所示。

表 3-4 计量单位组资料

计量单位组	代码	计量单位名称	换算率
重量组	KG	千克	1
	G	克	1000
数量组	J	件	1
长度组	M	米	1

(4) 增加支票结算方式，如表 3-5 所示。

表 3-5 结算方式资料

代码	名称
JF01	现金结算
JF06	支票结算
JF0601	现金支票
JF0602	转账支票

(5) 新增相关核算项目资料，如表 3-6～表 3-9 所示。

表 3-6 新增“客户”资料

代码	名称
01	华中地区
01.01	群光百货
01.02	大洋百货
02	华北地区
02.01	天津远东百货
02.02	北京王府井
03	华东地区
03.01	上海永安百货
03.02	上海第一百货
04	华南地区
04.01	广州东山百货
04.02	东莞天虹商场

注：01 华中地区，02 华北地区，03 华东地区，04 华南地区应设置为上级组

表 3-7 新增“部门”资料

代码	名称
01	财务部
02	行政部

(续表)

代　　码	名　　称
03	销售部
03.01	销售一部
03.02	销售二部
04	生产部
04.01	生产一部
04.02	生产二部

注：03 销售部，04 生产部应设置为上级组

表 3-8　新增“职员”资料

代　　码	名　　称	部　　门
001	王明	财务部
002	胡凯	行政部
003	王树林	销售一部
004	赵晓	销售二部
005	刘江	生产一部
006	孙贝	生产二部

表 3-9　新增“供应商”资料

代　　码	名　　称
01	江浙地区
01.01	达力纺织
01.02	东兴纺织
01.03	新发布业
02	珠三角区
02.01	珠海毛纺
02.02	德隆布业

注：01 江浙地区，02 珠三角区应设置为上级组

(6) 新增“物料”信息资料，如表 3-10 所示。

上级组：　01 材料

　　　　　02 产品

表 3-10　物料资料信息

代　码	名　称	属　性	计量单位	计价方法	存货科目	销售收入	销售成本
01.01	里料	外购	米	加权平均	1403	6051	6402
01.02	毛呢	外购	米	加权平均	1403	6051	6402

(续表)

代　码	名　称	属　性	计量单位	计价方法	存货科目	销售收入	销售成本
01.03	羽绒	外购	千克	加权平均	1403	6051	6402
01.04	棉布	外购	米	加权平均	1403	6051	6402
02.01	羽绒服	自制	件	加权平均	1405	6001	6401
02.02	风衣	自制	件	加权平均	1405	6001	6401
02.03	棉衣	自制	件	加权平均	1405	6001	6401

4) 初始余额录入(如表3-11～表3-13所示)

表3-11　1月份期初余额数据

科目名称	外币/备注	汇　率	借方金额	贷方金额
库存现金			20 000	
银行存款—建设银行			500 000	
银行存款—中国银行	200 000	6.35	1 270 000	
银行存款—工商银行	100 000	1.22	122 000	
库存商品—羽绒服			231 000	
库存商品—风衣			203 600	
应收账款			280 000	
原材料—里料			20 000	
原材料—毛呢			20 000	
原材料—羽绒			40 000	
原材料—棉布			30 000	
长期待摊费用			2 400	
其他应收款—职员	王明		2 000	
坏账准备				5 000
固定资产			2 000 000	
累计折旧				900 000
应付账款				400 000
短期借款				180 000
本年利润				355 000
实收资本				2 901 000
合　计			4 741 000	4 741 000

注：其他应收款的业务发生日期为2016年8月20日

表 3-12 应收账款期初数据

客 户	时 间	金 额
北京王府井	2016.12.06	80 000
上海永安百货	2016.11.25	60 000
群光百货	2016.10.20	100 000
东莞天虹商场	2016.01.08	40 000
合 计		280 000

表 3-13 应付账款期初数据

供 应 商	时 间	金 额
珠海毛纺	2016.09.12	100 000
达力纺织	2016.07.20	120 000
东兴纺织	2016.06.03	180 000
合 计		400 000

注：本章实验案例是在工资系统、固定资产管理系统、应收应付系统还未启用的情况下独立运行的

5) 切换币别为综合本位币，进行试算平衡检查

6) 试算平衡结束初始化工作

4. 操作步骤(以金蝶 K/3 系统为例)

1) 从模板中引入会计科目并进行会计科目维护

(1) 执行“开始”→“程序”→“金蝶 K/3 WISE 创新管理平台”→“金蝶 K/3 WISE 创新管理平台”命令或直接单击桌面上的“金蝶 K/3 WISE 创新管理平台”图标，进入“金蝶 K/3 系统登录”窗口，如图 3-6 所示。选择“当前账套”为“湖北天盛工业有限公司”，输入“用户名”为“张婷”，“密码”为空，单击“确定”按钮。

图 3-6 “金蝶 K/3 系统登录”窗口

(2) 进入金蝶 K/3 系统主界面，单击“系统设置”→“基础资料”→“公共资料”→“科目”选项，进入会计科目设置界面，如图 3-7 所示。

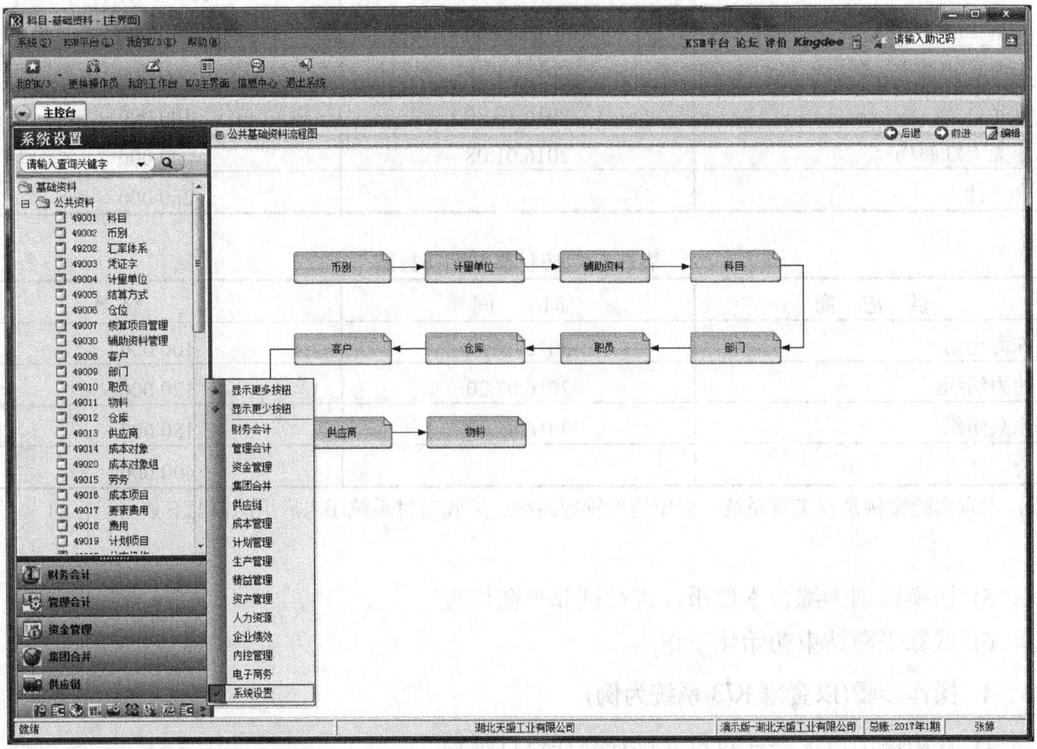

图 3-7　会计科目设置界面

在金蝶 K/3 系统主界面中，执行“文件”→“从模板引入会计科目”命令，弹出如图 3-8 所示的界面，在“行业”下拉列表框中选择“新会计准则科目”，单击“引入”按钮。

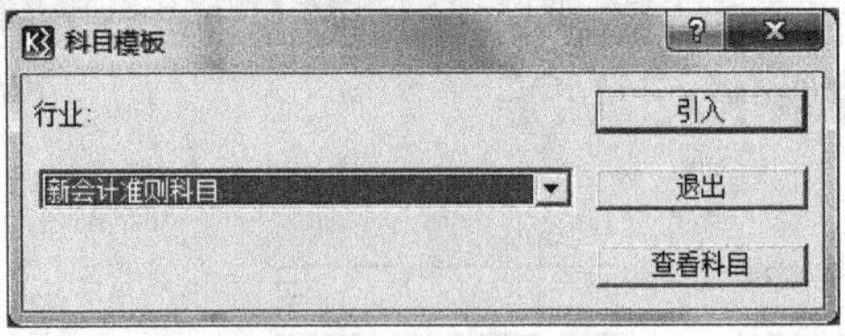

图 3-8　会计科目模板

在弹出的“引入科目”对话框中，若只需选择某些科目，则选中相应科目前的复选框即可。本例中可直接单击“全选”按钮，然后再单击“确定”按钮，出现如图 3-9 所示的界面，最终弹出“引入成功”信息提示框。单击“确定”按钮后，即可在科目表中看到刚刚引入成功的所有科目信息。

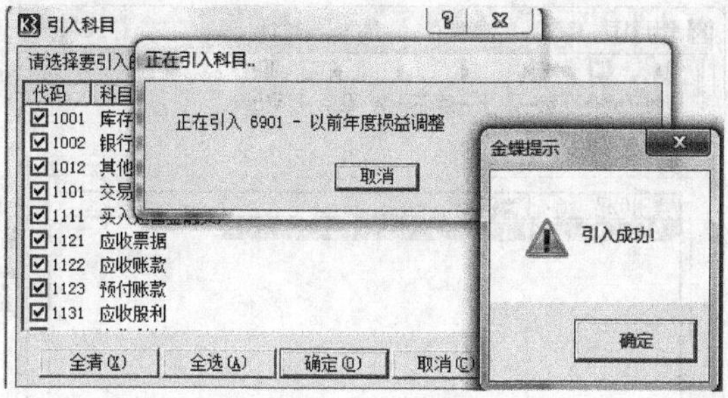

图 3-9　引入科目

(3) 根据表 3-1 中的信息，进行会计科目的增加和修改。现以“银行存款”为例。因为会计科目代码 1002 对应的会计科目“银行存款”已经存在于刚刚引入的模板科目中，所以只需要增加明细科目即可。以“银行存款—中国银行”为例，在会计科目界面，单击“新增”按钮，在弹出的对话框中输入科目代码和科目名称，如图 3-10 所示，输入完毕后单击“确定”按钮。

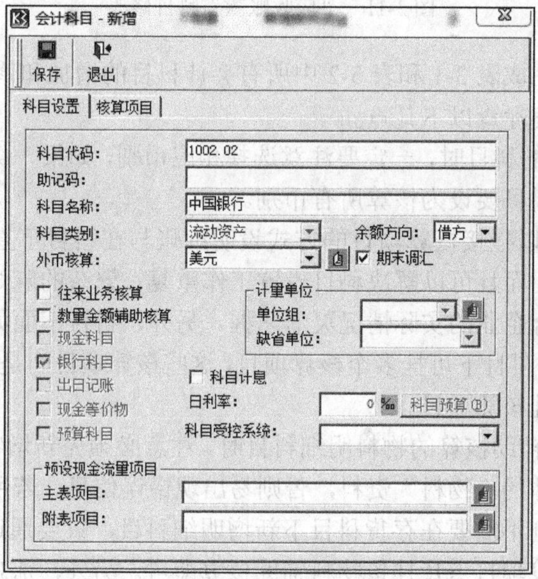

图 3-10　会计科目“中国银行”的增加

(4) 在会计科目界面，单击“1122 应收账款”，在弹出的对话框中单击“核算项目”选项卡，增加核算项目为“客户”即可，如图 3-11 所示。

注意：

对于其他有核算项目的会计科目，在进行增加的时候，一定要选择“核算项目类别”选项。如表 3-1 中的“其他应收款”的操作方法为：单击“其他应收款”科目，在弹出的对话框中单击“核算项目”→“增加核算项目类别”选项，在弹出的对话框中选择“职员”选项。这样做的效果是避免了在其他应收款下面设置明细科目。

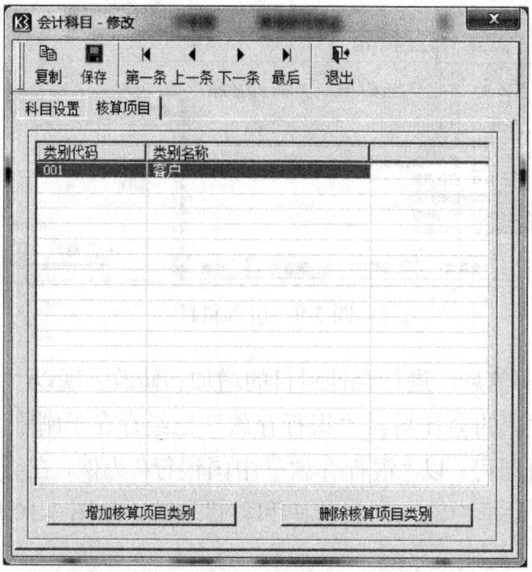

图 3-11　“应收账款”科目修改

按照上述方法，完成表 3-1 和表 3-2 中所有会计科目的增加和修改。

在设置过程中，要注意以下几点。

① 设置外币核算的科目时，一定要注意选择相应币别，如果一级科目下有明细科目按外币核算的，则一级科目要设为核算所有币别。

② 在会计科目下以挂接核算项目的方式设明细账与在科目下直接增加明细科目实现的账簿结果是一样的，而且可以解决科目设置工作重复、繁杂的麻烦，但不是必须要求这样设置，关键是要结合企业的实际情况灵活掌握。另外，科目下面如已挂核算项目，就不能再设明细科目；一个科目下可挂多个核算项目，这些核算项目间是一种平等并列的关系；核算项目下也不能再挂核算项目。

③ 设置数量金额辅助核算的物料明细科目时，注意必须先新增物料明细科目，再去系统资料维护处添加具体的“物料”资料，否则易出现错误信息。若所使用 K/3 系统中已存在购销存业务模块，则不需要在存货科目下新增明细科目，只要通过修改会计科目功能，在一级科目中利用核算项目卡片挂接物料辅助核算即可。另外，别忘了在设置数量金额明细科目时选择计量单位组和缺省单位。

④ 对应收、应付等往来科目设置时应注意：若所使用系统中没有应收、应付子系统，如要进行往来业务核销、往来对账和账龄分析等工作，必须在应收、应付科目下挂核算项目并设置科目属性为往来业务核算；若所使用系统中有应收、应付子系统，不受此限制，但从节省工作量的角度来说，挂核算项目作明细的方法较为实用。

⑤ 如果已录入明细科目后在系统资料界面看不到，可在“工具”菜单下选择“选项”中的“显示明细科目”一项即可。

2) 设置总账系统参数

以“王明”的身份登录金蝶 K/3 创新管理平台，执行“系统设置”→“系统设置”→

“总账”→“系统参数”命令，弹出如图 3-12 所示的“系统参数”界面，在该界面中输入企业基本信息。

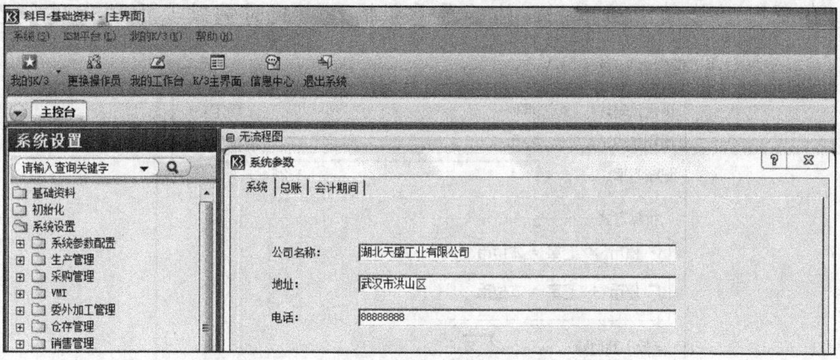

图 3-12　总账系统参数设置—系统

单击“系统参数”界面中的“总账”选项卡，按照资料要求，选中“凭证过账前必须审核”和“新增凭证自动填补断号”前的复选框。单击“会计期间”选项卡，按照资料要求，设置相应的信息，如图 3-13 所示。

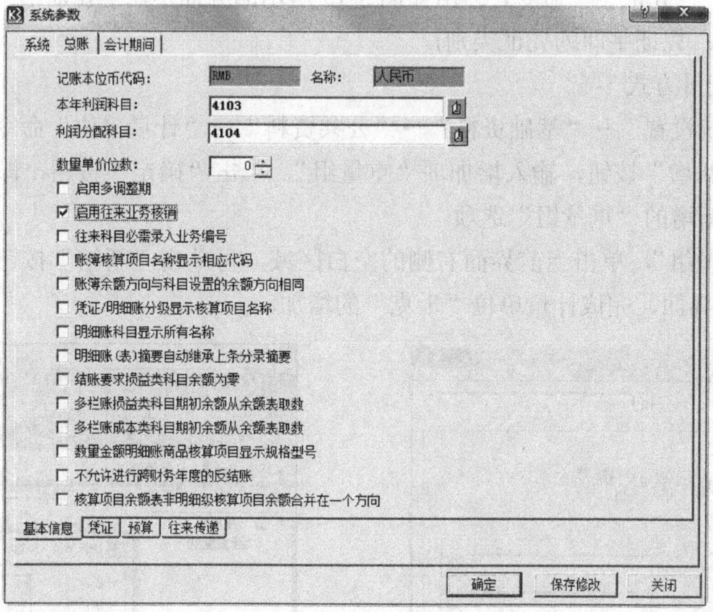

图 3-13　总账系统参数设置—会计期间

3) 系统资料维护

(1) 设置币别及汇率

执行“系统设置”→“基础资料”→“公共资料”→“币别”命令，弹出如图 3-14 所示的界面，按照表 3-3 提供的币别资料，输入“港币”的有关信息。“美元”的设置与此类似，这里不再赘述。

注意：

输入汇率时，应切换到英文标点状态。汇率信息不能出错，一旦输入错误，只能通过菜单中的“禁用”功能禁用该币别，然后再重新输入，此时需改变币别代码和名称。

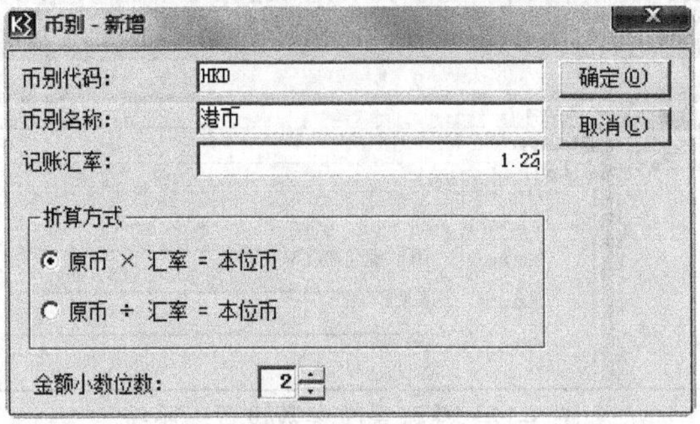

图 3-14　新增币别

(2) 设置凭证类别

以“张婷”的身份登录金蝶 K/3 创新管理平台，执行“系统设置”→“基础资料”→“公共资料”→“凭证字”命令，弹出如图 3-15 所示的界面，在“凭证字”文本框中输入“记”即可(注：凭证字即为凭证类别)。

(3) 设置计量方式

执行“系统设置”→“基础资料”→“公共资料”→“计量单位”命令，在弹出的界面中，单击“新增”按钮，输入增加项“重量组”，单击“确定”按钮，即可在计量单位中，看到刚刚新增的“重量组”选项。

选中“重量组”，单击当前界面右侧的空白区域，再单击“新增”按钮，即可弹出如图 3-16 所示的界面，完成计量单位“千克”的增加。

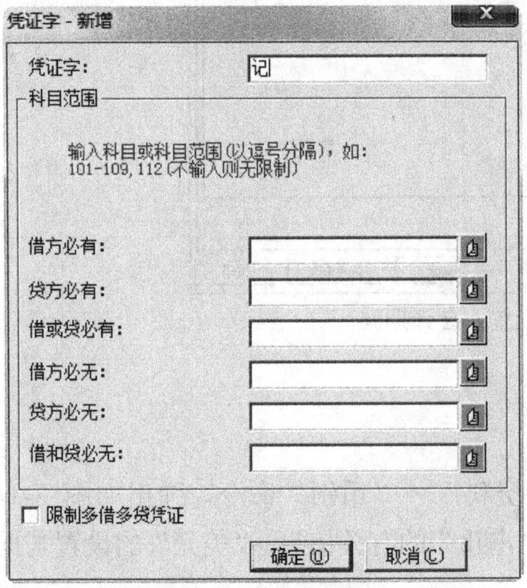

图 3-15　设置凭证字

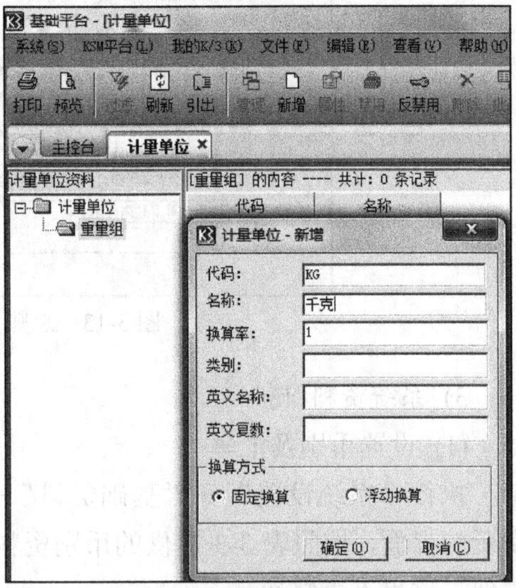

图 3-16　新增计量单位

按照上述操作步骤，完成其他两个计量单位组以及其中的计量单位的增加。

(4) 设置结算方式

执行“系统设置”→“基础资料”→“公共资料”→“结算方式”命令，在弹出的“基础平台—结算方式”界面中，双击“JF01 现金”栏按钮，在出现的如图 3-17 所示的界面中，将名称修改为“现金结算”，单击“确定”按钮，即可在结算方式中看到刚刚修改的“现金结算”。同理，单击“增加”按钮，按照表 3-5 的要求，完成其他结算方式的增加。

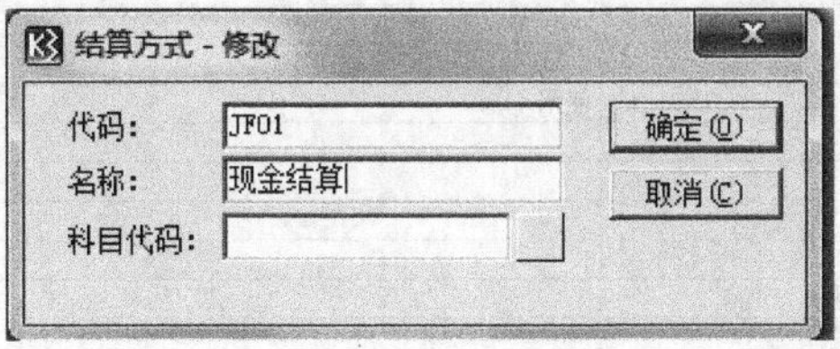

图 3-17　修改现金结算方式

(5) 设置核算项目

① 新增“客户”资料

执行“系统设置”→“基础资料”→“公共资料”→“核算项目管理”命令，在弹出的“基础平台—全部核算”项目界面中，单击界面左侧的核算项目，把加号展开。选中“客户”类别后，单击右侧空白区域，再单击“新增”按钮，在弹出的如图 3-18 所示界面中输入代码为“01”、名称为“华中地区”，然后单击“上级组”按钮。最后单击“保存”按钮，退出。

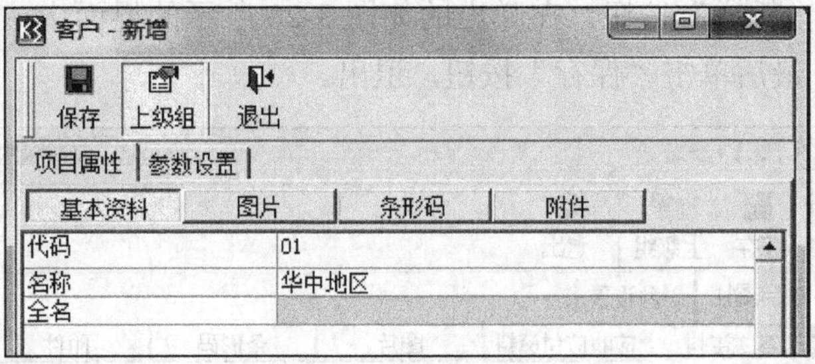

图 3-18　新增客户

单击菜单栏中的“刷新”按钮后，将“客户”类别前的“+”展开，选中“01 华中地区”，再单击“增加”按钮，即可完成“群光百货”的增加，如图 3-19 所示。

注意：

群光百货不是上级组，请不要单击“上级组”按钮。如果错误单击了“上级组”按钮，则从左侧列表中，将加号展开，找到后单击“删除”按钮即可。

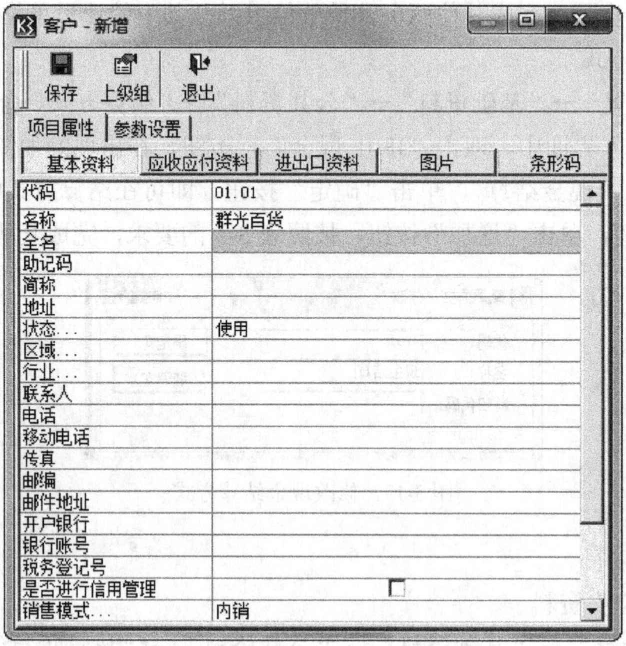

图 3-19　新增客户明细

按照上述方法，完成表 3-6 中其他客户资料的增加。

② 新增“部门”资料

仿照前面的步骤，把“核算项目”前的“+”展开，选中“部门”类别后，单击右侧空白区域，再单击“新增”按钮，在弹出的如图 3-20 所示的界面中，输入代码为“01”、名称为“财务部”。最后单击“保存”按钮，退出。

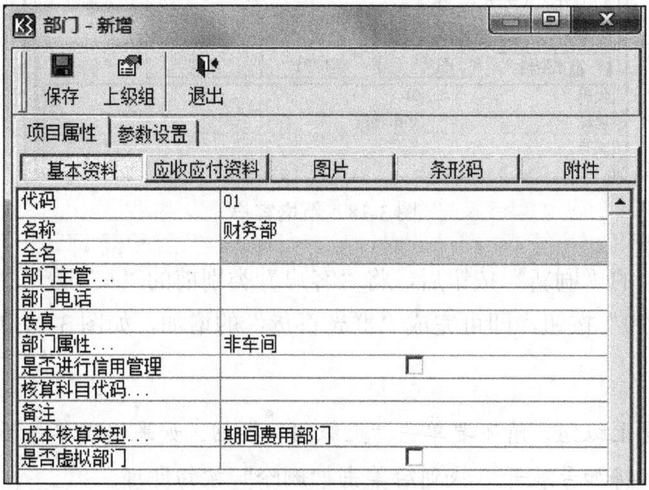

图 3-20　新增部门

仿照上述步骤，完成表 3-7 中其他部门的增加。

注意：

只有销售部和生产部需要设置成上级组，其他的则不需要。

③ 新增“职员”资料

增加职员资料与前面的步骤类似，在职员部门名称一栏，可以通过双击调出部门列表，也可以通过按 F7 键，调出部门列表，然后选入相应部门即可，如图 3-21 所示。

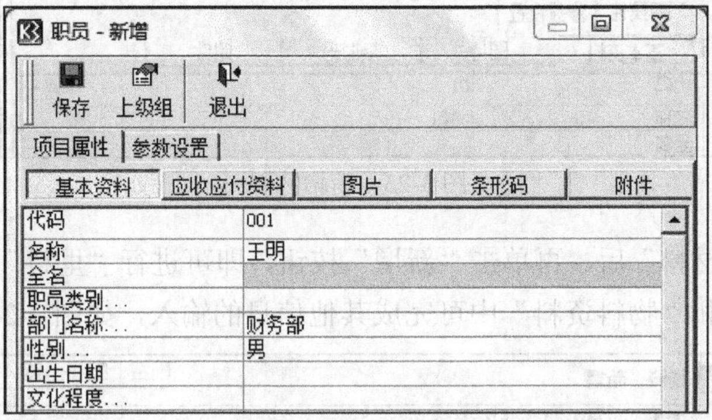

图 3-21 新增职员

④ 新增“供应商”资料

此处的操作步骤可以仿照前面“客户”资料的添加，这里不再赘述，添加后如图 3-22 所示。

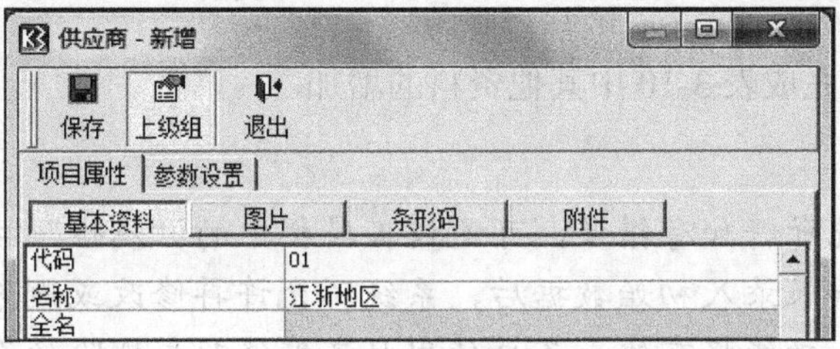

图 3-22 新增供应商

⑤ 新增“物料”资料

说明：

(a) 若所使用 K/3 系统中没有业务流程模块，则需要利用总账系统对某些存货科目进行简单的数量金额核算的用户，在设置“物料”核算项目的具体内容时要注意，必须先设置好相关存货明细科目后再去添加物料核算项目，否则，新增的存货明细不能进行真正的数量金额辅助核算。

(b) 若所使用 K/3 系统中有业务流程模块则不需在总账系统设置存货的明细科目，只要在存货一级科目中挂接“物料”核算项目即可。

本例中采用(b)方案，操作方法为：仿照前面的步骤，把“核算项目”前的加号展开，选中“物料”类别后，单击右侧空白区域，再单击“新增”按钮，在弹出的界面中输入代码为“01”、名称为“材料”，如图 3-23 所示。最后单击“上级组”按钮，再单击“保存”按钮，退出。

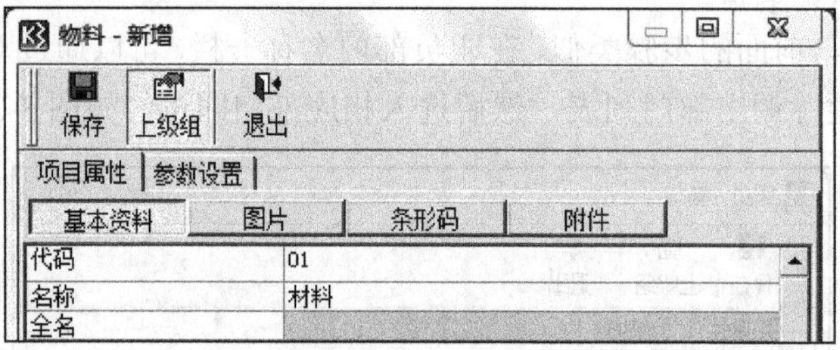

图 3-23　新增物料

选中新增的“材料”后，再单击“新增”按钮，即可进行“里料”的增加，在当前界面的“基本资料”和“物料资料”中可完成其他信息的输入，如图 3-24 所示。

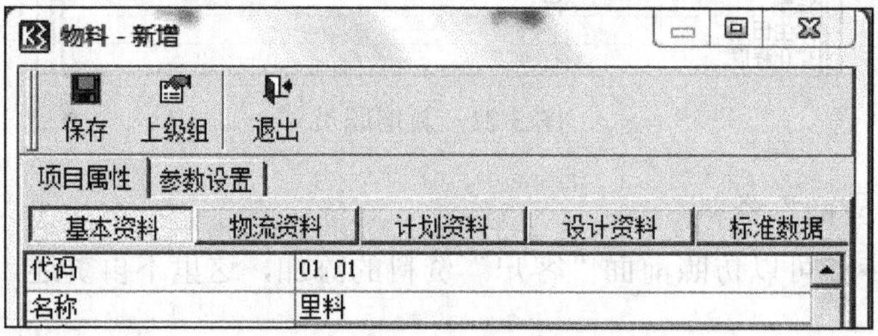

图 3-24　新增物料—基本资料

仿照上述步骤，完成表 3-10 中其他资料的增加。

注意：

以上新增的系统资料如有错误，可通过工具栏中的“属性”按钮去修改或用“删除”按钮去删除。如果录入初始数据后，系统不允许再修改或删除这些会计科目的，客户可通过“禁用”功能将有错、不再使用且不能修改或删除的系统资料禁止使用。其具体操作为：在系统资料维护中，选中某一具体系统资料，按右键选择“禁用”功能即可。

4) 初始余额录入及试算平衡

(1) 单击“系统设置”→“初始化”→“总账”→“科目初始数据录入”选项，在弹出的“初始余额录入”界面中，按照表 3-11 提供的资料录入相应科目的余额。图 3-25 所示是录入“银行存款—建设银行”科目余额的界面。

因为“银行存款—中国银行”是美元核算，所以应切换币别到“美元”，如图 3-26 所示。

(2) 在进行“应收账款”期初余额录入时，由于之前已经设置了核算项目“客户”，所以直接双击“应收账款”后面的“√”，进入如图 3-27 所示的界面即可。

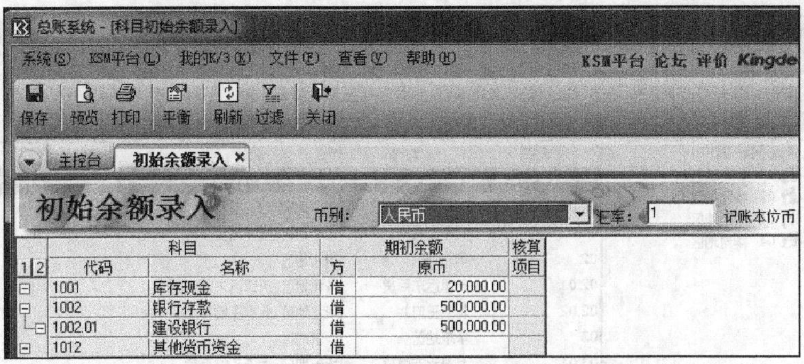

图 3-25　录入“银行存款—建设银行”科目余额

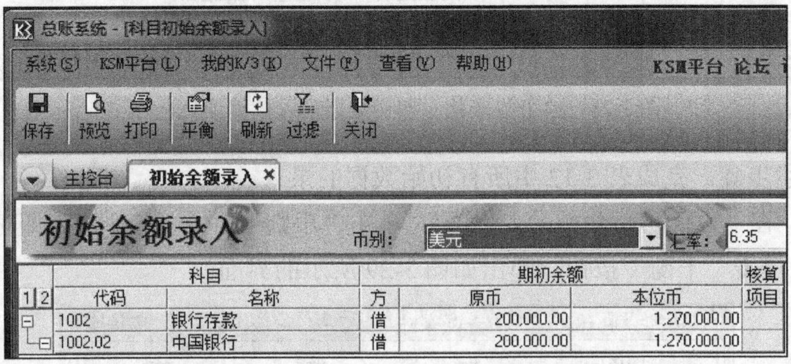

图 3-26　录入“银行存款—中国银行”科目余额

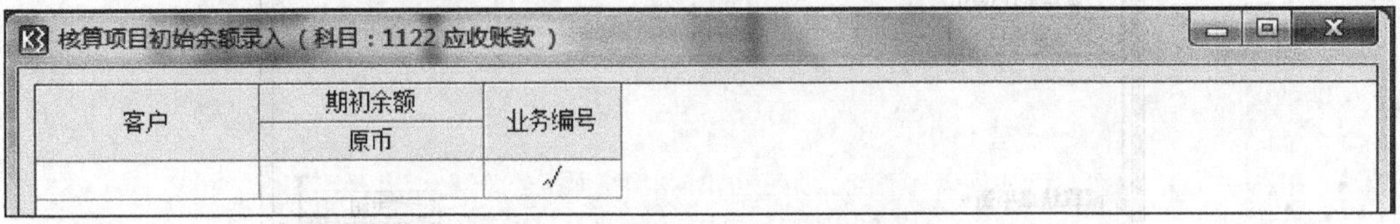

图 3-27　“应收账款”期初数据的录入

注意：

如果已启用应收、应付管理系统，则应收、应付款项初始数据可在应收、应付管理系统中录入后再传递到总账系统，而不需要在总账系统中录入。本案例资料由于先只是用总账系统，所以仍在总账系统录入这些数据。

单击“职员”下方输入框后的小图标，在弹出的界面中单击“浏览”按钮，进入如图 3-28 所示的界面，选择相应的客户即可。

注意：

业务编号可以空着不填，在系统提示界面选择否即可。

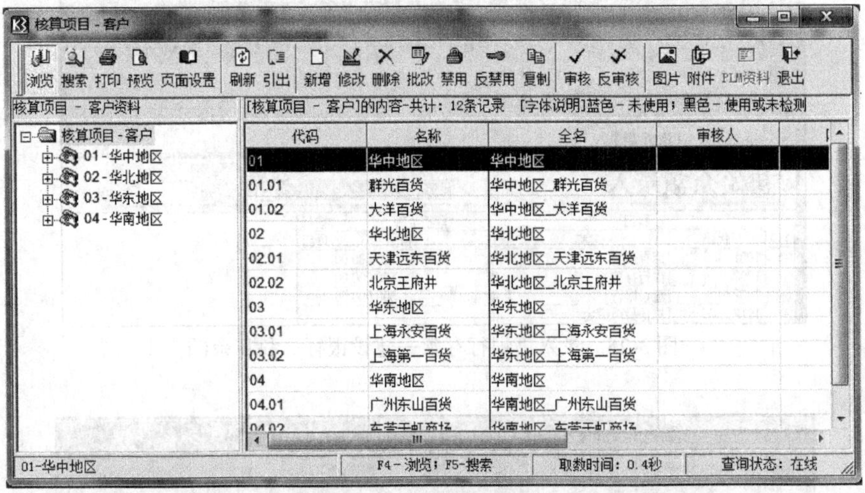

图 3-28 “应收账款”期初数据录入核算项目选择

仿照上述步骤，完成表 3-12 中所有初始数据的录入。

完成后，在“科目初始余额录入界面”，单击“币别”后的下拉列表，即可切换到“综合本位币”，单击“平衡”按钮，弹出如图 3-29 所示的界面。

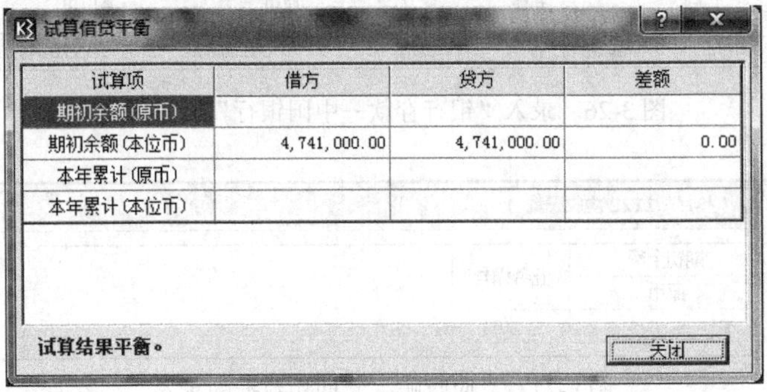

图 3-29 试算平衡

试算完成后，单击“关闭”按钮，退出。如果试算不平衡，请逐条核对数据。

注意：

- 录入外币科目金额时，要注意切换相应币别。
- 录入下设核算项目的科目金额时，要单击核算项目栏的“√”进入特定界面输入。
- 试算平衡时要注意，如果企业有外币业务，则必须切换成综合本位币去试算。综合本位币状态下，只能查看所有币别科目的初始数据，不能进行录入、修改等操作。若要修改则应切换到人民币或其他外币状态下。

(3) 执行“系统设置”→“初始化”→“总账”→“结束初始化”命令，在弹出的界面中，单击“开始”按钮即可。

注意：

结束初始化应将操作员切换成王明。

三、总账系统日常业务处理

(一) 总账系统日常业务处理功能简介

日常业务处理是在前面初始化工作的基础上，真正开始对各类企业、行政事业单位进行日常经济业务处理，主要包括凭证处理、账簿查询、核销管理。

凭证处理模块是对企业各个会计期间发生的经济业务进行处理的平台。会计凭证是整个会计核算系统的主要数据来源，是整个核算系统的基础，后续业务处理中的会计账簿以及报表生成的数据均来源于此，因此，会计凭证的正确性直接影响整个会计信息系统的真实性、可靠性。所以，保证会计凭证录入数据的正确性尤为重要。下面以金蝶 K/3 为例，简单介绍其提供的总账系统日常业务处理模块的主要功能(如图 3-4 中总账系统日常业务处理模块所示)。

1. 凭证录入、修改和删除

企业可以根据原始凭证直接录入记账凭证，也可以将手工制作的记账凭证录入计算机。在金蝶 K/3 系统中，凭证摘要可以使用摘要库，通过按 F7 键可以方便快捷地调用摘要库，也可以调用会计科目表。在凭证录入的过程中，如果录入有错，可以使用修改或删除功能来更正错误。在金蝶 K/3 系统中，凭证的修改和删除需在“凭证查询”中进行。

2. 凭证审核与过账

凭证录入完毕后，具备审核权限的人员要对凭证录入的正确性进行审查。可以逐一审核，也可以成批审核。

凭证过账是对凭证置上记账标志，表示该凭证不能修改或只能做留有痕迹的修改。在金蝶 K/3 系统中，凭证过账是将已审核通过的记账凭证根据其会计科目登记到相关的账簿中。已经过账的凭证只能采取补充填制凭证或冲销凭证的方式进行更正。

3. 模式凭证

某些经济业务在企业同一会计期间或不同会计期间经常重复发生，所以可以将这些业务处理做成模式凭证，其含义相当于常用凭证，以后需要的时候可以随时调用，只需补充对应的业务发生日期和金额数据即可。

4. 核销管理

核销管理是财务管理中关于往来业务管理的一个子功能，其目的是对一些往来业务的账龄按此业务进行精确地计算。如果企业已有专门的应收应付系统，则可以不在总账系统中进行。

(二) 总账系统日常业务处理实验

1. 实验目的

熟悉会计的日常业务处理流程，掌握总账系统的功能模块的操作；掌握电算化环境下总账业务处理的流程；掌握填制凭证、凭证审核、过账、核销管理以及账簿查询等操作。

2. 实验内容

(1) 填制凭证
(2) 模式凭证
(3) 出纳签字、凭证审核、过账
(4) 账簿查询
(5) 核销管理

3. 实验案例资料

(1) 建立摘要库(如表 3-14 所示)

表 3-14　摘要库资料

编　　号	摘要类别	摘要名称
01	提现类	银行提现
02	应付业务类	偿还前欠货款
03	应收业务类	收回前欠货款
04	接收投资类	收到投资
05	销售类	销售商品
06	采购类	采购材料

(2) 录入记账凭证(由于固定资产、工资、应收应付相关业务将在后面章节中介绍，所以下述业务不再涉及这些业务)

① 1 月 2 日，收到投资方增加投资 200 000 元，存入建行账户。

借：银行存款—建设银行　　200 000
　贷：实收资本　　200 000

② 1 月 5 日，提取现金 10 000 元备用。

借：库存现金　　10 000
　贷：银行存款—建设银行　　10 000

③ 1 月 10 日，以银行存款支付全年报刊费 2400 元。

借：预付账款　　2400
　贷：银行存款—建设银行　　2400

④ 1 月 10 日，购入羽绒 500 千克，单价 200 元，增值税专用发票注明材料价款 100 000 元，增值税 17 000 元，款项均已通过建行支付，材料入库。

借：原材料—羽绒　　　　　　　　　　　　　　　100 000

　　应交税费—应交增值税—进项税额　　　　　17 000

　　贷：银行存款—建设银行　　　　　　　　　　　117 000

⑤ 1 月 15 日，销售一部王树林向大洋百货销售风衣一批，价格为 60 000 元，增值税税率为 17%，货款已存入建设银行。

借：银行存款—建设银行　　　　　　　　　　　　　70 200

　　贷：主营业务收入—销售一部 / 王树林 / 风衣　　60 000

　　　　应交税费—应交增值税—销项税额　　　　　10 200

⑥ 1 月 15 日，结转已销售风衣的成本为 45 000 元。

借：主营业务成本　　　　　　　　　　　　45 000

　　贷：库存商品—风衣　　　　　　　　　　45 000

⑦ 1 月 20 日，为生产棉衣，从仓库领用棉布 200 米，计划成本为 200 元/米。

借：生产成本—基本生产成本—棉衣　　40 000

　　贷：原材料—棉布　　　　　　　　　　40 000

⑧ 1 月 20 日，为生产羽绒服，从仓库领用羽绒 100 千克，计划成本为 200 元/千克。

借：生产成本—基本生产成本—羽绒服　　20 000

　　贷：原材料—羽绒　　　　　　　　　　　20 000

⑨ 1 月 29 日，收到某外商交来投资款 20 000 美元，存入中行美元户，当日汇率为 6.46。

借：银行存款—中国银行　　　　　　　　　129 200(20 000*6.46)

　　贷：实收资本　　　　　　　　　　　　129 000

　　　　资本公积　　　　　　　　　　　　　200

⑩ 1 月 30 日，支付本月通信费。

借：销售费用—通信费用 / 销售一部 / 王树林　500

　　　　　　—通信费用 / 销售二部 / 赵晓　　400

　　管理费用—通信费用 / 行政部 / 胡凯　　　　300

　　贷：库存现金　　　　　　　　　　　　　　1200

⑪ 1 月 31 日，收到王明前欠 2 000 元现金。

借：库存现金　　　　　　　　　　　　2000

　　贷：其他应收款—王明　　　　　　　2000

(3) 凭证审核、过账

(4) 冲销凭证

假设 1 月 5 日的提现记账凭证金额出错，正确的应为 1 000 元，请用红字冲销法更正。

(5) 制作模式凭证

制作一张有关提现的模式凭证，用模式凭证处理下述业务。1 月 31 日，从银行提取现金 2 000 元。

(6) 账簿查询

查看各种总分类账、明细账、科目余额表、试算平衡表等。

(7) 核销管理

① 利用核销管理功能进行其他应收款的核销。

② 查看往来对账单及账龄分析表。

4. 实验步骤(以金蝶 K/3 为例)

1) 建立摘要库

(1) 以“马大勇”身份进入金蝶 K/3 创新管理平台，执行“财务会计”→“总账”→“凭证录入”命令，在弹出的凭证录入界面中，双击“摘要框”，在弹出的“凭证摘要库”对话框中单击“编辑”→“新增”选项，再单击“类别”文本框后的小图标，单击“编辑”→“新增”选项，在“摘要名称”列表框中录入第一个摘要类别为“提现类”，如图 3-30 所示。单击“保存”按钮，再单击“确定”按钮退出。

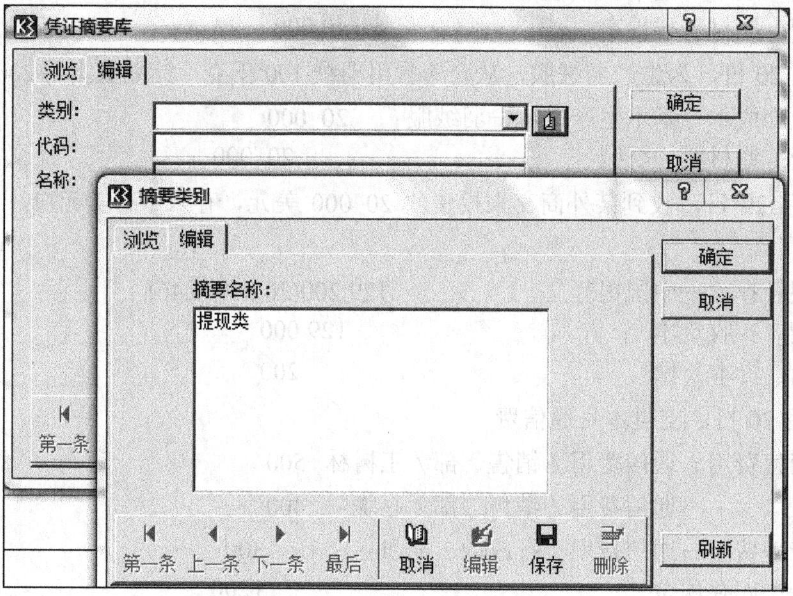

图 3-30 “提现类”摘要类别建立

(2) 退出后，在图 3-30 所示的界面中输入代码为“01”、名称为“银行提现”，最后单击“保存”按钮，再单击“确定”按钮即可。仿照上述步骤，完成表 3-14 中其他摘要信息的输入。

注意：

摘要库的建立是为了方便进行凭证录入时直接选择常用摘要，倘若某项业务的摘要并非常用摘要时，也可以直接手动输入。

2) 录入记账凭证

(1) 执行“总账”→“凭证录入”命令，在弹出的界面中，单击“新增”按钮，完成第一个业务信息的输入，如图 3-31 所示。

注意：

在填制摘要的时候，可以双击“摘要”框，也可以单击“摘要”框后按 F7 键，即可选择之前录入的摘要库信息。每一张凭证录入完毕后，需单击“保存”按钮。

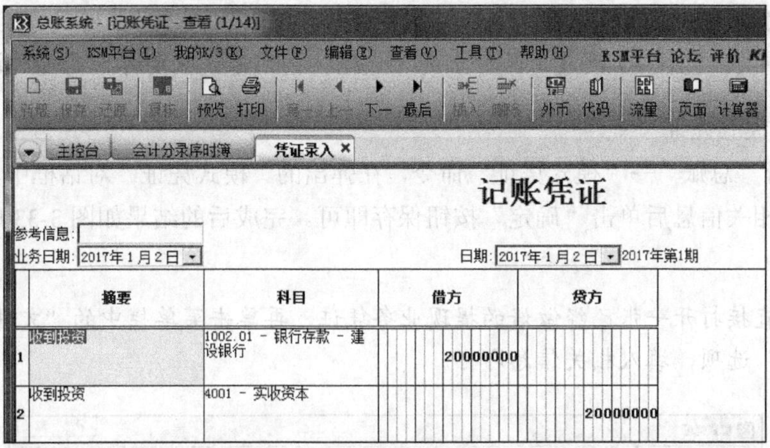

图 3-31　凭证录入

(2) 第 9 笔业务，由于汇率变化，需执行“系统设置”→“基础资料”→“公共资料”→“汇率体系”→“公司汇率”命令，在弹出的“汇率—修改”对话框中，将美元的汇率调整为“6.46”，如图 3-32 所示。

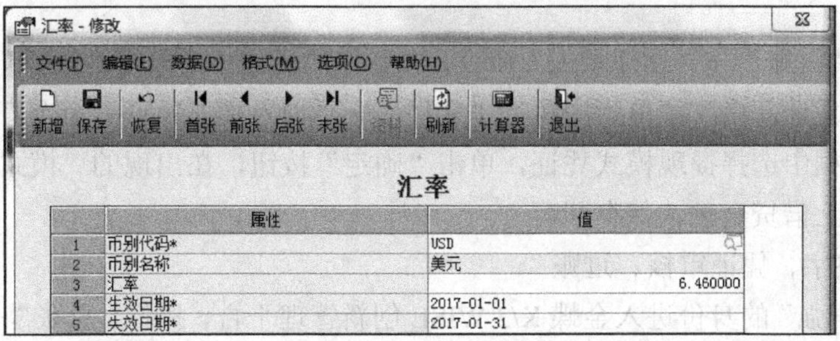

图 3-32　汇率调整

回到凭证录入界面后，在“币别”单元格中选择币别为美元，在“汇率”单元格中录入记账汇率为 6.46，在“原币金额”处录入原币额为 20 000，系统会自动计算折合的本位币数额。

仿照上述步骤，完成剩下的日常业务处理业务。

注意：

- 凭证号、序号由系统自动编排，用户不需自己编号。
- 录入凭证日期时单击“日期”文本框后的下三角按钮，弹出“日历”对话框后选择相应日期即可，也可手工自行输入。但应注意，系统不接受当前会计期间之前的日期，只允许输入当期或以后各期业务，而且过账时，只处理本期的记账凭证。
- 凭证摘要的录入有三种方法：①直接录入；②如果选择了“查看”菜单下的“选项”中的自动携带上条分录摘要信息，则系统会自动复制上条记录摘要到下条；或者在英文标点状态下，双击键盘右边的“DEL”按键，也可以快速复制上条分录摘要；③按F7键或工具栏上的“代码”按钮建立摘要库，需要时调用。

3) 制作模式凭证

(1) 执行“总账”→“模式凭证”命令，在弹出的“模式凭证”对话框中单击“编辑”按钮，输入相关信息后单击“确定”按钮保存即可。完成后的结果如图3-33所示。

注意：

也可以直接打开一张已经做好的提现业务凭证，再单击菜单栏中的“文件”→“保存为模式凭证”选项，填入相关信息即可。

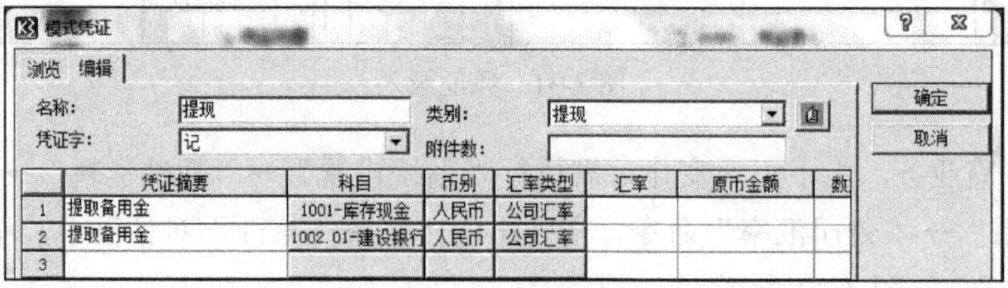

图3-33　模式凭证

(2) 执行“总账”→“凭证录入”命令，在弹出的界面中，单击“新增”按钮，在“总账系统—记账凭证新增”菜单栏中执行“文件”→“调入模式凭证”命令，在弹出的“模式凭证”对话框中选择提现模式凭证，单击“确定”按钮，在出现的“模式凭证”界面上修改日期，填上借贷金额，保存即可。

4) 出纳签字、凭证审核、过账

(1) 以“李强”的身份进入金蝶K/3 WISE创新管理平台，执行“总账”→“凭证查询”命令，在弹出的过滤条件中选择“全部”选项，单击菜单栏中的“编辑”→“出纳复核”选项，便可将所有涉及库存现金或银行存款的凭证进行出纳签字。

(2) 以“张婷”的身份进入金蝶K/3 WISE创新管理平台，执行“总账”→“凭证查询”命令，在弹出的过滤条件中选择“全部”选项，单击菜单栏中的“编辑”→“审核凭证”选项，便可逐一审核每张凭证并签上审核人姓名。

(3) 执行菜单栏中的“编辑”→“全部过账”命令，即可将所有凭证过账，签上过账人姓名。最终结果如图 3-34 所示。

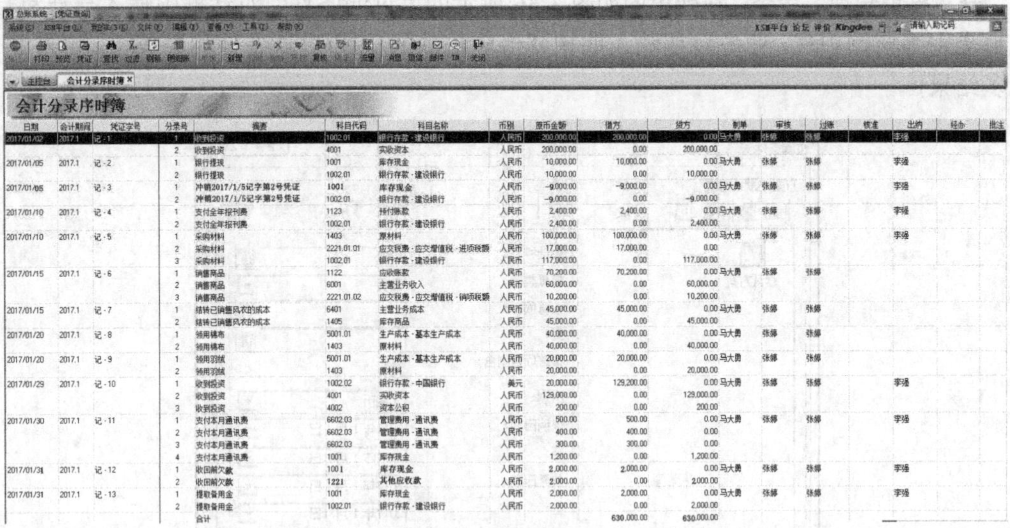

会计分录序时簿

日期	会计期间	凭证字号	分录号	摘要	科目代码	科目名称	币别	原币金额	借方	贷方	制单	审核	过账	核准	出纳	经办	批注
2017/01/02	2017.1	记-1	1	收到投资	1002.01	银行存款-建设银行	人民币	200,000.00	200,000.00	0.00	马大勇	张婷	张婷		李强		
			2	收到投资	4001	实收资本	人民币	200,000.00	0.00	200,000.00							
2017/01/05	2017.1	记-2	1	银行提现	1001	库存现金	人民币	10,000.00	10,000.00	0.00	马大勇	张婷	张婷		李强		
			2	银行提现	1002.01	银行存款-建设银行	人民币	10,000.00	0.00	10,000.00							
2017/01/05	2017.1	记-3	1	冲销2017/1/5记字第2号凭证	1001	库存现金	人民币	-9,000.00	-9,000.00	0.00	马大勇	张婷	张婷		李强		
			2	冲销2017/1/5记字第2号凭证	1002.01	银行存款-建设银行	人民币	-9,000.00	0.00	-9,000.00							
2017/01/10	2017.1	记-4	1	支付全年报刊费	1123	预付账款	人民币	2,400.00	2,400.00	0.00	马大勇	张婷	张婷		李强		
			2	支付全年报刊费	1002.01	银行存款-建设银行	人民币	2,400.00	0.00	2,400.00							
2017/01/10	2017.1	记-5	1	采购材料	1403	原材料	人民币	100,000.00	100,000.00	0.00	马大勇	张婷	张婷		李强		
			2	采购材料	2221.01.01	应交税费-应交增值税-进项税额	人民币	17,000.00	17,000.00	0.00							
			3	采购材料	1002.01	银行存款-建设银行	人民币	117,000.00	0.00	117,000.00							
2017/01/15	2017.1	记-6	1	销售商品	1122	应收账款	人民币	70,200.00	70,200.00	0.00	马大勇	张婷	张婷				
			2	销售商品	6001	主营业务收入	人民币	60,000.00	0.00	60,000.00							
			3	销售商品	2221.01.02	应交税费-应交增值税-销项税额	人民币	10,200.00	0.00	10,200.00							
2017/01/15	2017.1	记-7	1	结转已销售风衣的成本	6401	主营业务成本	人民币	45,000.00	45,000.00	0.00	马大勇	张婷	张婷				
			2	结转已销售风衣的成本	1405	库存商品	人民币	45,000.00	0.00	45,000.00							
2017/01/20	2017.1	记-8	1	领用棉布	5001.01	生产成本-基本生产成本	人民币	40,000.00	40,000.00	0.00	马大勇	张婷	张婷				
			2	领用棉布	1403	原材料	人民币	40,000.00	0.00	40,000.00							
2017/01/20	2017.1	记-9	1	领用羽绒	5001.01	生产成本-基本生产成本	人民币	20,000.00	20,000.00	0.00	马大勇	张婷	张婷				
			2	领用羽绒	1403	原材料	人民币	20,000.00	0.00	20,000.00							
2017/01/29	2017.1	记-10	1	收到投资	1002.02	银行存款-中国银行	美元	20,000.00	129,200.00	0.00	马大勇	张婷	张婷		李强		
			2	收到投资	4001	实收资本	人民币	129,000.00	0.00	129,000.00							
			3	收到投资	4002	资本公积	人民币	200.00	0.00	200.00							
2017/01/30	2017.1	记-11	1	支付本月通讯费	6602.03	管理费用-通讯费	人民币	500.00	500.00	0.00	马大勇	张婷	张婷		李强		
			2	支付本月通讯费	6602.03	管理费用-通讯费	人民币	400.00	400.00	0.00							
			3	支付本月通讯费	6602.03	管理费用-通讯费	人民币	300.00	300.00	0.00							
			4	支付本月通讯费	1001	库存现金	人民币	1,200.00	0.00	1,200.00							
2017/01/31	2017.1	记-12	1	收回前欠款	1001	库存现金	人民币	2,000.00	2,000.00	0.00	马大勇	张婷	张婷		李强		
			2	收回前欠款	1221	其他应收款	人民币	2,000.00	0.00	2,000.00							
2017/01/31	2017.1	记-13	1	提取备用金	1001	库存现金	人民币	2,000.00	2,000.00	0.00	马大勇	张婷	张婷		李强		
			2	提取备用金	1002.01	银行存款-建设银行	人民币	2,000.00	0.00	2,000.00							
				合计					630,000.00	630,000.00							

图 3-34　凭证过账

5) 冲销凭证

以“马大勇”的身份进入金蝶 K/3 WISE 创新管理平台，执行“总账”→“凭证查询”命令，在弹出的过滤条件中选择“全部”选项，在弹出的凭证列表中，右击选中“记-2 号”凭证，在弹出的列表中选择“冲销”选项，系统弹出一张红字冲销凭证，由于相对于之前的金额，只是多记了 9 000 元，所以只需要用红字冲掉 9 000 元即可，如图 3-35 所示。单击“保存”按钮后退出。

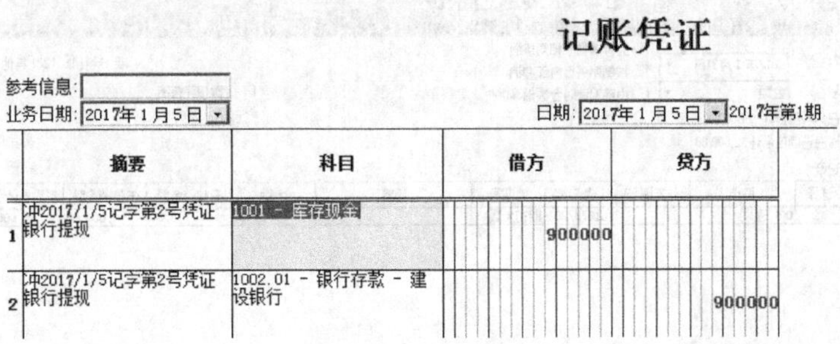

图 3-35　冲销凭证

6) 账簿查询

执行“财务会计”→“总账”→“账簿”→“总分类账”命令，即可查阅总分类账。同理可查询明细账、科目余额表、试算平衡表(注意查询试算平衡表时，应切换到综合本位币)等。

7) 核销管理

(1) 利用核销管理功能进行其他应收款的核销。

以“马大勇”身份进入金蝶 K/3 WISE 创新管理平台，执行“财务会计”→“总账”→“往来”→“核销管理”命令，在弹出的如图 3-36 所示的“过滤条件”对话框中输入会计科目、核算类别等核销项目，业务日期输入期初其他应收款的日期(过滤条件如果放宽，可过滤出更多结果)。

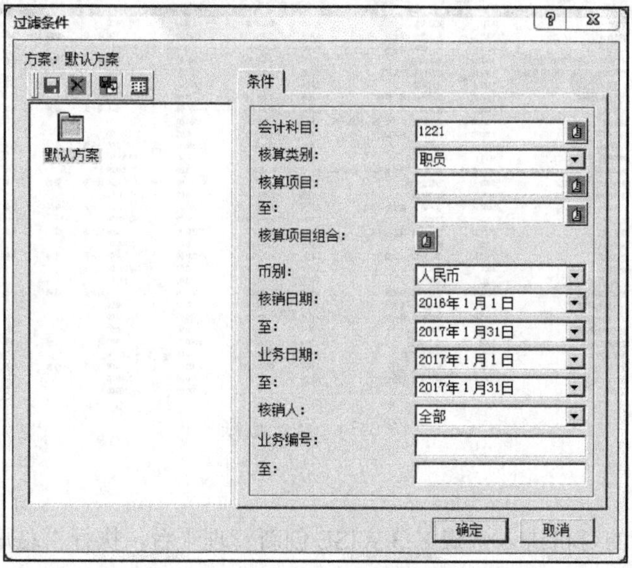

图 3-36　其他应收款核销过滤条件

单击菜单栏中的“核销”按钮，再单击“确定”按钮后得到如图 3-37 所示的界面。

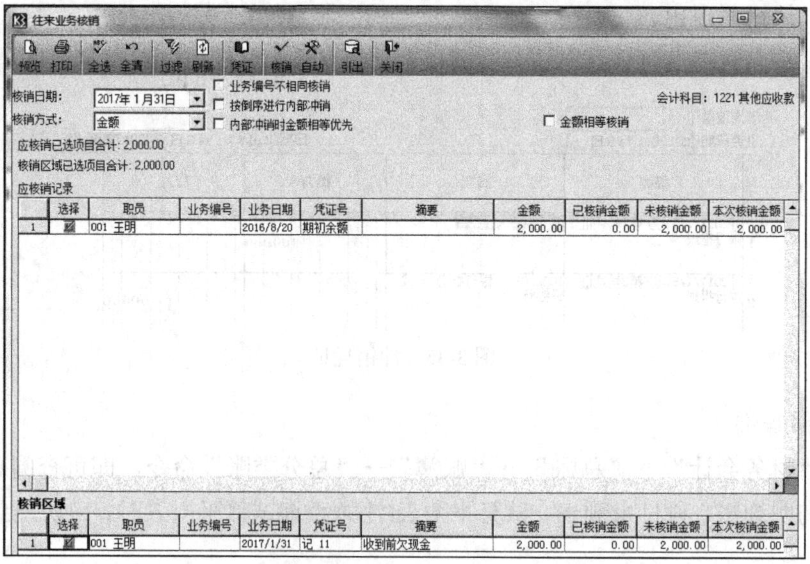

图 3-37　其他应收款核销

选择“王明”所在行，单击菜单栏中的“核销”按钮，即可看到原有王明的记录被核销掉了。单击“关闭”按钮后，可得到如图 3-38 所示的界面。

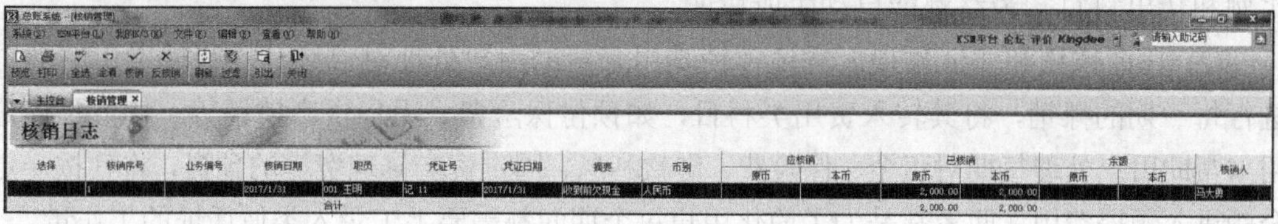

图 3-38 其他应收款核销日志

(2) 查看往来对账单及账龄分析表。

执行“财务会计”→“总账”→“往来”→“往来对账单”命令，在弹出的过滤窗口中选入会计科目其他应收款，业务日期为 2016 年 8 月 20 日，即可查阅往来对账单，如图 3-39 所示。

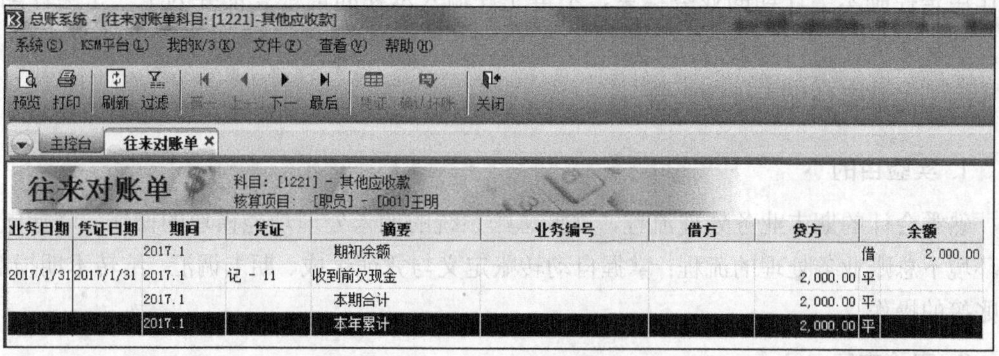

图 3-39 其他应收款往来对账单

同理可查询其他应收款的账龄分析表。

四、总账系统期末处理

(一) 总账系统期末处理功能简介

当所有当期日常业务录入完毕后，就要进行期末的财务处理与结账。总账系统期末处理功能主要有自动转账、凭证摊销和凭证预提、期末调汇、结转本期损益、期末结账等。

(1) 自动转账。由于不少转账凭证的原始凭证是由其他核算子系统转来的，如工资费用分配表、固定资产折旧计算表等。这些分配结转的转账凭证每月有规律地重复出现，借贷方科目基本不变，金额的来源或计算方法相对固定。可预先定义好这些转账凭证的生成模板，使用时系统按照定义的模板，自动从相关子系统的数据文件中取数计算，在指定时间由系统自动生成转账凭证，可以减轻会计人员的工作量，提高工作效率。另外，月末要进行的制造费用、产品生产成本结转、期末调汇及损益结转，都可以事先设置好结转比例和转出科目，最终都能自动生成凭证。

(2) 凭证摊销和凭证预提。凭证摊销是用来帮助用户处理对已经计入待摊费用的数据进行每一期的摊销，将其转入费用类科目，如预付保险费、无形资产摊销等。凭证预提是用来帮助用户处理每期对租金、保险费、借款利息、固定资产修理费等的预提，将其按一定金额进入预提费用。两者都是为了简化用户每个期间都需要手工录入类似凭证的工作量。

(3) 期末调汇。有的企业可能有外币业务，这就需要在基础资料中设置一种或多种类型的外币及汇率，以便系统自动计算汇兑损益，生成汇兑损益转账凭证和期末汇率调整表。

(4) 结转本期损益。即将所有损益类科目的本期余额全部自动转入本年利润科目，自动生成结转损益凭证，帮助企业从不同角度核算经营成果。

(5) 期末结账。主要是指本期所有的会计业务全部处理完毕后要进行的操作，最主要的作用是控制本会计期的业务结束，不再允许输入本期的记账凭证并为下一个会计期的业务做好准备。

(二) 总账系统期末处理实验

1. 实验目的

熟悉会计的期末业务处理流程，掌握总账系统的期末处理功能模块的操作；掌握电算化环境下总账业务处理的流程；掌握自动转账定义与凭证生成、期末调汇、结转本期损益、结账等的操作。

2. 实验内容

(1) 制作自动转账凭证

(2) 结转当期损益

(3) 期末结账

3. 实验案例资料

1) 制作自动转账凭证

(1) 摊销应由本月负担的报刊费，如表 3-15 所示。

名称：摊销报刊费

表 3-15　摊销报刊费

转账期间	会计科目	方　向	转账方式	比　例	包含本期未过账凭证
1-12	管理费用—办公费	自动判定	转入	100%	
	预付账款	自动判定	按公式转出	100%	包含

公式提示：ACCT("1123", "Y", "",0,1,1,"")/12　(待摊费用年初余额/12)

(2) 按短期借款年初余额 100 000 元和 3%年利率计算本月应负担的短期借款利息，如表 3-16 所示。

名称：计提短期借款利息

表 3-16　计提短期借款利息

转账期间	会计科目	方　向	转账方式	比　例	包含本期未过账凭证
1-6	财务费用—利息	自动判定	按公式转出	100%	
	应付利息	自动判定	转入	100%	包含

公式提示：ACCT("2001", "C",0,1,1, "")*0.03/12　(短期借款年初余额×0.03/12)

2) 期末处理

(1) 进行当月的期末调汇操作，生成凭证并审核过账。

- 港币：期末汇率为 1.06。
- 美元：期末汇率为 6.47。

(2) 结转当期损益(注意先将当月未过账凭证全部过账)。

(3) 将结转损益的记账凭证过账。

(4) 期末结账。

4. 实验步骤(以金蝶 K/3 为例)

1) 制作自动转账凭证

(1) 以“马大勇”的身份进入金蝶 k/3 创新管理平台，执行“财务会计”→“总账”→“结账”→“自动转账”命令，在弹出的“自动转账凭证”对话框中单击“编辑”→“新增”选项，录入表 3-15 的内容。在“自动转账凭证”对话框中的科目名称为“预付账款”栏中，单击公式“下设”按钮，在弹出的“公式定义”对话框中，双击“原币公式”后的按钮，在弹出的如图 3-40 所示的“报表函数”界面中选择“函数名”为 ACCT。

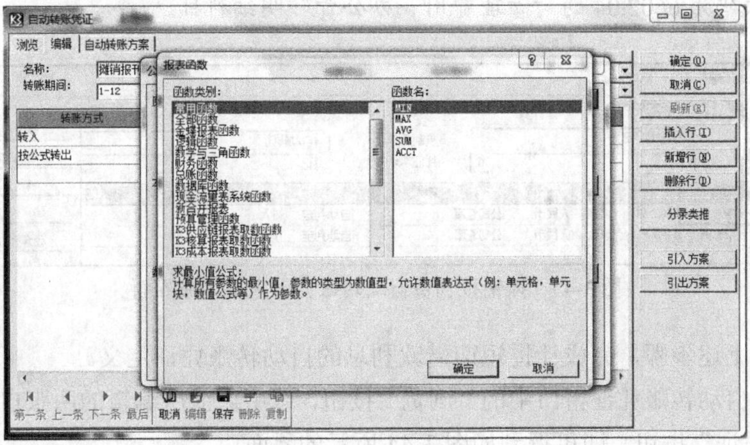

图 3-40　公式下设

单击“确定”按钮，在弹出的如图3-41所示界面中，在科目空白框中按F7键，通过浏览框选入“预付账款”的科目代码。

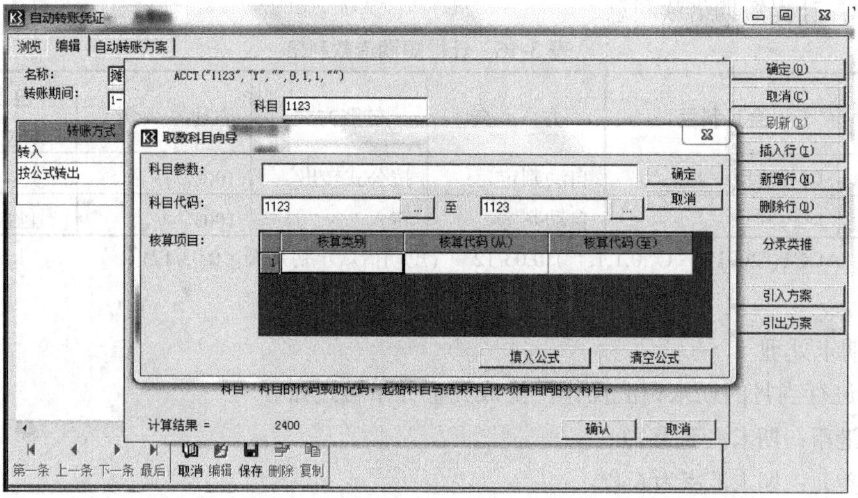

图3-41　公式定义

同理，在“取数类型”空白框中按F7键，选入“Y期末余额”，单击“确定”按钮，在得到的原币公式中，利用数字键盘输入“/12”，如图3-42所示。

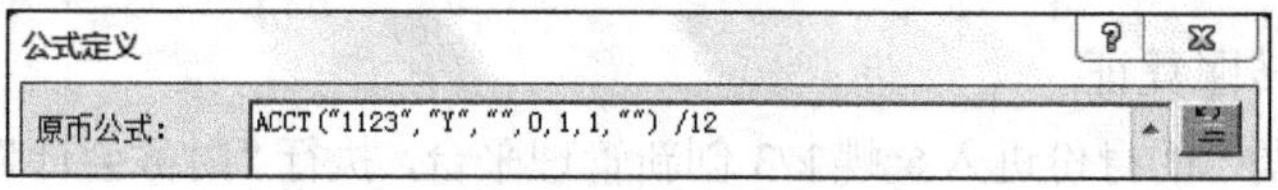

图3-42　摊销报刊费公式定义

单击“确定”按钮，即可得到如图3-43所示的界面。

注意：

先增加代码为6602.04的“管理费用—办公费”明细科目。

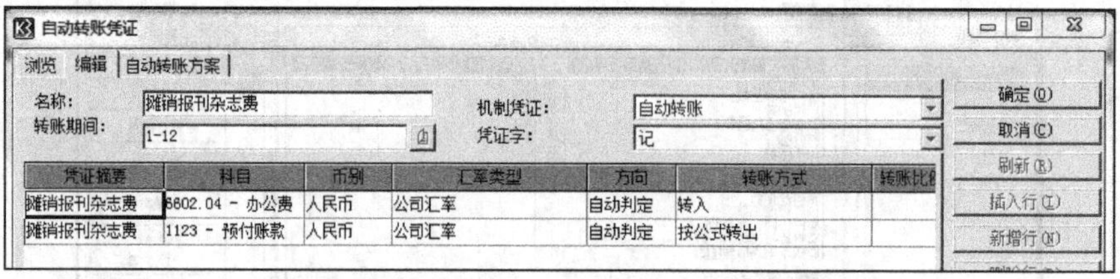

图3-43　摊销报刊费自动转账凭证定义完成界面

(2) 仿照上述步骤，完成计提短期借款利息的自动转账凭证定义。

(3) 单击自动转账凭证窗口中的“浏览”按钮，选中之前所编辑的两张自动转账凭证，单击“生成凭证”按钮，即可得到如图3-44所示的界面。

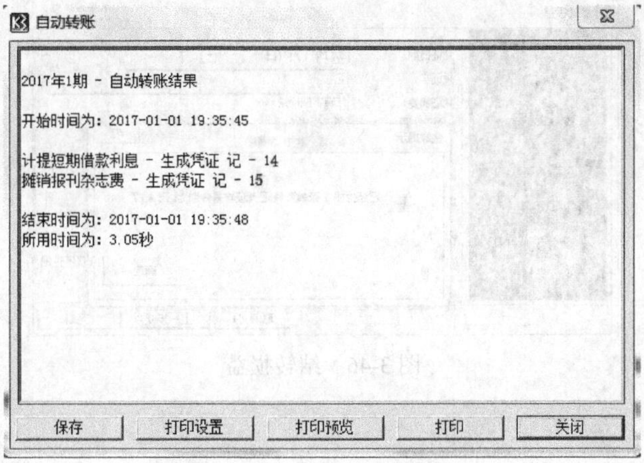

图 3-44　自动转账凭证生成结果

2) 期末处理

(1) 期末调汇

以“马大勇”的身份进入金蝶 k/3 创新管理平台，执行“系统设置”→“基础资料”→“公共资料”→“汇率体系”→“公司汇率”命令，将美元的汇率调整为“6.47”，将“港币”的汇率调整为“1.06”，再执行“财务会计”→“总账”→“结账”→“期末调汇”命令，在弹出的“期末调汇”对话框中选择汇兑损益科目“财务费用—汇兑损益”，如图 3-45 所示。最后单击“完成”按钮，完成期末调汇凭证的生成。

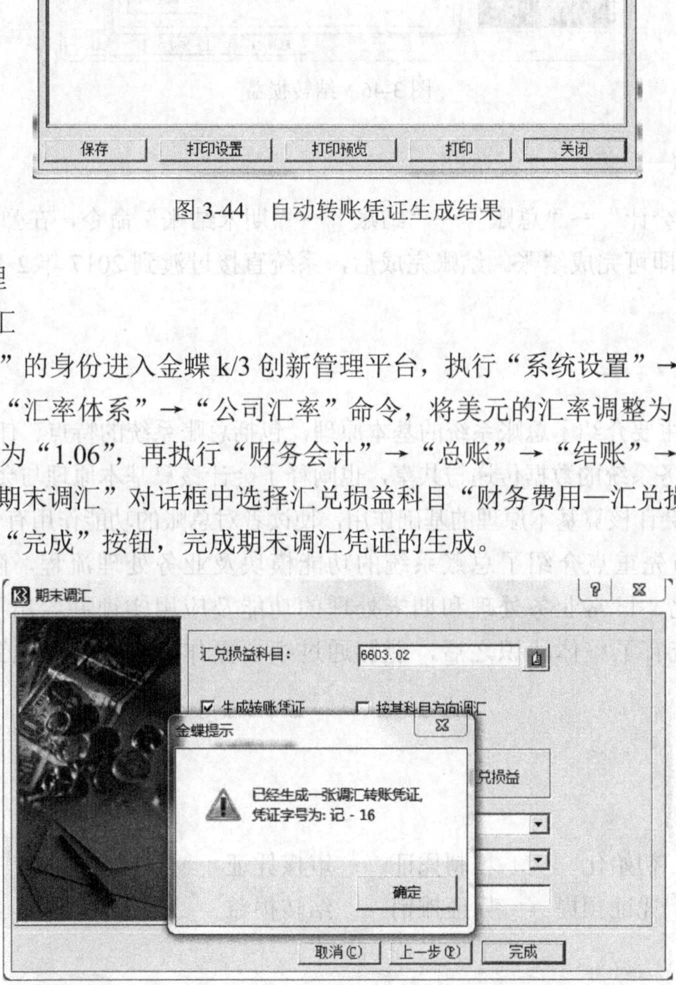

图 3-45　期末调汇

(2) 结转当期损益

① 执行“财务会计”→“总账”→“结账”→“结转损益”命令，在弹出的“结转损益”对话框中直接单击“下一步”按钮，但注意，要选择“凭证日期”为 2017 年 1 月 31 日(说明：结转损益必须是在其他业务所生成的凭证都审核过账后再做)，如图 3-46 所示。

② 切换操作员为“张婷”，仿照前述步骤，进行凭证审核、过账的操作。

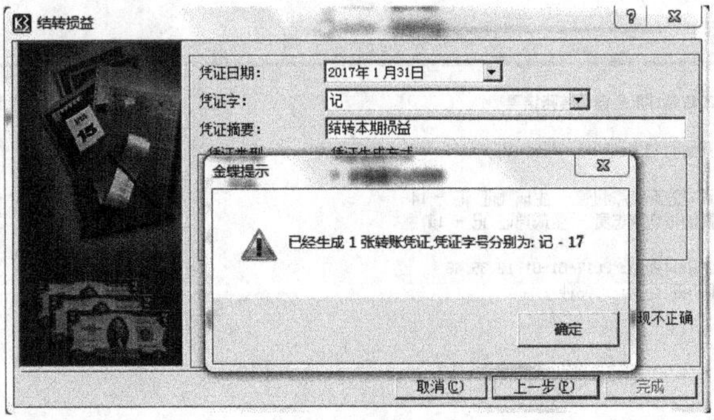

图 3-46　结转损益

5. 期末结账

执行“财务会计”→“总账”→“结账”→“期末结账”命令，在弹出的界面中单击“开始”按钮，即可完成结账。结账完成后，系统直接过渡到 2017 年 2 月。

【本章小结】

本章第一节主要介绍了总账系统的基本原理，包括总账系统的特点、任务、基本处理流程以及与其他业务系统的数据传递与共享，也阐释了会计核算基本原理与会计信息系统构建的关系，指明了会计核算基本原理的基础作用，使读者对总账的功能作用有一个基本的了解。

本章第二节先重点介绍了总账系统的功能模块及业务处理流程，随后分开介绍了总账系统初始化、日常业务处理和期末处理的功能及应用实训并给出了操作指导，使读者对总账系统有了整体认识之后，能够通过亲自操作实训案例来达到对总账系统的熟练运用。

【关键名词】

总账	初始化	填制凭证	审核凭证	凭证过账	自动转账
模式凭证	凭证预提	凭证摊销	结转损益	期末调汇	期末结账

【思考题】

1. 简述总账系统的功能作用。
2. 试着描述总账系统的业务处理流程。
3. 总账系统与其他会计核算子系统之间有着怎样的数据传递关系？
4. 什么叫作系统初始化，它有哪些作用？
5. 为什么说账务处理程序为会计核算工作计算机程序化奠定了基础？

【练习题】

一、单项选择题

1. (　　)模块是会计核算软件的核心模块。

A. 账务处理　　B. 工资核算　　C. 财务分析　　D. 成本核算

2. 账务处理模块的主要任务是输入和处理各种(　　)。

A. 收款凭证　　B. 付款凭证　　C. 转账凭证　　D. 记账凭证

3. 一个会计科目编码方案为 4-2-2-1 可变长度结构，该代码系统最短的会计科目代码为(　　)。

A. 1 位　　B. 2 位　　C. 3 位　　D. 4 位

4. 会计信息系统中建立会计科目的顺序是(　　)。

A. 先建下级，后建上级科目　　B. 不分先后

C. 先建上级，后建下级科目　　D. 先建明细，后建一级科目

5. 会计信息系统中删除会计科目的顺序是(　　)。

A. 先删下级，后删上级科目　　B. 不分先后

C. 先删上级，后删下级科目　　D. 不能删除

6. 机制凭证是指(　　)。

A. 计算机打印的凭证　　B. 输入计算机的凭证

C. 计算机自动编制的凭证　　D. 规范的记账凭证

7. 以下属于系统初始化工作的是(　　)。

A. 凭证输入　　B. 操作人员分工管理　　C. 凭证打印　　D. 结账处理

8. 不属于审核记账员责任范围的是(　　)。

A. 负责对凭证的合法性、规范性审核

B. 对错误的凭证进行修改

C. 对不符合要求的凭证和打印输出的账表不予签字确认

D. 负责对凭证的正确性审核

9. 使用账务处理软件时，正确的工作顺序是(　　)。

A. 系统设置→日常处理→月末处理　　B. 日常处理→月末处理→系统设置

C. 日常处理→系统设置→月末处理　　D. 系统设置→月末处理→日常处理

10. 上月未结账，本月(　　)结账。

A. 可以　　B. 不一定　　C. 不能　　D. 以上都不对

11. 电算化条件下，以下(　　)描述是正确的。

A. 已录入的记账凭证不能修改

B. 发现经审核的记账凭证有误，录入员可直接修改

C. 红字冲销法适用于未审核的凭证

D. 记账凭证未经审核时，发现凭证有误，可直接修改

12. 下列不属于会计科目属性设置的是(　　)。
A. 科目代码　　B. 科目名称　　C. 凭证类别　　D. 辅助核算

二、多项选择题

1. 总账处理模块接收(　　)等模块生成的凭证。
A. 应收/应付款核算　　B. 工资核算　　C. 财务分析
D. 成本核算　　E. 报表管理
2. 电算化方式下对会计科目进行编码，最主要的作用是(　　)。
A. 利于计算机对会计数据的分类、汇总
B. 数字化建设
C. 提高保密性
D. 简化会计数据的表现形式，利于会计数据的收集、存储、处理和传输
3. 下面对结账的叙述，正确的是(　　)。
A. 结账前的本月凭证必须登记入账　　B. 某月结账后不能再输入该月凭证
C. 结账必须按月连续进行　　D. 每月可以结多次账
4. 账务系统初始化设置工作的内容主要有(　　)。
A. 设置账簿和人员管理　　B. 设置会计科目并录入余额
C. 填制会计凭证　　D. 设置凭证类型
5. 会计期末业务处理主要包括(　　)。
A. 期末转账　　B. 对账、结账　　C. 试算平衡　　D. 编制会计报表
6. 下列各项中，符合设置会计科目编码要求的有(　　)。
A. 各级科目的编码必须按财政部同意规定
B. 各级科目编码位数要符合科目编码规则
C. 一级科目编码应按财政部统一规定
D. 各级科目的编码长度要相同
7. 以下说法错误的有(　　)。
A. 审核和制单有时也可以为同一个人
B. 会计科目的设置应遵循财政部的规定
C. 出纳需要对所有的凭证进行复核，即签字或盖章
D. 演示版的电算化教学软件可以多次结账，因为里面设置了反结账功能
8. 以下属于日常账务处理的是(　　)。
A. 审核汇总原始凭证，填制记账凭证
B. 审核记账凭证
C. 出纳收付款，登日记账
D. 登明细账，根据选定的会计核算形式登总账
E. 收入、费用等过渡性账户之间的结转

9. 如果一个企业的会计科目编码方案采用 4-2-2 的 3 级可变长度结构，以下代码中编码正确的有(　　)。

A. 1123　B. 112301　C. 1123001　D. 11230101　E. 1123101

10. 以下属于总账系统特点的有(　　)。

A. 数据处理单一　B. 系统的安全和可靠性要求高

C. 系统专用性强　D. 系统综合性强　E. 数据处理量大

11. (　　)规范了会计信息系统处理的数据结构。

A. 记账凭证　B. 会计方法　C. 会计账簿　D. 会计报表

三、判断题

1. 账务处理系统中，凭证审核入账后，就可进行结账操作。(　　)

2. 用一套会计软件进行多套账的会计数据处理，在计算机上可以通过账套号区别不同的账套。(　　)

3. 进行凭证记账时，要采用实时处理，每张凭证记一次账。(　　)

4. 电算化会计信息系统可以代替人脑进行财务分析和财务决策。(　　)

5. 计算机自动检查凭证的正确性，软件要求借贷双方平衡，否则不能保存。(　　)

6. 保障会计软件及计算机硬件的正常运行是系统维护人员的职责。(　　)

7. 发现已审核的记账凭证有错误时，只能用红字冲销法修改。(　　)

8. 结账前，操作员应检查有关费用是否已提取、分摊。(　　)

9. 凭证上的摘要是对经济业务的说明，其内容应既要能说明问题又要详细充分。(　　)

10. 系统初始化的目的是把商品化通用会计软件变成适合本单位使用的专用会计软件。(　　)

四、业务分析题

1. 制单员输入记账凭证后，发现有错可以怎样修改？如果已经审核过了呢？如果是已经过账了呢？

2. 进行部门档案设置(销售部、销售一部、销售二部均已设置)后，再进行职员档案设置时，资料上给出王树林是销售一部职员，但是下拉列表中未出现销售一部和销售二部，原因在哪里？怎么更改？

3. 在进行系统参数设置时，无法设置本年利润及利润分配科目，怎么办？

4. 在进行购买原材料账务处理时，无法录入数量和明细(如甲材料、乙材料)，该如何处理？

5. 录入期初余额之后，在进行平衡检查时，试算不平衡。请找出原因并更改。

6. 审核过账后，发现某张凭证金额本该录入 1000 元，结果错误录成 10 000 元。该如何更改？

7. 在利用自动转账功能生成凭证时，无法生成。请找出原因并更改。

8. 在进行期末调汇时，系统弹出“本期不需要调汇”信息提示框。但确实还没有完成期末调汇工作，该如何处理。

9. 在利用模板编制资产负债表时，如果发现报表不平，原因在哪里？应怎样修改？

第四章

报表管理系统原理及应用

【学习目标】

通过本章的学习，要求了解会计报表的分类，了解报表管理系统的概念、类别、目标、任务和特点；理解报表系统与其他系统的数据传递关系；熟悉报表管理系统的功能，报表系统的基本术语，掌握报表管理系统的处理流程并能熟练使用报表模板编制会计报表，熟练使用自定义报表方法生成报表。

第一节　报表管理系统基本原理

企业应用了管理信息系统之后，将会产生大量的业务数据。如果对这些数据进行分析整理，可以得到许多有用的信息，帮助企业从各方面了解当前的运营状况，为做出各项决策提供定量化的依据。报表管理系统可以帮助企业快速、准确地编制各种会计报表，为企业提供各种所需的决策分析信息。

一、报表管理系统的概念

企业会计报表的综合性强，使用面广，并且随着时间的推移、经营地点的变化以及经营管理者的需求变化，其报表种类、报表结构、报表格式内容、编制方法要不断地变化。因此，在会计信息化背景下，要适应不同行业、不同地区、不同单位、不同时间对会计报表编制的客观要求，就必须将计算机数据处理技术与会计报表的编制方法进行有机的结合，设计出专门用于会计报表数据处理的专用软件，这就是报表管理系统。报表管理系统通过由使用者自行定义、设计报表的功能模块，灵活地定义各种会计报表的格式及报表项目的数据来源，这样，无论会计报表的结构、格式、内容如何变化，报表管理系统都能适应；同时报表管理系统还具有会计数据采集、计算、统计、汇总、查询、输出等功能，使用者通过设置会计报表的格式，确定报表各种取数和运算关系，可以方便地从账簿记录和其他会计资料中获取会计数据，生成相应的会计报表。

二、会计报表及报表管理系统的分类

依据不同的分类标准，可对会计报表和报表管理系统进行分类。

(一) 会计报表的分类

会计报表是企业财务报告的主要部分，是企业向外传递会计信息的主要手段。会计报表是企业根据日常会计核算资料定期编制的，用来综合反映单位某一特定日期财务状况和某一会计期间经营成果、现金流量的总结性书面文件，是企业经营活动的缩影。

按照会计报表反映的经济内容不同，可分为资产负债表、利润表、所有者权益变动表、现金流量表等。资产负债表反映企业某一时点的财务状况；利润表反映企业某一特定时期的经营成果；所有者权益变动表反映企业构成所有者权益的各组成部分当期的增减变动情况；现金流量表反映企业某一特定时期现金和现金等价物流入和流出情况。

按照会计报表的服务对象不同，可分为内部报表和外部报表。内部报表也称管理会计报表，是指为企业内部经营管理服务而编制的不对外公开的会计报表，它不要求统一格式，没有统一的指标体系，如产品成本明细表；外部报表也称财务会计报表，是企业为满足投资者、债权人等有关会计信息使用者对会计信息的需求而编制的对外提供服务的会计报表，它要求有统一的报表格式、指标体系和编制时间等，资产负债表、利润表和现金流量表等均属于外部报表。

按照会计报表的编报的时期不同，可分为年度报表和中期报表。中期报表是指以短于一个完整的会计年度的报告期间为基础编制的会计报表，包括月度报表、季度报表和半年度报表。

(二) 报表管理系统的分类

报表管理系统按照软件系统的功能和使用情况，通常分为三类：专用会计报表系统、通用会计报表系统和通用电子表系统三类。

专用会计报表系统是把每张会计报表的格式和编制方法编在计算机程序中，操作使用简单，但报表结构发生变化就需修改程序。

通用会计报表系统提供给用户不需修改程序就可根据需要自行定义或修改报表结构和编制方法的功能，但其专业性强，只能从与该软件相配套的数据库资源中提取数据。

通用电子表系统把格式与表内数据视为一体，通过一张大棋盘表来编辑处理各种报表，并且提供大量的函数、工具和图形分析功能，是一种功能强大的通用报表系统。目前，世界上流行的电子表系统有 Excel、Lotus 123 等。

三、报表管理系统的目标

报表管理系统的目标是满足各类会计报表使用者对会计报表编制和分析的需求，根据会计法规和会计准则的规定，及时、准确、完整地提供使用者所需的会计报表信息，具体表述如下。

(1) 内容完整。报表能够全面反映企业的经营成果、财务状况及其现金流量增减变动情况，使报表阅读者不致产生误解或偏见。

(2) 数字真实。会计报表所列的数字必须客观地、有根据地确定，做到不抱任何偏见，不受任何外界影响，如实反映实际情况。

(3) 统一连贯。企业之间的报表指标，应当尽可能口径一致，以满足使用者进行不同企业会计报表比较的要求；在编制会计报表时，对会计计量和填报方法，应保持前后报表指标的连贯性和可比性，不能随意变动。

(4) 说明清楚。编制会计报表时，有关的说明要清楚、明晰，便于理解和分析。

(5) 编报及时。企业应按规定时限编制与报送会计报表。

四、报表管理系统的任务

报表管理系统是财务软件的一个独立子系统，它为企业内部各管理部门及外部相关部门综合反映企业一定时期的财务状况、经营成果和现金流量的会计信息提供了软件支持。根据报表管理系统的目标可知，报表管理系统的任务是获取总账、工资管理、固定资产管理、存货等核算系统的数据，以及其他业务系统的数据，完成会计报表使用者所需报表的编制工作。具体任务如下。

(1) 能够按照报表使用者的要求绘制出会计报表的表格，也就是系统要能提供一种灵活的报表结构定义方法和工具，以满足使用者编制各种会计报表的需求。

(2) 能够按照会计报表各项要素的编制要求和会计制度的规定，及时、正确、完整地获取数据并计算报表中的数据，准确填入报表中相应的位置。

(3) 形成(或输出)报表使用者所需信息结构及形式的报表，如二维表、图表分析表等。

五、报表管理系统的特点

报表管理系统与其他会计核算系统相比，有以下主要特点。

(一) 输入数据量少

报表管理系统的主要数据来源是总账系统和其他核算系统的数据文件，如资产负债表的一些数据取自某些科目的余额，利润表中的一些数据取自某些科目发生额，等等。因此，报表管理系统提供了丰富的取数函数，通过定义报表取数函数，就可以从账务处理系统等核算系统中获取所需的数据，自动生成各类型的会计报表。

(二) 报告编制的规则性强

我国对外报告的会计报表的编制方法、格式、内容、报告时间等必须符合会计准则和会计制度的要求，为了保证会计报告信息的正确性和可靠性，一般不允许直接在已编制的会计报表上修改数据，报表数据只能根据其数据来源的变动而变动。

(三) 编制的报表应满足一定的报表勾稽关系

会计报表的勾稽关系反映了某会计报表内部各项目之间以及各会计报表之间的内在关系，例如，固定资产净值＝固定资产原值－累计折旧，资产负债表“未分配利润”项目的期末数等于利润表“未分配利润”项目的本年实际数。因此，报表管理系统要能进行勾稽关系的检验和核对。另外，有些报表还要作为产生其他报表的数据源，从而进一步完成信息加工和分析。

(四) 通用性和灵活性要求高

报表管理系统要满足各类信息使用者编制各种会计报表的需求，系统必须提供一种灵活的编表方法。通用报表系统提供的是一种自定义方式，即由使用者自定义报表结构、报表内容、报表取数来源及计算公式等，以满足使用者的需求。

六、报表管理系统与其他系统的数据传递关系

报表管理系统通过系统所提供的取数函数，主要从账务、工资、固定资产、存货等会计核算系统以及其他业务系统，自动提取编制报表所需的账簿数据，完成会计报表使用者所需报表的编制工作。报表管理系统与其他系统的数据传递关系，如图 4-1 所示。

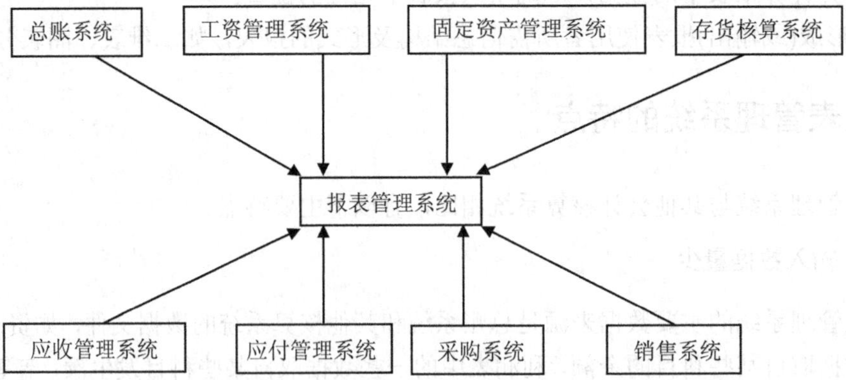

图 4-1　报表管理系统与其他系统的数据传递关系图

第二节　报表管理系统应用

一、报表管理系统的功能概述

使用报表管理系统，首先要了解其基本功能。报表管理系统包含了一系列的功能模块，由这些模块分别完成报表结构与格式设计、报表编辑、报表运算、报表汇总、报表查询、打印输出等功能，会计人员可以调用这些功能模块，设计、编辑符合单位实际的会计报表。报表管理系统的基本功能如图 4-2 所示。

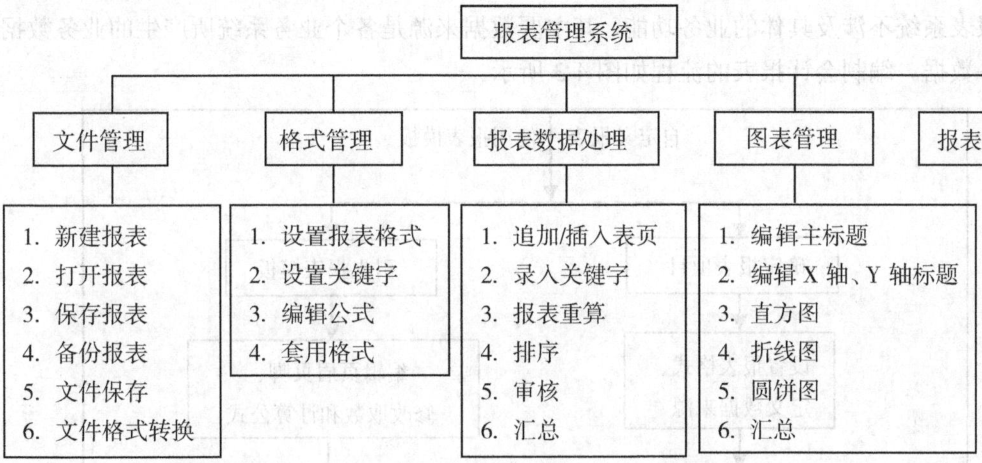

图 4-2　报表管理系统的基本功能图

(一) 文件管理

文件管理的作用是对报表文件的创建、打开、保存、备份、文件的保护和格式转换等进行管理。

(二) 格式管理

格式管理用于根据不同报表的不同要求对报表格式进行定义、编辑以及对表中数据的运算关系进行公式定义。一般包括对报表格式和关键字进行设置、格式的套用以及公式的编辑。

(三) 报表数据处理

报表数据处理提供数据录入与采集、报表数据计算、数据处理分析、报表汇总等功能。从账簿中取数是会计报表数据的主要来源，账务取数函数架起了报表管理系统和总账等其他系统之间进行数据传递的桥梁。账务取数函数的使用可以实现报表管理系统从账簿、凭证中采集各种会计数据生成报表，实现账表一体化。

(四) 图表管理

图表管理功能是将数据表以图形的形式进行表示。采用图文混排，可以很方便地进行图形数据组织，制作包括直方图、立体图、圆饼图、折线图等 10 种图式的分析图表。可以编辑图表的位置、大小、标题、字体、颜色等，打印输出图表。

(五) 报表输出

报表输出功能用于查询或打印输出本系统所产生的各种报表。

二、报表管理系统的处理流程

报表系统不涉及具体的业务功能，其主要数据来源是各个业务系统所产生的业务数据和财务数据。编制会计报表的流程如图 4-3 所示。

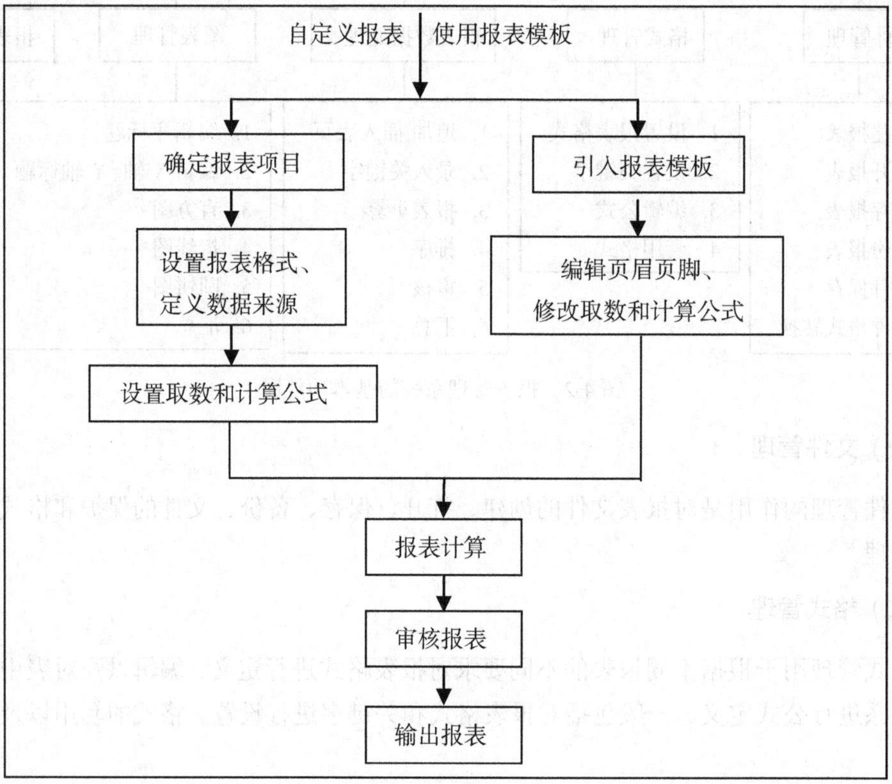

图 4-3　报表管理系统的处理流程图

(一) 选择报表的制作方法

报表管理系统提供了两种报表制作的方法，使用者可选择采用报表模板生成会计报表，或者采用自定义的方式制作自己所需要的会计报表。

1. 使用报表模板生成会计报表

(1) 引入报表模板。在报表管理系统中寻找系统预置的报表模板，然后选择所需用的报表模板。

(2) 编辑页眉页脚。会计报表由页眉、表体、附注、页脚构成。设置报表的页眉页脚，也就是报表的表头和表尾，如编制单位、日期、制表人等。

(3) 修改取数和计算公式。报表模板中的取数和计算公式是系统预置的，报表使用者需要根据实际情况对预先设置的公式进行修改。

2. 使用自定义方式生成会计报表

(1) 确定报表项目。在采用自定义方式生成会计报表时，计算机界面中显示的是一张空白的表格，此时首先要确定报表中所包含的项目有哪些，这样才能根据项目的多少进行报表格式的设计并根据所需要的报表项目定义数据来源、设置对应的报表计算公式。

(2) 设置报表格式。报表格式设计包括定义表尺寸、行高和列宽、表头、表体、单元格等。

(3) 定义数据来源。数据来源指明当前项目表示的经济数据来源，报表计算公式是报表数据来源的一个重要组成部分，因此，定义数据来源最主要的就是设置取数和计算公式。

(4) 设置取数和计算公式。报表使用者需要根据确定的报表项目以及对应的数据来源，设置恰当的取数和计算公式。取数就是把数据取来，如取出科目发生额余额表的某个数据；计算公式就是有关数据进行加减乘除等运算，然后将计算获得的结果放入某单元格中。此时，报表使用者需要根据确定的报表项目以及对应的数据来源，设置恰当的取数和计算公式。

(二) 报表计算

在报表管理系统中，报表计算就是在对报表格式、数据来源、取数公式和计算公式等定义完成后，系统根据指定的数据来源、会计期间以及相关公式，自动计算出报表各项目的数据并将计算获得的结果放入对应的单元格中。当数据源发生变化时，还要进行报表重算。

(三) 审核报表

报表管理系统自动根据报表中已经设置的报表勾稽关系对已经生成的报表进行审核，验证生成的报表数据正确与否。

(四) 输出报表

会计报表的输出按输出方式不同，通常分为屏幕查询输出、图形输出、磁盘输出、打印输出和网络传送五种类型。屏幕查询输出常简称为查询输出，它是最为常用的一种输出方式，在编制报表时系统即时自动提供会计报表的查询输出。图形输出是在报表管理系统中，根据报表的数据生成图形时系统随即显示出会计报表的有关图形，会计报表的图形既可以随会计报表数据一起输出，又可以单独输出。磁盘输出常采用 Windows 等操作系统的复制、发送等方法将会计报表输出到磁盘介质上。打印输出是将会计报表以纸介质的形式表现出来。网络传送是通过计算机网络将各种报表从一个工作站传递到另一个或几个工作站的报表传输方式。

三、报表管理系统基本术语简介

了解报表管理系统的基本术语，有助于我们更好、更快地学习、使用报表管理系统。以下以金蝶 K/3 为例介绍报表管理系统的基本术语。

(一) 单元格

报表中由行和列确定的方格称为单元格，专门用于填制各种数据。它是组成报表的最小单位。单元格的名称可以用所在行和列的坐标来表示，一般采用所在列的字母和行的数字表示，例如，A3 表示报表中的第 1 列第 3 行所对应的单元格。

(1) 单元格属性。单元格属性包括单元格类型、对齐方式、字体颜色等。其中，对齐方式和字体颜色与 Excel 大同小异。实际使用报表管理系统时需注意其单元格类型。

(2) 单元格类型。单元格类型可分为表样型、字符型和数值型三种，具体要在设置报表时进行定义。

(二) 表属性

表属性包括行列属性、外观设置和页眉页脚。

(1) 行列属性。即报表中某一行或某一列的单元格的属性。报表中行列属性包括总行数、总列数、行高和列宽、对齐方式以及格式设置。

(2) 外观属性。报表中的外观属性包括报表的前景色、背景色、网格色、字体属性。

(3) 页眉页脚。页眉页脚属性用于定义报表的表头和表尾，即报表名称、编制单位、日期、制表人、审核人等属性信息的定义。

(三) 报表计算公式

报表计算公式是报表单元格中的各种公式，它是报表数据来源的一个重要组成部分。报表计算公式是由各种运算符将常量、变量以及函数连接起来的运算式。报表计算公式定义了报表数据之间的运算关系，可以实现报表管理系统从其他系统取数。

(四) 函数

函数是用计算机语言编写好的一段程序，通过参数调用返回程序运行的结果。报表管理系统提供了丰富的函数，如取数函数、财务函数等，以帮助使用者完成数据传递(取数)和数据运算等功能。

函数的格式：函数名(参数 1,参数 2,…)

每个函数都有一个函数名，一般用与函数功能相近的英文字母或中文拼音字母组成；函数参数之间用逗号分开。

1. 账务取数函数

1) 格式

ACCT("科目"," 取数类型","货币","年度","起始期间","结束期间","账套")

2) 功能

从总账系统中采集各种会计数据生成报表。账务取数函数是报表管理系统中使用最为频繁的一类函数，此类函数中的参数表达式最为复杂，取数函数中往往要说明取数的科目、会计期间、发生额和余额等参数。

3) 参数说明

在金蝶 K/3 中，账务取数函数的参数共有 7 个，各项参数可根据情况决定是否输入，参数之间用逗号隔开。若省略的参数后面没有内容了，则可以不写逗号；若省略的参数后面还有内容，则必须写逗号。部分参数说明如下。

(1) 科目

账务取数函数的第一个参数为科目，表示从总账系统中取数的会计账户，可以是科目代码，也可以是科目名称，使用时必须用英文半角的双引号括起来。科目可以为非末级科目，如果科目中有辅助核算项目的，还应加入辅助核算项目，并用“|”隔开，辅助核算项目最多设置两个。如表 4-1 中："1001"、"1122"、"6602"表示科目代码；"1001：1012"表示代码大于或等于 1001 并且小于或等于 1012 的所有科目；"1122|客户|01.01"表示代码为“1122”，下设核算项目名称为“客户”，核算项目代码为“01.01”的科目。

(2) 取数类型

取数函数中的第二个参数为取数类型，表示取会计账户中的某类数据。各账户中的取数类型说明如下。

- 资产负债表：“C”表示期初余额，“JC”表示借方期初余额，“DC”表示贷方期初余额，“Y”表示期末余额，“JY”表示借方期末余额，“DY”表示贷方期末余额。
- 利润表：“SY”表示损益表本期实际发生额，“SL”表示损益表本年实际发生额。

取数类型不设置，默认为“Y 期末余额”。

(3) 货币

取数函数中的第三个参数为货币，表示所取项目数据的币别。省略代表系统默认的币别。

(4) 年度

取数函数中的第四个参数为年度，表示取哪个会计年度的数据。若不选，则系统默认为当前年；若写入数值，则“0”代表本年，“-1”代表前一年，“-2”代表前两年，依此类推。

(5) 起始期间和结束期间

取数函数中的第五个和第六个参数分别为起始期间和结束期间，表示取某会计年度的某会计期间的数据。若不选，则系统默认为本期；若写入数值，则“0”代表本期，“1”代表第一期。

(6) 账套

取数函数中的第七个参数为账套，可以是账套号或账套名称，表示所取数据来自于哪个账套。缺省代表系统当前账套。

2. 求和取数函数

(1) 格式

SUM(number1,number2,…)

(2) 功能

计算单元格区域中所有数值的和。

(3) 参数说明

number1,number2,…为 1 到 30 个需要求和的参数。

求和取数函数中的参数类型为数值型，括号中所定义的参数可以是一个单元格，也可以是一个单元块以及数值公式。

如对单元格 A8 设置公式：SUM(A1,A2)，表示单元格 A8 的结果＝A1 单元的数据＋A2 单元的数据。

若为连续的单元格相加，可用“：”分隔。例如对单元格 A8 设置从 A1 加到 A7 的数据公式为：SUM(A1：A7)

常用的报表取数函数设置如表 4-1 所示。

表 4-1　常用的报表取数函数设置参考表

公式名称	报表取数函数
现金年初数	ACCT("1001","C", "",0,1,1)
现金期末数	ACCT("1001","Y", "",0,0,0)
货币资金年初数	ACCT("1001：1012","C", "",0,1,1)
货币资金期末数	ACCT("1001：1012","Y","",0,0,0)
应收账款—群光百货年初数	ACCT("1122｜客户｜01.01","C", "",0,1,1)
应收账款—群光百货期末数	ACCT("1122｜客户｜01.01","Y", "",0,0,0)
管理费用本期发生额	ACCT("6602","SY","",0,0,0)
管理费用本年累计数	ACCT("6602","SL", "",0,0,0)
合计栏	SUM(B2：B6)

四、报表管理系统实验

企业的会计报表分为内部报表和外部报表。对于需要对外报送的外部报表，如资产负债表、利润表，企业会计准则规定有统一的格式和指标体系；而内部报表属于供企业内部管理层使用的报表，它不要求统一格式，没有统一的指标体系。因此，在报表管理系统中，各报表软件系统都提供有符合各行业标准的报表模板供报表使用者选择，这样在编制外部报表时，使用者只需调用系统预置的报表模板，按照企业实际情况进行修改，即可生成会计报表模板；而由于各行业、各部门所需内部报表各有不同，各报表软件系统提供有自行设置报表格式、报表数据来源、报表取数函数的自定义方式，供报表使用者制作自己所需要的会计报表。

(一) 实验目的

掌握系统预置报表模板的生成及报表公式的修改操作并能制作简单的自定义报表。

(二) 实验内容

(1) 调用模板制作资产负债表、利润表。

(2) 制作自定义报表。

(三) 实验案例资料

(1) 根据第三章总账系统业务数据，调用报表模板制作资产负债表、利润表。

(2) 采用自定义方式制作表 4-2 并设置对应的报表取数函数生成报表数据。

(3) 以批量填充的方式制作表 4-3 并设置对应的报表取数函数生成报表数据。

表 4-2　简表

单位名称：湖北天盛工业有限公司　　　　单位：元

2017-1-31

项目＼金额	资产资料		损益资料	
	年初数	期末数	本期发生额	本年累计数
现金				
货币资金				
应收账款—群光百货				
管理费用				
合计				

单位负责人：　　　　会计主管：　　　　制表人：

表 4-3　货币资金表

单位名称：湖北天盛工业有限公司　　　　　　　　　　　　　　　　　　　单位：元

2017-1-31

项　目	期初余额	借方发生额	贷方发生额	期末余额
现金				
银行存款—建行				
银行存款—中行				
银行存款—工行				
其他货币资金				
合计				

单位负责人：　　　　　　　　　　会计主管：　　　　　　　　　　制表人：

(四) 实验步骤

1. 调用模板制作资产负债表

(1) 以“马大勇”的身份进入金蝶 K/3 创新管理平台，执行“财务会计”→“报表”→“新企业会计准则”命令，双击“新会计准则资产负债表”，弹出如图 4-4 所示的界面。

	A	B	C	D	E	F
1	资　　产	期末余额	年初余额	负债和所有者权益（或股东权益）	期末余额	年初余额
2	流动资产：			流动负债：		
3	货币资金	=ACCT("1001:1012","Y","",0	=ACCT("1001:1012","C","",0,1,1	短期借款	=ACCT("2001","Y","",0,	=ACCT("2001","C","",0,1,1
4	交易性金融资产	=ACCT("1101","Y","",0,0,0,	=ACCT("1101","C","",0,1,1,	交易性金融负债	=ACCT("2101","Y","",0,	=ACCT("2101","C","",0,1,1
5	应收票据	=ACCT("1121","Y","",0,0,0,	=ACCT("1121","C","",0,1,1,	应付票据	=ACCT("2201","Y","",0,	=ACCT("2201","C","",0,1,1
6	应收账款	=ACCT("1122","JY","",0,0,0	=ACCT("1122","JC","",0,1,1	应付账款	=ACCT("2202","DY","",0	=ACCT("2202","DC","",0,1,
7	预付款项	=ACCT("1123","JY","",0,0,0	=ACCT("1123","JC","",0,1,1	预收款项	=ACCT("2203","DY","",0	=ACCT("2203","DC","",0,1,
8	应收利息	=ACCT("1132","Y","",0,0,0,	=ACCT("1132","C","",0,1,1,	应付职工薪酬	=ACCT("2211","Y","",0,	=ACCT("2211","C","",0,1,1
9	应收股利	=ACCT("1131","Y","",0,0,0,	=ACCT("1131","C","",0,1,1,	应交税费	=ACCT("2221","Y","",0,	=ACCT("2221","C","",0,1,1
10	其他应收款	=ACCT("1221","Y","",0,0,0,	=ACCT("1221","C","",0,1,1,	应付利息	=ACCT("2231","Y","",0,	=ACCT("2231","C","",0,1,1
11	存货	=ACCT("1401:1408","Y","",0	=ACCT("1401:1408","C","",0	应付股利	=ACCT("2232","Y","",0,	=ACCT("2232","C","",0,1,1
12	一年内到期的非流动资产			其他应付款	=ACCT("2241","Y","",0,0,0	=ACCT("2241","C","",0,1,1,"")
13	其他流动资产			一年内到期的非流动负债		
14	流动资产合计	=SUM(B3:B13)	=SUM(C3:C13)	其他流动负债		
15	非流动资产：			流动负债合计	=SUM(E3:E14)	=SUM(F3:F14)
16	可供出售金融资产	=ACCT("1503","Y","",0,0,0,	=ACCT("1503","C","",0,1,1,	非流动负债：		
17	持有至到期投资	=ACCT("1501","Y","",0,0,0,	=ACCT("1501","C","",0,1,1,	长期借款	=ACCT("2501","Y","",0,	=ACCT("2501","C","",0,1,1
18	长期应收款	=ACCT("1531","Y","",0,0,0,	=ACCT("1531","C","",0,1,1,	应付债券	=ACCT("2502","Y","",0,	=ACCT("2502","C","",0,1,1
19	长期股权投资	=ACCT("1511","Y","",0,0,0,	=ACCT("1511","C","",0,1,1,	长期应付款	=ACCT("2701","Y","",0,	=ACCT("2701","C","",0,1,1
20	投资性房地产	=ACCT("1521","Y","",0,0,0,	=ACCT("1521","C","",0,1,1,	专项应付款	=ACCT("2711","Y","",0,	=ACCT("2711","C","",0,1,1
21	固定资产	=ACCT("1601","Y","",0,0,0,	=ACCT("1601","C","",0,1,1,	预计负债	=ACCT("2801","Y","",0,0,0	=ACCT("2801","C","",0,1,1,"")
22	在建工程	=ACCT("1604","Y","",0,0,0,	=ACCT("1604","C","",0,1,1,"")	递延所得税负债	=ACCT("2901","Y","",0,	=ACCT("2901","C","",0,1,1
23	工程物资	=ACCT("1605","Y","",0,0,0,	=ACCT("1605","C","",0,1,1,	其他非流动负债		
24	固定资产清理	=ACCT("1606","Y","",0,0,0,	=ACCT("1606","C","",0,1,1,	非流动负债合计	=SUM(E17:E23)	=SUM(F17:F23)
25	生产性生物资产			负债合计	=E15+E24	=F15+F24
26	油气资产			所有者权益（或股东权益）：		
27	无形资产	=ACCT("1701","Y","",0,0,0,	=ACCT("1701","C","",0,"1",	实收资本（或股本）	=ACCT("4001","Y","",0,	=ACCT("4001","C","",0,1,1
28	开发支出	=ACCT("5301","Y","",0,"0",	=ACCT("5301","C","",0,"1",	资本公积	=ACCT("4002","Y","",0,	=ACCT("4002","C","",0,1,1
29	商誉	=ACCT("1711","Y","",0,0,0,	=ACCT("1711","C","",0,1,1,	减：库存股	=ACCT("4201","Y","",0,	=ACCT("4201","C","",0,1,1
30	长摊待摊费用	=ACCT("1801","Y","",0,0,0,	=ACCT("1801","C","",0,1,1,	盈余公积	=ACCT("4101","Y","",0,	=ACCT("4101","C","",0,1,1
31	递延所得税资产	=ACCT("1811","Y","",0,0,0,	=ACCT("1811","C","",0,1,1,	未分配利润	=ACCT("4104","Y","",0,	=ACCT("4104","C","",0,1,1
32	其他非流动资产			所有者权益（或股东权益）合计	=SUM(E27:E28)-E29+SUM(	=SUM(F27:F28)-F29+SUM(F30
33	非流动资产合计	=SUM(B16:B32)	=SUM(C16:C32)			
34	资产总计	=B14+B33	=C14+C33	负债和所有者权益（或股东权益）总计	=E25+E32	=F25+F32

图 4-4　新会计准则资产负债表模板

(2) 更改“应收账款”“存货”科目的期初、期末余额取数公式。

- 更改“应收账款”科目期末余额取数公式。

① 新会计准则资产负债表中的“应收账款”科目没有扣除“坏账准备”金额。单击 B6 单元格，在编辑栏中输入减号“-”，执行“插入”→“函数”命令，弹出对话框如图 4-5 所示，单击“确定”按钮。

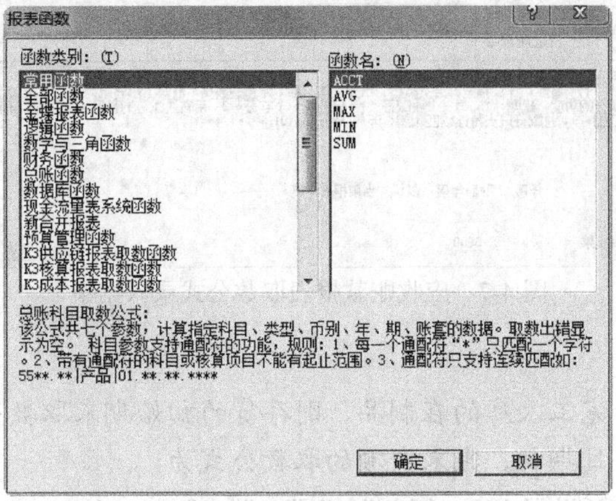

图 4-5　报表函数插入

② 增加“坏账准备”科目金额的方法有如下两种。

第一种：直接输入法。在图 4-6 所示的“科目”栏中输入坏账准备的科目代码为“1231”，“取数类型”栏中输入“DY(贷方期末余额)”，其他默认，然后单击“确定”按钮。

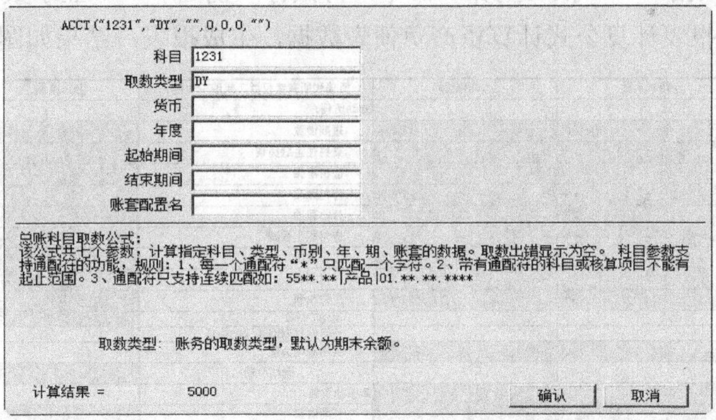

图 4-6　坏账准备报表取数公式直接录入结果

第二种：采用快捷键 F7 选取法。将光标放置在“科目”右边方框中，按 F7 键，在弹出的界面中单击下拉列表，在会计科目表中，选择“坏账准备”选项，然后单击“确定”按钮。

再将光标放置在“取数类型”右边方框中，按 F7 键，双击“DY 贷方期末余额”选项，单击“确认”按钮。

● 更改“应收账款”科目期初余额取数公式。

方法与更改期末余额取数公式类似，这里不再赘述。但注意：在公式编辑器中，“取数类型”为“DC 贷方期初余额”，“起始期间”和“结束期间”均输入“1”，如图 4-7 所示。

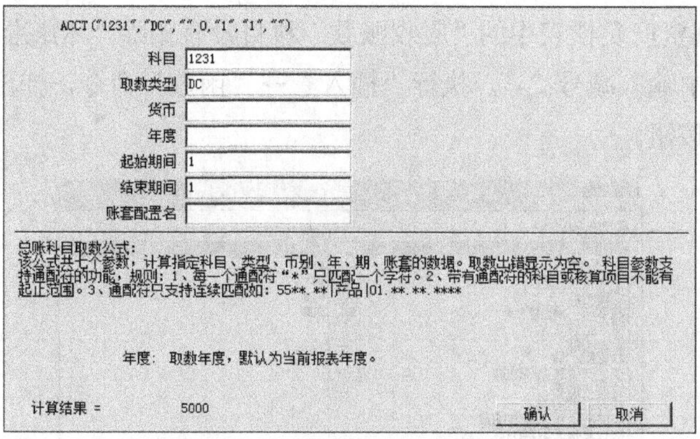

图 4-7 应收账款报表取数公式录入结果

注意：

如果企业有未生产完工入库的在制品，则存货的初始期末取数公式中应包含"生产成本"，此时，"存货"科目期初、期末余额的取数公式为：

存货年初余额＝ACCT("1401: 1408", "C", "", 0, 1, 1) − ACCT("1471", "C", "", 0,1,1)＋ACCT("5001", "C", "", 0, 1, 1)

存货期末余额＝ACCT("1401: 1408", "Y", “"", 0, 0, 0)−ACCT("1471", "Y", "", 0, 0, 0)＋ ACCT("5001", "Y", "", 0, 1, 1)

(3) 执行"数据"→"报表重算"命令，再执行"视图"→"显示数据"命令，系统自动按照设置的报表计算公式计算资产负债表数据，生成报表，结果如图 4-8 所示。

资　　产	期末余额	年初余额	负债和所有者权益（或股东权益）	期末余额	年初余额
流动资产：			流动负债：		
货币资金	2201000	1912000	短期借款	180000	180000
交易性金融资产	0	0	交易性金融负债	0	0
应收票据	0	0	应付票据	0	0
应收账款	275000	275000	应付账款	400000	400000
预付款项	2200	0	预收款项	0	0
应收利息	0	0	应付职工薪酬	0	0
应收股利	0	0	应交税费	-6800	0
其他应收款	0	2000	应付利息	450	0
存货	599600	544600	应付股利	0	0
一年内到期的非流动资产			其他应付款	0	0
其他流动资产			一年内到期的非流动负债		
流动资产合计	3077800	2733600	其他流动负债		
非流动资产：			流动负债合计	573650	580000
可供出售金融资产	0	0	非流动负债：		
持有至到期投资	0	0	长期借款	0	0
长期应收款	0	0	应付债券	0	0
长期股权投资	0	0	长期应付款	0	0
投资性房地产	0	0	专项应付款	0	0
固定资产	1100000	1100000	预计负债	0	0
在建工程	0	0	递延所得税负债	0	0
工程物资	0	0	其他非流动负债		
固定资产清理	0	0	非流动负债合计	0	0
生产性生物资产			负债合计	573650	580000
油气资产			所有者权益（或股东权益）：		
无形资产	0	0	实收资本（或股本）	3230000	2901000
开发支出	0	0	资本公积	200	0
商誉	0	0	减：库存股	0	0
长摊待摊费用	2400	2400	盈余公积	0	0
递延所得税资产	0	0	未分配利润	376350	355000
其他非流动资产			所有者权益（或股东权益）合计	3606550	3256000
非流动资产合计	1102400	1102400			
资产总计	4180200	3836000	负债和所有者权益（或股东权益）总计	4180200	3836000

图 4-8 报表重算结果

注意：

本报表数据是依据总账管理系统业务数据自动生成的，未考虑固定资产管理系统、工资管理系统、应收应付管理系统业务的影响。因此，读者依次做完这几个系统实验后，先将固定资产管理系统、工资管理系统生成的制造费用分配到产品成本中去，最后再生成一次资产负债表和利润表，此时的报表数据是本案例完整的经济业务所做出来的结果，读者也可以将之与之前所生成的报表进行比较。

2. 调用模板制作利润表

(1) 以“马大勇”的身份进入金蝶 K/3 创新管理平台，执行“财务会计”→“报表”→“新企业会计准则”命令，双击“新会计准则利润表”，弹出如图 4-9 所示的界面。

	A	B	C
1	项目	本期金额	上期金额
2	一、营业收入	=ACCT("6001","SY","",0,0,0,"")+AC	
3	减：营业成本	=ACCT("6401","SY","",0,0,0,"")+AC	
4	营业税金及附加	=ACCT("6405","SY","",0,0,0,"")	
5	销售费用	=ACCT("6601","SY","",0,0,0,"")	
6	管理费用	=ACCT("6602","SY","",0,0,0,"")	
7	财务费用	=ACCT("6603","SY","",0,0,0,"")	
8	资产减值损失	=ACCT("6701","SY","",0,0,0,"")	
9	加：公允价值变动收益（损失以“-”号填列）	=ACCT("6101","SY","",0,0,0,"")	
10	投资收益（损失以“-”号填列）	=ACCT("6111","SY","",0,0,0,"")	
11	其中：对联营企业和合营企业的投资收益		
12	二、营业利润（亏损以“-”号填列）	=B2-SUM(B3:B8)+B9+B10	=C2-SUM(C3:C8)+C9+C10
13	加：营业外收入	=ACCT("6301","SY","",0,0,0,"")	
14	减：营业外支出	=ACCT("6711","SY","",0,0,0,"")	
15	其中：非流动资产处置损失		
16	三、利润总额（亏损总额以“-”号填列）	=B12+B13-B14	=C12+C13-C14
17	减：所得税费用	=ACCT("6801","SY","",0,0,0,"")	
18	四、净利润（净亏损以“-”号填列）	=B16-B17	=C16-C17
19	五、每股收益：		
20	（一）基本每股收益		
21	（二）稀释每股收益		

图 4-9　新企业会计准则利润表模板

(2) 更改营业税金及附加科目本期金额取数公式。营业税金及附加本期金额＝ACCT("6403","SY","",0,0,0,"")，表格中“营业税金及附加”科目代码是“6405”，与前面的会计科目表科目代码不一致，应更改为“6403”。更改方法可采用前面资产负债表中公式的更改方法，也可以直接单击 B4 单元格，在编辑栏中直接将“6405”改成“6403”，然后单击“√”按钮，如图 4-10 所示。

(3) 执行“数据”→“报表重算”命令，再执行“视图”→“显示数据”命令，系统自动按照设置的报表计算公式计算利润表数据，生成报表，结果如图 4-11 所示。

注意：

本报表数据是依据总账管理系统数据自动生成的，未考虑固定资产和工资管理系统业务的影响。由于固定资产和工资管理系统业务生成的凭证会自动传递到总账系统，因此在固定资产和工资管理系统业务完成之后，应将两个系统生成的费用凭证进行审核、过账、结转损益，最后再一次生成报表，此时的报表数据是本案例完整业务的报表数据。

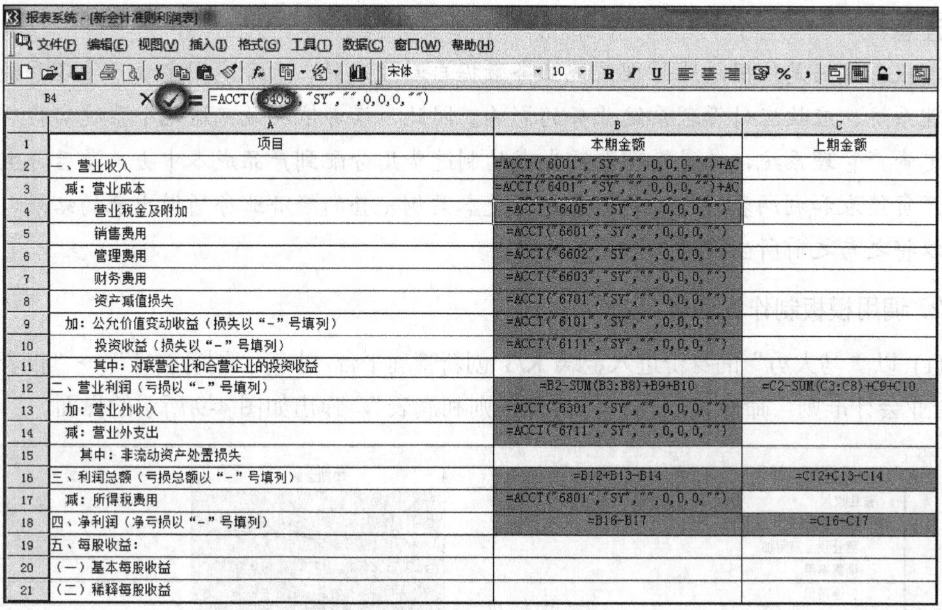

	A	B	C
1	项目	本期金额	上期金额
2	一、营业收入	=ACCT("6001","SY","",0,0,0,"")+AC	
3	减：营业成本	=ACCT("6401","SY","",0,0,0,"")+AC	
4	营业税金及附加	=ACCT("6405","SY","",0,0,0,"")	
5	销售费用	=ACCT("6601","SY","",0,0,0,"")	
6	管理费用	=ACCT("6602","SY","",0,0,0,"")	
7	财务费用	=ACCT("6603","SY","",0,0,0,"")	
8	资产减值损失	=ACCT("6701","SY","",0,0,0,"")	
9	加：公允价值变动收益（损失以"-"号填列）	=ACCT("6101","SY","",0,0,0,"")	
10	投资收益（损失以"-"号填列）	=ACCT("6111","SY","",0,0,0,"")	
11	其中：对联营企业和合营企业的投资收益		
12	二、营业利润（亏损以"-"号填列）	=B2-SUM(B3:B8)+B9+B10	=C2-SUM(C3:C8)+C9+C10
13	加：营业外收入	=ACCT("6301","SY","",0,0,0,"")	
14	减：营业外支出	=ACCT("6711","SY","",0,0,0,"")	
15	其中：非流动资产处置损失		
16	三、利润总额（亏损总额以"-"号填列）	=B12+B13-B14	=C12+C13-C14
17	减：所得税费用	=ACCT("6801","SY","",0,0,0,"")	
18	四、净利润（净亏损以"-"号填列）	=B16-B17	=C16-C17
19	五、每股收益：		
20	（一）基本每股收益		
21	（二）稀释每股收益		

图 4-10 营业税金及附加报表取数公式设置

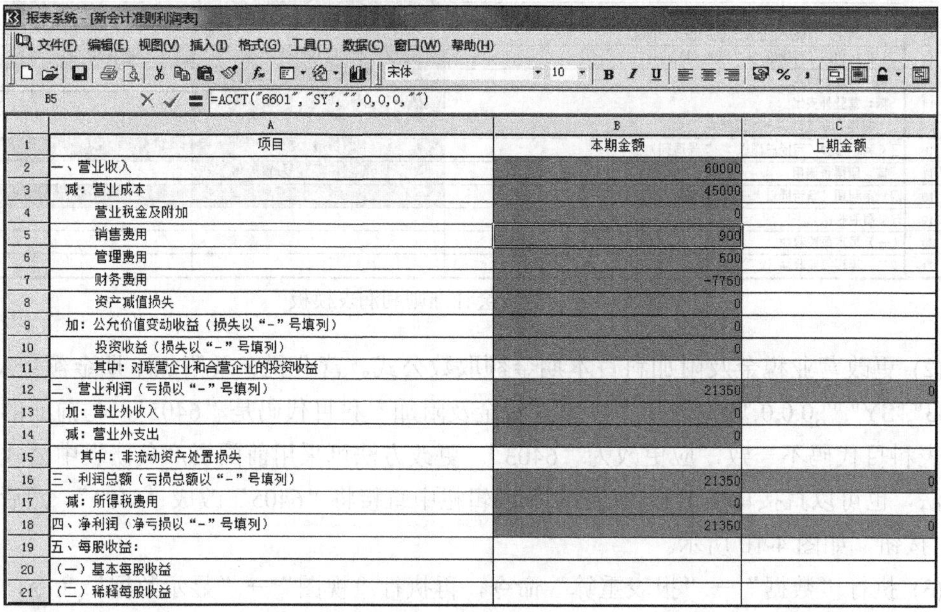

	A	B	C
1	项目	本期金额	上期金额
2	一、营业收入	60000	
3	减：营业成本	45000	
4	营业税金及附加	0	
5	销售费用	900	
6	管理费用	500	
7	财务费用	-7750	
8	资产减值损失	0	
9	加：公允价值变动收益（损失以"-"号填列）	0	
10	投资收益（损失以"-"号填列）	0	
11	其中：对联营企业和合营企业的投资收益		
12	二、营业利润（亏损以"-"号填列）	21350	0
13	加：营业外收入	0	
14	减：营业外支出	0	
15	其中：非流动资产处置损失		
16	三、利润总额（亏损总额以"-"号填列）	21350	0
17	减：所得税费用	0	
18	四、净利润（净亏损以"-"号填列）	21350	0
19	五、每股收益：		
20	（一）基本每股收益		
21	（二）稀释每股收益		

图 4-11 报表重算结果

3. 制作自定义报表

(1) 以"马大勇"的身份进入金蝶 K/3 创新管理平台，执行"财务会计"→"报表"→"新建报表"命令，在"新建报表"对话框中双击"新建报表文件"选项，弹出如图 4-12 所示的自定义报表界面。

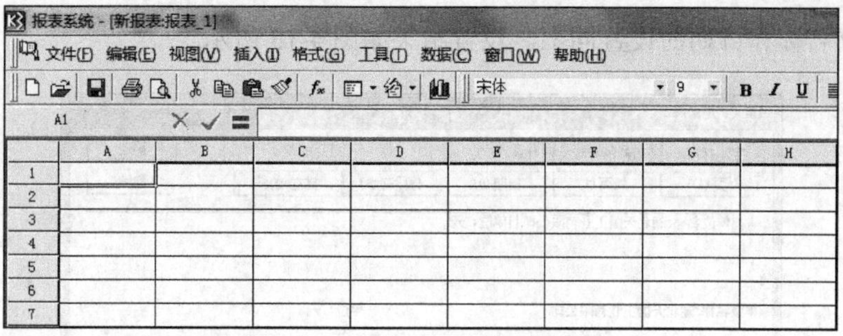

图 4-12　自定义报表界面

(2) 设置报表格式。

- 设置尺寸。

执行“格式”→“表属性”命令，打开“报表属性”对话框，如图 4-13 所示，输入“总行数”为 7，“总列数”为 5。

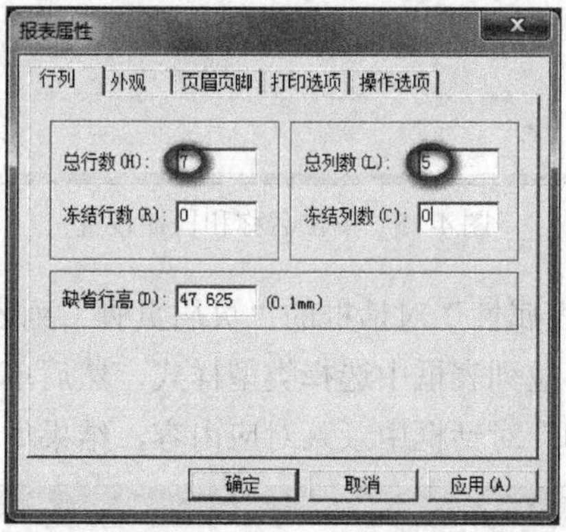

图 4-13　报表尺寸设置

- 设置页眉页脚。

① 设置报表名称：在对话框中，选择“页眉页脚”标签，在标签页的“页眉页脚”下拉框中选择“报表名称”选项，然后单击“编辑页眉页脚”按钮，在弹出的“自定义页眉页脚”对话框中直接录入报表名称，如图 4-14 所示。

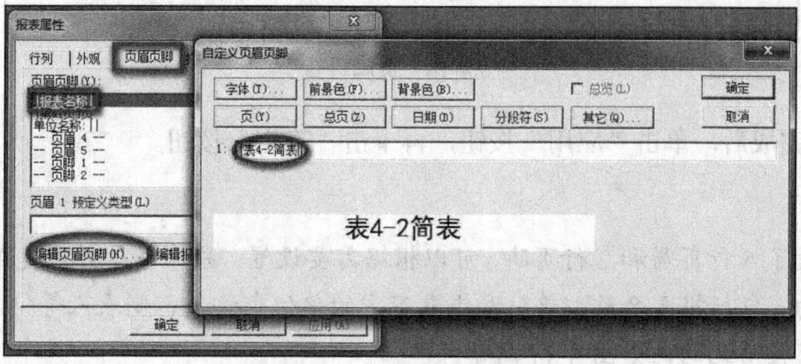

图 4-14　报表名称设置

② 单位名称和日期的设置同上。设置结果如图 4-15 所示。

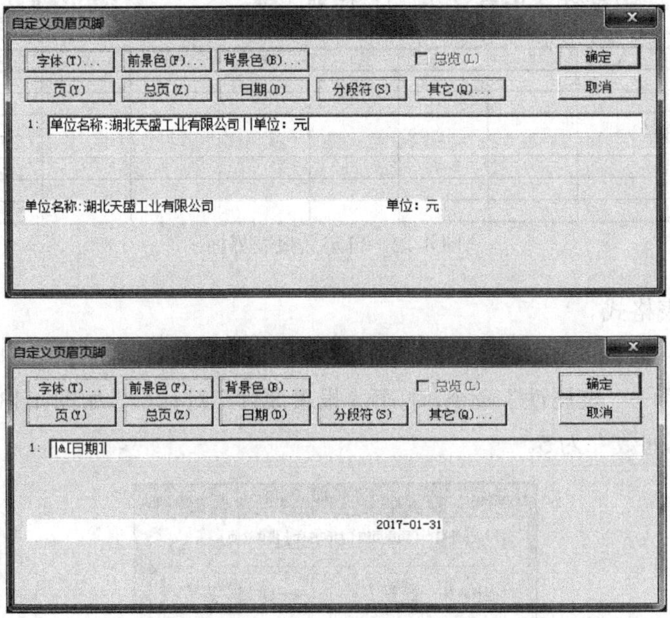

图 4-15　单位名称和日期设置

③ 编辑页脚。在“报表属性”对话框的“页眉页脚”列表框中选择“页脚 1”选项，在“页脚 1 预定义类型”下拉列表框中选择类型样式，然后单击“编辑页眉页脚”按钮，在弹出的“自定义页眉页脚”对话框中录入对应内容，结果如图 4-16 所示。

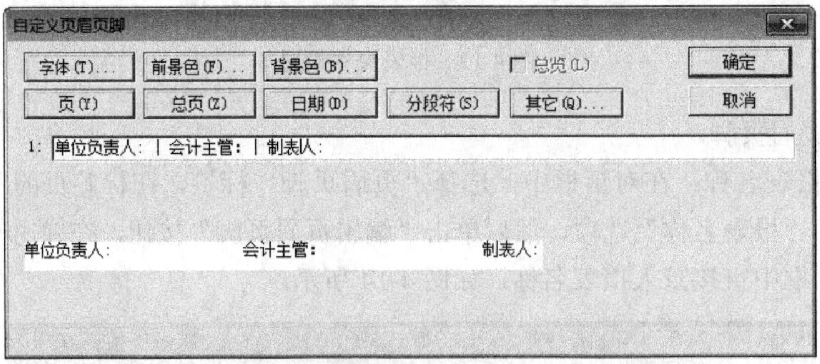

图 4-16　页脚设置

④ 设置完成后，单击“应用”按钮，再单击“确定”按钮。

说明：

系统预设了 5 行页眉和 2 行页脚，可以根据需要设置。另外页眉页脚是在“打印预览”中才会显示的，包括报表名称、单位和报表下方的单位负责人、制表人等信息，在报表主体处是无法直接看到的，如图 4-17 所示。

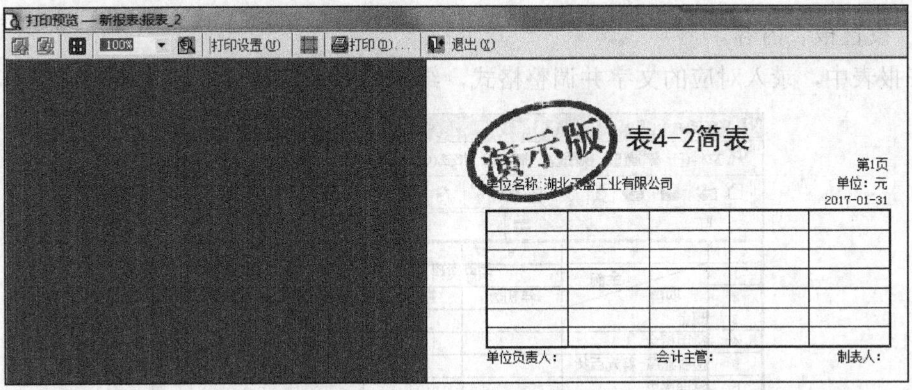

图 4-17　自定义报表打印预览

- 单元融合设置。

在表格中，选中 A1、A2 单元格，执行"格式"→"单元融合"命令。同理，合并单元格 B1、C1，D1、E1，结果如图 4-18 所示。

图 4-18　单元融合

- 定义斜线单元格。

选择需要定义斜线的单元格，执行"格式"→"定义斜线"→"单元斜线"命令，在打开的对话框中，选择"内容排列"为"斜排"，"名称 1"为"项目"，"名称 3"为"金额"，如图 4-19 所示。设置完成后，单击"确定"按钮。

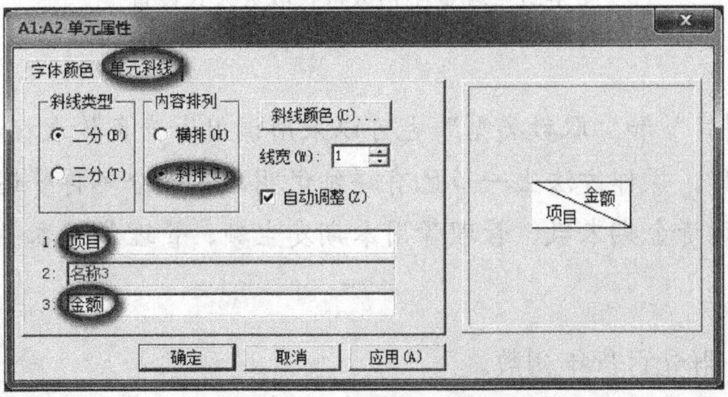

图 4-19　定义斜线单元格

- 设置报表内容。

在报表中，录入对应的文字并调整格式，结果如图 4-20 所示。

图 4-20　设置报表内容

- 定义报表取数公式。

① 现金年初数。

选择 B3 单元格，执行“插入”→“函数”命令，在弹出的对话框中选择常用函数“ACCT”，然后单击“确定”按钮，系统自动弹出报表取数公式定义图，如图 4-22 所示。在“科目”栏中输入现金的科目代码为“1001”，“取数类型”栏中输入“C(期初余额)”，“起始时间”和“结束期间”输入“1”，其他默认，然后单击“确定”按钮，如图 4-21 所示。

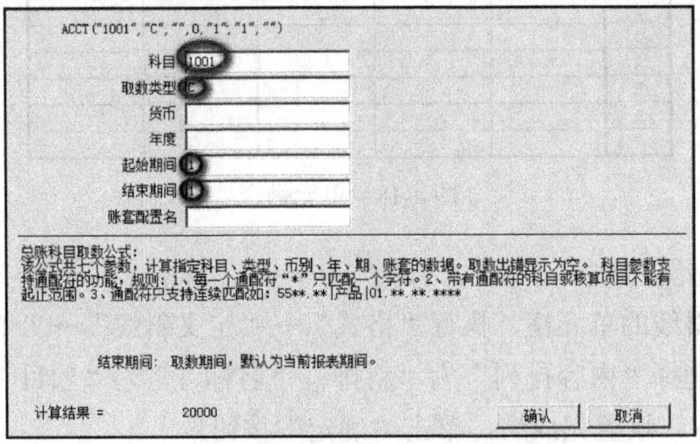

图 4-21　现金年初数报表取数公式设置

说明：

图 4-21 中“科目”和“取数类型”也可以采用调用资产负债表模板部分的“F7 快捷键取数法”进行操作。操作方法上一节已有详细说明，本部分不再赘述。现金期末数、货币资金年初数、货币资金期末数、管理费用本期发生额、管理费用本年累计数科目金额取数方法同前。

② 应收账款—群光百货年初数。

选择 B5 单元格，执行“插入”→“函数”→“确定”命令，在弹出的对话框中，将光标放置在“科目”栏中，按 F7 键，在科目代码下拉菜单中选择“应收账款”，单击“确定”按钮，如图 4-22 所示。

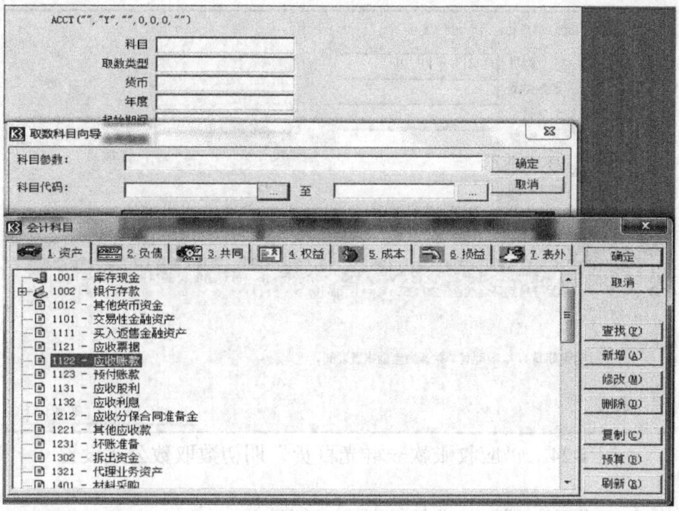

图 4-22 “应收账款—群光百货”科目设置

选择“核算项目”中的“核算类别”为“客户”，单击“核算代码”下拉菜单，在弹出的“核算项目—客户”对话框中，在“包含文字”栏录入代码“01.01”或者“群光百货”，单击“搜索”按钮，如图 4-23 所示。

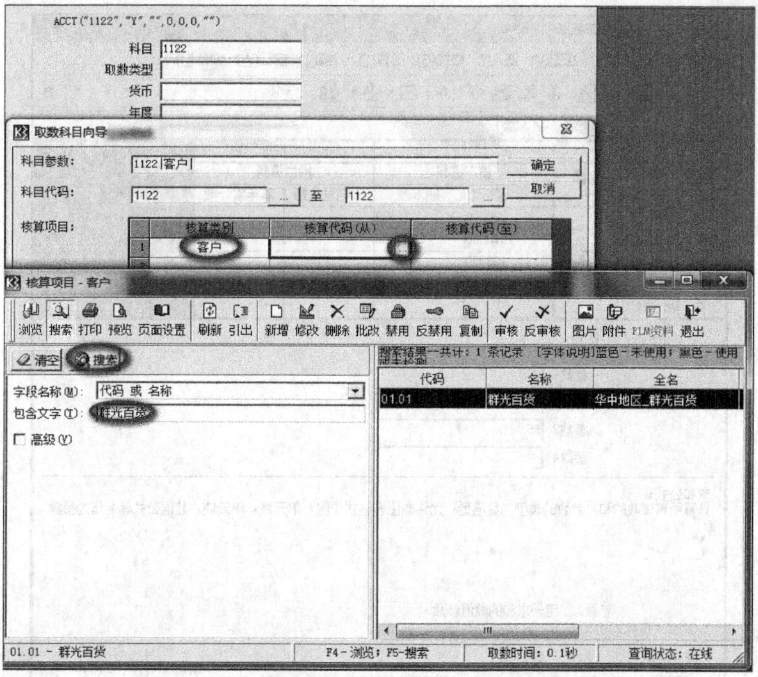

图 4-23 “应收账款—群光百货”核算项目设置

双击搜索结果栏，在弹出的期初数取数公式设置界面中录入科目，“取数类型”选择“C”，起始和结束期间为“1”，如图 4-24 所示。

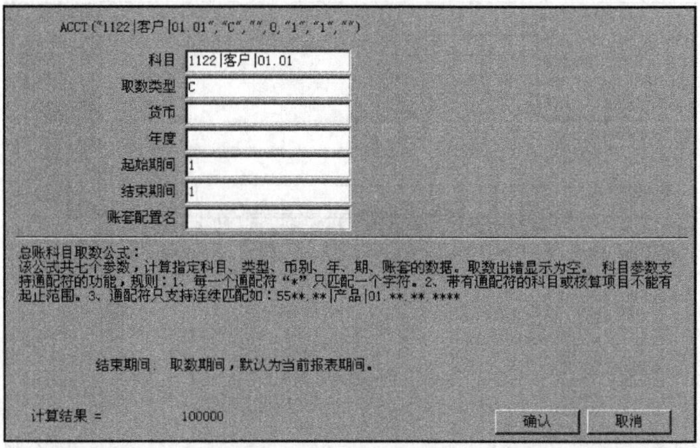

图 4-24　“应收账款—群光百货”期初数取数公式设置

应收账款—群光百货期末数公式的定义方法同上。

③ 合计栏。

选择 B7 单元格，执行“插入”→“函数”命令，在弹出的对话框中选择“函数名”为“SUM”，单击“确定”按钮。在弹出的对话框中，选择需要计算合计数的参数，如图 4-25 所示。选择完成后，单击“确定”按钮。采用相同的方法定义 C7、D7、E7 单元格的合计栏。

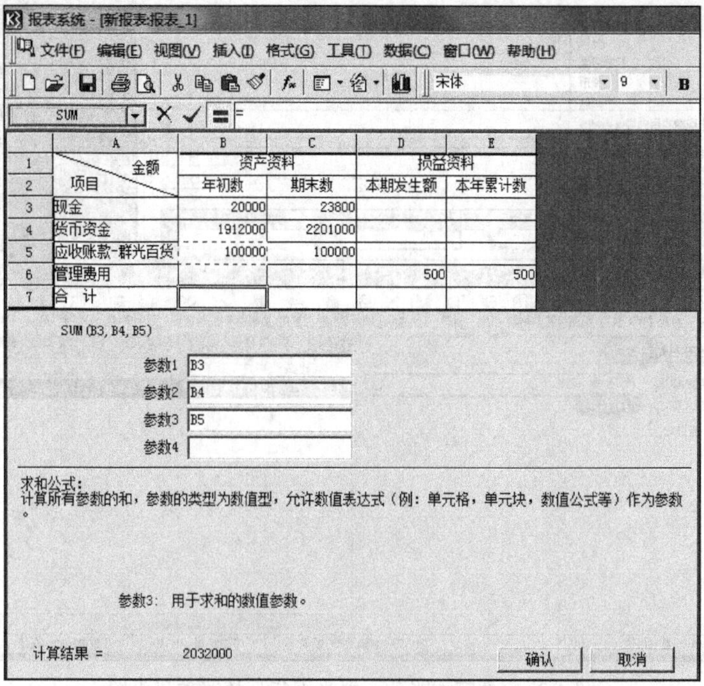

图 4-25　合计栏取数公式设置

● 生成报表。

生成报表后结果如图 4-26 所示。

	A	B	C	D	E
1	金额	资产资料		损益资料	
2	项目	年初数	期末数	本期发生额	本年累计数
3	现金	20000	23800		
4	货币资金	1912000	2201000		
5	应收账款-群光百货	100000	100000		
6	管理费用			500	500
7	合　计	2032000	2324800	500	500

图 4-26　生成自定义报表

4. 以批量填充的方式制作自定义报表

(1) 以“马大勇”的身份进入金蝶 K/3 创新管理平台，执行“财务会计”→“报表”→“新建报表”命令，在“新建报表”对话框中，双击“新建报表文件”选项。

(2) 设置报表页眉页脚。设置方法同前面自定义报表。

(3) 执行“工具”→“批量填充”命令，弹出“批量填充”对话框。

(4) 在“批量填充”对话框中选择函数类别、设置科目，如图 4-27 所示。

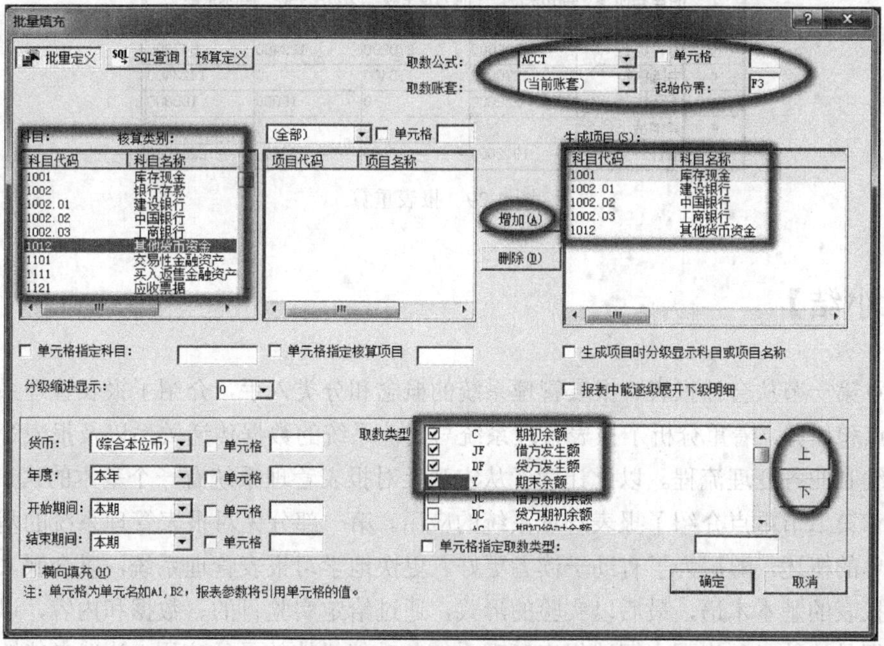

图 4-27　函数类别和科目设置

(5) 单击“确定”按钮，系统弹出界面如图 4-28 所示。

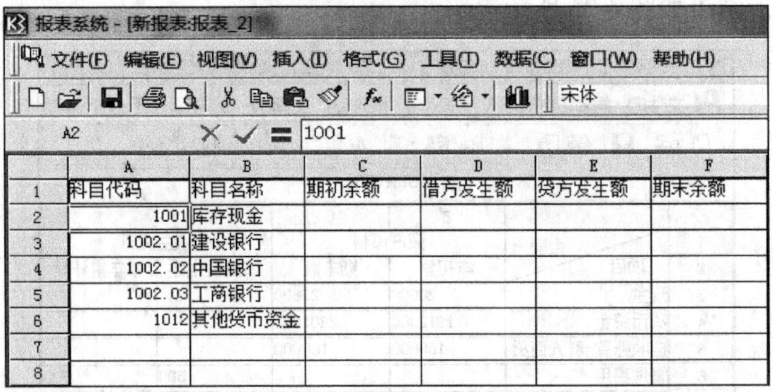

	A	B	C	D	E	F
1	科目代码	科目名称	期初余额	借方发生额	贷方发生额	期末余额
2	1001	库存现金				
3	1002.01	建设银行				
4	1002.02	中国银行				
5	1002.03	工商银行				
6	1012	其他货币资金				
7						
8						

图 4-28　批量填充设置结果图

(6) 录入合计栏文字，定义合计栏取数公式。方法同自定义报表。

(7) 删除“科目代码”列，执行“数据”→“报表重算”命令，生成报表，结果如图 4-29 所示。

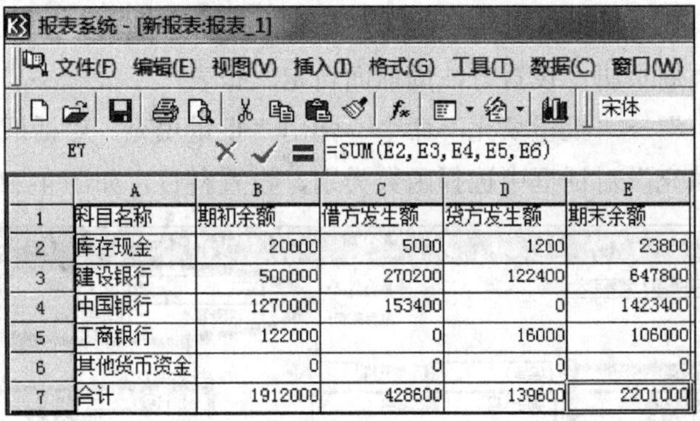

	A	B	C	D	E
1	科目名称	期初余额	借方发生额	贷方发生额	期末余额
2	库存现金	20000	5000	1200	23800
3	建设银行	500000	270200	122400	647800
4	中国银行	1270000	153400	0	1423400
5	工商银行	122000	0	16000	106000
6	其他货币资金	0	0	0	0
7	合计	1912000	428600	139600	2201000

图 4-29　报表重算

【本章小结】

本章第一节从会计报表、报表管理系统的概念和分类入手，介绍了报表管理系统的目标、特点和任务，着重分析了报表管理系统与其他系统的数据传递关系以及报表管理系统的报表编制业务处理流程。以此让读者从宏观上对报表管理系统有一个基本的认识。

本章第二节重点介绍了报表管理系统的应用。第一部分先对报表管理系统的基本功能做了简单的概述，随后为了有助于读者更好、更快地学习报表管理系统，以金蝶 K/3 为例介绍了报表的基本术语，最后以实验的形式，通过给定实验目的、数据和内容，以图文的方式介绍具体的实验步骤来阐述报表管理系统各功能模块的具体应用，让读者能够熟练掌握报表管理系统的基本操作方法。

【关键名词】

会计报表　报表管理系统　表属性　单元格　报表计算公式

函数　报表模板　自定义报表　批量填充

【思考题】

1. 报表管理系统有什么特点？它的任务是什么？功能有哪些？
2. 简述报表管理系统的业务处理流程。
3. 报表管理系统与其他系统具有怎样的数据传递关系？
4. 什么是报表计算公式？什么是函数？其类别有哪些？
5. 简述账务取数函数的基本格式以及各参数代表的含义。
6. 表属性包括的内容有哪些？

【练习题】

一、单项选择题

1. 报表按其设置和处理方式大体可以分为(　　)两类。

A. 预置报表和对外报表　　B. 对内报表和自定义报表

C. 预置报表和自定义报表　　D. 对内报表和对外报表

2. 趋势分析法和结构分析法的本质都是(　　)。

A. 比率分析法　B. 比较分析法　C. 趋势分析法　D. 结构分析法

3. 会计报表上的数据如出现错误，应(　　)报表数据。

A. 直接修改　B. 间接修改　C. 随意修改　D. 禁止修改

4. 会计报表系统中，无论是一次性定义一张完整的空表格式，还是分表头、表体、表尾三部分定义，最好采用(　　)。

A. 行编辑　B. 列编辑　C. 全屏幕编辑　D. 固定填列

5. 下列设置内容中属于报表表样格式的是(　　)。

A. 字体字号　B. 边框样式　C. 行高列宽　D. 数据颜色

6. 自定义报表设置中，(　　)是属于报表使用必须进行的内容。

A. 报表审核　B. 报表公式设置　C. 报表重算　D. 报表打印

7. 自定义报表的名称可以在(　　)功能中修改。

A. 单元属性　B. 报表属性　C. 另存为　D. 不能修改

8. 公式取数参数中，年度输入“0”，表示(　　)。

A. 2000 年　　B. 2002 年

C. 计算机默认年度　　D. 当前账套默认启用年度

9. 若要定义整张报表的行数、列数，可在(　　)设置。

A. 页面设置中　　B. 行、列属性中　　C. 单元属性中　　D. 表属性中

10. 报表重算的快捷键是(　　)。

A. F9　　B. F10　　C. F11　　D. F7

二、多项选择题

1. 下列有关预置报表的叙述，正确的是(　　)。

A. 预置报表由软件预先在程序中设置好具体报表的格式和计算公式

B. 使用时系统按规定的途径取得数据并输出由系统设定格式的报表

C. 预置报表使用较方便，适用于格式和数据来源都固定的报表

D. 由于修改不方便，所以会计软件几乎不提供预置报表

2. 下列各项中，属于报表格式设置的具体内容的有(　　)。

A. 单元属性　　B. 组合单元　　C. 报表行高列宽　　D. 报表尺寸

3. 新建自定义报表时，可以通过“属性”菜单中的“报表属性”进行设置的是(　　)。

A. 页眉页脚　　B. 表的行列数　　C. 取数公式　　D. 报表名称

4. 系统中的报表分析功能提供的分析方法有(　　)。

A. 结构分析　　B. 比较分析　　C. 趋势分析　　D. 因素分析

5. 按照会计报表的编制会计期间划分，会计报表可分为(　　)。

A. 日报　　B. 月报　　C. 季报　　D. 年报

6. 目前的报表管理系统主要有(　　)。

A. 专用会计报表系统　　B. word 报表系统

C. 通用财经电子报表系统　　D. 通用会计报表系统

7. 常用的报表计算公式可分为(　　)。

A. 审核公式　　B. 取数公式　　C. 计算公式　　D. 图形公式

8. 报表处理系统中报表的输出方式有(　　)。

A. 屏幕显示输出　　B. 打印输出　　C. 磁盘输出　　D. 网络传输

三、判断题

1. 报表模块的数据源主要来自于账务处理模块。(　　)

2. 报表管理系统提供的报表模板，其中的公式是系统自带的，只能使用，不能修改。(　　)

3. 在自定义报表中，所有的单元格都可以统一设置字体。(　　)

4. 报表管理系统中，如果报表的单元格数据为零，则必须显示。(　　)

5. 报表管理系统能进行多账套管理，可以实现跨账套取数。 （ ）

四、业务分析题

1. 以“马大勇”的身份进入系统，执行“财务会计”→“报表”→“新企业会计准则”命令，双击“新会计准则资产负债表”选项，调用资产负债表模板后，执行“数据”→“报表重算”命令，再执行“视图”→“显示数据”命令，调出资产负债表数据，生成报表，结果资产负债表不平衡，可能的原因有哪些？

2. 在采用自定义报表制作报表时，设置报表取数公式：

应收账款—群光百货年初数：ACCT("1122｜客户｜01.01","C","",0,1,1)

执行“插入”→“函数”→“确定”命令，在弹出的对话框中，将光标放置在“科目”栏中，执行“F7”快捷键，在科目代码下拉菜单中并未出现“应收账款—群光百货”，选择“应收账款”科目栏，只显示“1122”，该如何操作才能让科目栏显示为“1122｜客户｜01.01”？

第五章

工资管理系统原理及应用

【学习目标】

通过本章学习，要求了解工资管理系统的目标、任务和特点；明确工资管理系统与其他系统之间的数据传递关系；熟悉工资管理系统的业务处理流程；学会工资管理系统的初始设置；熟悉工资项目和计算公式；掌握工资数据计算，工资分配与计提；掌握凭证的生成和期末处理等基本操作。

第一节　工资管理系统基本原理

工资管理系统是会计信息系统的重要组成部分，主要用于收集、记录和存储本单位人员的工资数据并进行工资结算(按工资计算方法不同分为计时和计件两种不同的结算方式)和费用分配，以自动实现工资核算处理，生成工资发放表等各种工资报表并进行相应分析。工资管理系统适用于各类企业、行政事业单位进行工资核算、工资发放、工资费用分摊、工资统计分析和个人所得税核算等。

一、工资管理系统的目标

工资是企业按劳动制度的规定支付给职工的报酬，包括基本工资、奖金、津贴、补贴、职工福利费和各种保险费等。职工工资是企业中的人工耗费，是构成产品成本的重要要素，正确核算和管理职工工资可以有效地控制成本中的人工费用。手工进行职工工资的核算，财务人员需要投入大量的时间和精力，并且容易出现错误，借助会计信息化平台，可以有效地提高职工工资核算的准确性和及时性。

因此工资管理系统的目标是及时准确地计算职工工资，正确反映和监督企业与职工的工资结算情况，正确计算成本和损益，全面提供企业工资费用信息，为企业的人力资源管理制定有效的激励政策提供支持，为企业管理信息系统和决策支持系统提供有效的数据支持。

二、工资管理系统的任务

在知识经济时代，企业如何设计科学合理的薪资福利，吸引并留住企业发展所需要的人才是企业长远发展战略的一项关键工作，而工资管理首先就是制定适应本企业特点的薪资福利政策并根据政策制定员工工资体系、工资标准，完成工资的核算和日常管理。

工资管理系统是企业工资管理的有力工具，其任务包括如下几项。

(一) 工资结算

根据企业工资制度以及各部门提供的职工考勤情况、劳动时间、产量与质量报告等数据信息，及时、准确地计算职工的工资，包括职工应发工资、实发工资、个人所得税、各种代扣款。

(二) 工资费用分配

根据职工的工作部门和工作性质汇总与分配工资费用并生成相应的记账凭证，为成本核算与总账系统提供依据。

(三) 职工工资数据管理

及时处理职工调入、调出、内部调动及工资调整数据。

(四) 工资报表输出

根据管理需要生成各类工资报表。

三、工资管理系统的特点

职工工资的核算与管理是财会部门的基本业务之一，工资管理系统与其他系统相比有以下特点。

(一) 工资管理涉及面广、政策性强

工资管理涉及单位中很多部门和每一位职工。如单位内部涉及人事管理部门、职工所在部门等。此外，代发工资时还涉及银行部门；缴纳个人所得税时涉及税务部门；缴纳住房公积金时涉及房屋管理部门，等等。

工资计算的正确与否关系到职工的切身利益。各种奖金、补贴、津贴以及扣款等要严格按照国家规定或单位制度规定进行计算，政策性要求高。

(二) 工资项目构成繁多，原始数据来源分散

我国大多数企业职工工资项目较多，不仅包括基本工资，还包括奖励工资、职务工资、各种补贴、各种社会保险和各种扣款等。计算职工工资的原始数据不仅来源于人事管理部门，还有一部分原始数据来源于其他部门，例如计件工资的产量数据来源于生产部门。为了保证财务部门及时取得相应的数据，财务部门必须加强与各部门的沟通，同时建立完善的数据采集管理制度。

(三) 工资的计算重复性大、规律性强

在职工工资项目中，有些数据每个月基本不变，也有些数据可能每个月不同。计算职工工资时，需要调整每一位职工有关变动的数据，所以职工工资的计算每个月重复性大，但有一定的规律。

(四) 工资处理的及时性、准确性要求高

职工工资的发放时间性要求很强，企业必须按照规定的时间计算和发放职工工资并且要保证职工工资的计算准确无误。

四、工资管理系统的业务处理流程

工资管理系统业务流程图如图 5-1 所示。

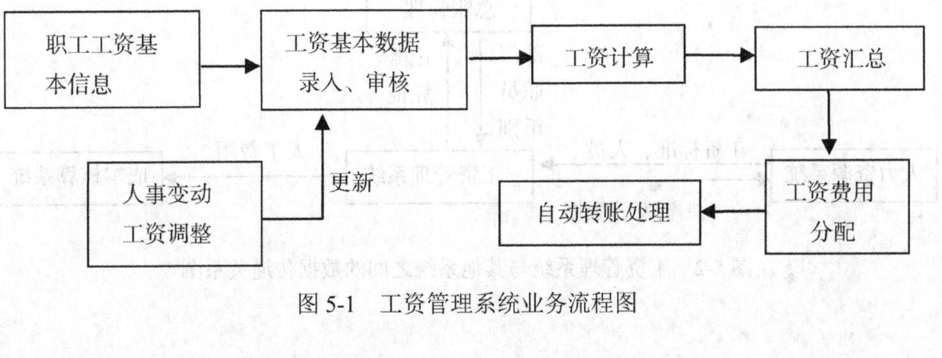

图 5-1　工资管理系统业务流程图

工资业务处理过程的主要步骤如下。

(1) 各部门根据本单位工资政策所设置的工资类别和各类工资的项目结构，详细登记本部门员工的考勤、加班和产量、病事假等工资基本信息。

(2) 对来源于企业各部门的工资基本信息进行录入、审核；对相关单位有职工人事变动或工资调整情况的，更新职工工资基本数据并审核。

(3) 根据工资基本数据计算病事假扣款、津贴、补贴、代扣款、个人所得税等，最后计算职工应发工资和实发工资。

(4) 对工资计算数据按职工所属部门和工作性质进行汇总，编制工资汇总表、个人所得税申报表等。

(5) 按工资的用途对工资费用进行分配，形成工资费用分配表，作为成本计算的依据。

(6) 根据工资汇总数据、工资费用分配表等内容，自动生成记账凭证并传递到总账管理系统。

五、工资管理系统与其他系统之间的数据传递关系

工资管理系统可以实现人员档案信息、工资标准以及工资发放数据的共享；工资管理系统可以向成本核算系统传递各类人员的工资费用数据，作为产品成本计算的依据；通过工资的核算与管理向总账管理系统提供有关凭证，同时基础信息可以共享、相互导入，保持基础资料的一致性。工资管理系统与其他系统之间的数据传递关系图如图 5-2 所示。

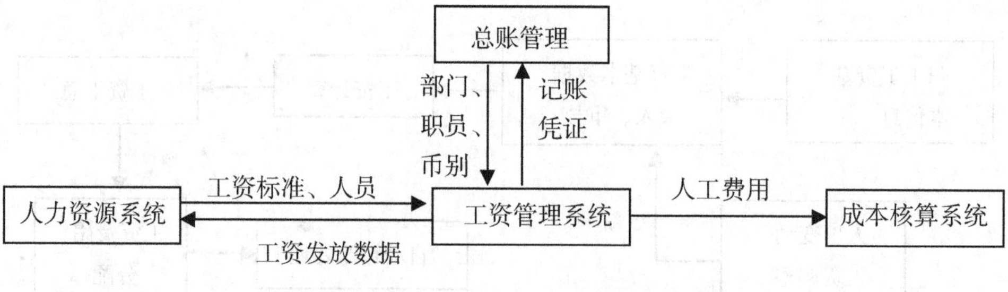

图 5-2　工资管理系统与其他系统之间的数据传递关系图

第二节　工资管理系统应用

一、工资管理系统概述

（一）工资管理系统功能简介

工资管理系统是会计信息系统的一个子系统，其主要任务是收集、记录和存储单位人员的工资数据并进行工资计算和汇总、工资分配、费用计提等操作，然后自动实现工资核算处理，产生工资发放表和各种工资报表并进行相应分析。因此，工资管理系统的主要功能结构如图 5-3 所示。

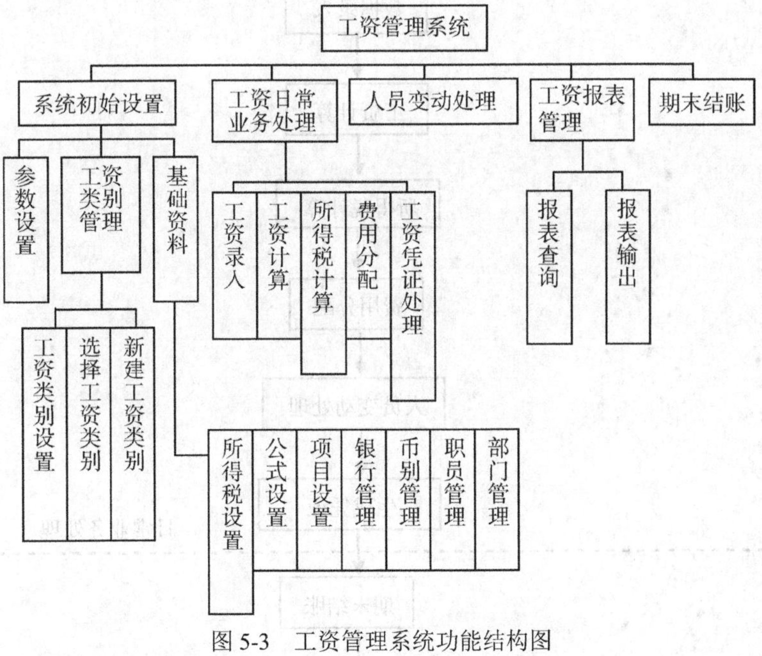

图 5-3　工资管理系统功能结构图

（二）工资管理系统操作流程

工资管理系统的主要操作流程是初始化设置、每月工资数据变化录入、计算汇总后进行相关的凭证生成、结账和账表输出。工资管理系统具体操作流程如图 5-4 所示。

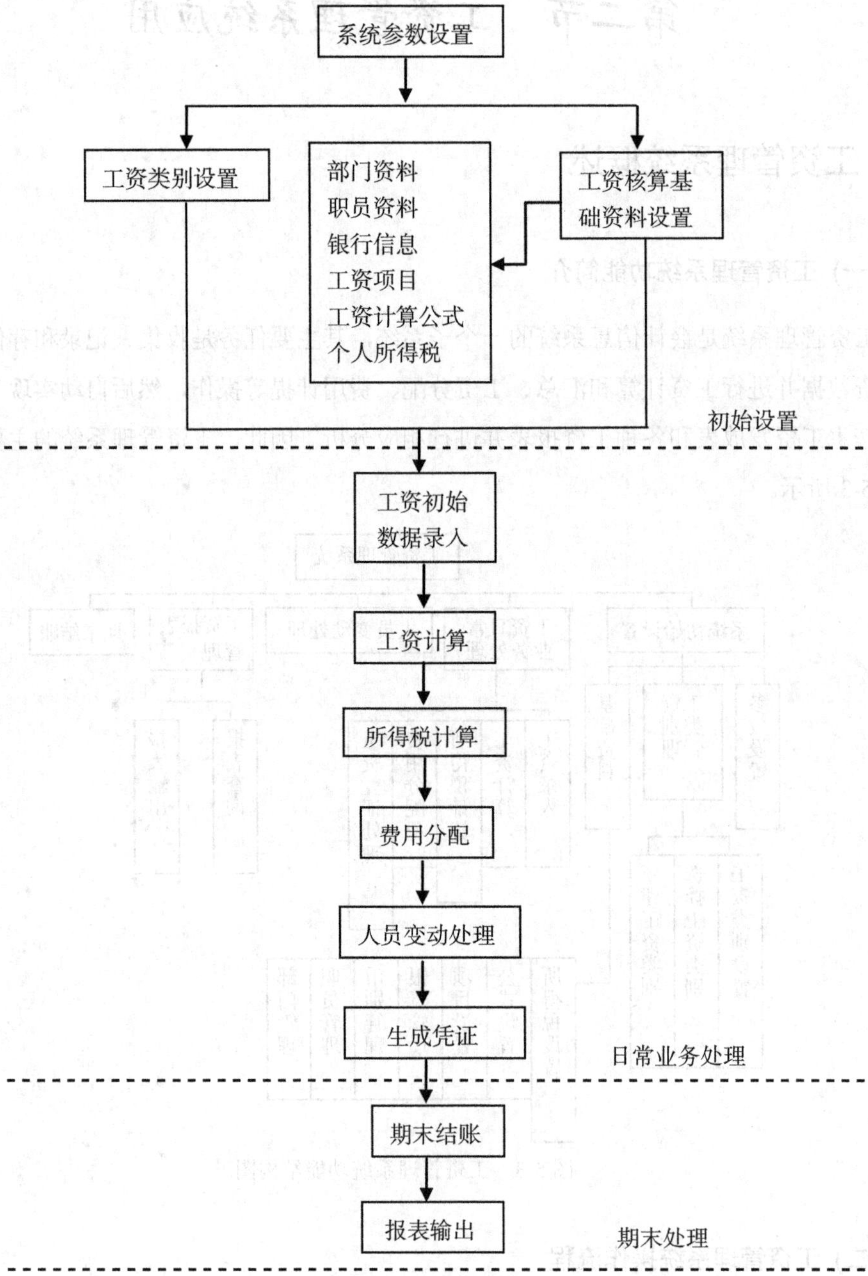

图 5-4　工资管理系统操作流程图

二、工资管理系统初始设置

(一) 工资管理系统初始设置功能简介

工资管理系统初始设置主要用于将通用的职工工资管理系统转换成适合本企业实际需要的职工工资管理系统。其功能包括如下几个。

(1) 系统参数设置。系统参数设置用于设置工资管理系统的基本参数信息，包括工资类别名称、会计期间、工资是否分类别结账、结账是否与总账同步、结账前是否需要审核等。

(2) 工资类别设置。工资类别是用于对工资核算数据的分类处理，以方便企业对不同公司、不同部门或不同类别人员进行工资核算及发放业务的处理。工资管理系统一般提供单类别工资核算和多类别工资核算两种应用方案。如果核算单位每月多次发放工资，或者不同职工工资发放项目不同、计算公式也不同，但需要进行统一管理时，应选择多类别工资核算应用方案。如果核算单位中所有人员的工资实行统一管理，而且人员的工资项目、工资计算公式全部相同，则只需要建立单类别工资核算应用方案，以提高系统的运行效率。

(3) 工资核算基础资料设置。工资核算基础资料设置主要包括部门资料、职员资料、银行信息、工资项目、工资计算公式、所得税项目等基础资料的添加设置。其中，工资项目属性有固定项目及可变项目之分，固定项目是指基本不变或在较长时间内很少变动的工资项目，如职工代码、姓名、基本工资等；可变项目是指每月都有可能发生变动的工资项目，这种变动可以是数值大小的变动或有无的变动，如奖金、病事假等。

(二) 工资管理系统初始设置实验

1. 实验目的

学会工资管理系统参数设置，掌握工资类别方案的建立方法，熟悉工资系统初始化设置流程，掌握工资系统基础资料的设置操作。

2. 实验内容

(1) 设置工资管理系统参数。

(2) 建立单位工资类别核算方案。

(3) 对工资管理系统进行初始化设置，设置基础资料。

3. 实验案例资料

(1) 案例中所有人员的工资实行统一管理，而且人员的工资项目、工资计算公式基本相同，因此为全体员工建立单类别工资核算应用方案。相关数据资料如下：

类别名称：全体员工

是否多类别：否

币别：人民币

(2) 系统维护。

系统参数：要求结账前必须审核，结账与总账期间同步。

(3) 设置基础资料。

① 导入或新增部门资料，如表 5-1 所示。

表 5-1 部门资料

代 码	名 称
01	财务部
02	行政部
03	销售部
03.01	销售一部
03.02	销售二部
04	生产部

② 导入并修改或新增职员资料，如表 5-2 和表 5-3 所示。

表 5-2 职员资料

代 码	名 称	职员类别	部 门	个人账号
001	王明	管理人员	财务部	2712356487
002	胡凯	管理人员	行政部	2712568435
003	王树林	销售人员	销售一部	2713258741
004	赵晓	销售人员	销售二部	2713856984
005	刘江	生产人员	生产部	2714521436
006	孙贝	生产管理人员	生产部	2713632541
007	曹丽	管理人员	财务部	2712456789
008	李强	管理人员	财务部	2712567891
009	刘洋	管理人员	行政部	2712568445
010	马大勇	管理人员	财务部	2712356789
011	张婷	管理人员	财务部	2712456378

表 5-3 新增职员类别

代 码	职员类别
01	管理人员
02	销售人员
03	生产人员
04	生产管理人员

③ 增加银行资料，如表 5-4 所示。

表 5-4　新增银行资料

代　码	名　称	账号长度
1001	建行天河支行	10

④ 工资项目设置，如表 5-5 所示。

表 5-5　工资项目

项目名称	数据类型	小数位数	项目属性
职员代码	文本		其他
职员姓名	文本		其他
部门	文本		其他
基本工资	货币	2	固定项目
浮动工资	货币	2	可变项目
津贴	货币	2	可变项目
加班	货币	2	可变项目
病假	货币	2	可变项目
事假	货币	2	可变项目
应发合计	货币	2	可变项目
代扣税	货币	2	可变项目
医疗保险	货币	2	固定项目
养老保险	货币	2	固定项目
工会	货币	2	固定项目
扣款合计	货币	2	可变项目
实发合计	货币	2	可变项目
个人账号	文本		其他

⑤ 工资计算公式设置。

公式名称：全体员工

应发合计＝基本工资＋浮动工资＋津贴＋加班

扣款合计＝病假＋事假＋代扣税＋医疗保险＋养老保险 ＋工会

实发合计＝应发合计－扣款合计

⑥ 所得税设置，如表 5-6 所示。

表 5-6 所得税设置资料

名 称	个人所得税计算
税率类别	含税级距税率
税率项目	应税所得＝应发合计－医疗保险－养老保险
所得计算	应税所得＝应发合计－医疗保险－养老保险
所得期间	2017-01
币别	人民币
基本扣除	3500

4. 实验步骤

(1) 建立工资类别方案

① 以“刘洋”的身份登录金蝶 K/3，执行“人力资源”→“工资管理”→“类别管理”命令，在明细功能中选择“新建类别”。

② 在打开的对话框中单击“类别向导”按钮，在弹出的对话框中录入类别名称为“全体员工”，选择是否多类别为“否”，币别为“人民币”，如图 5-5 所示。

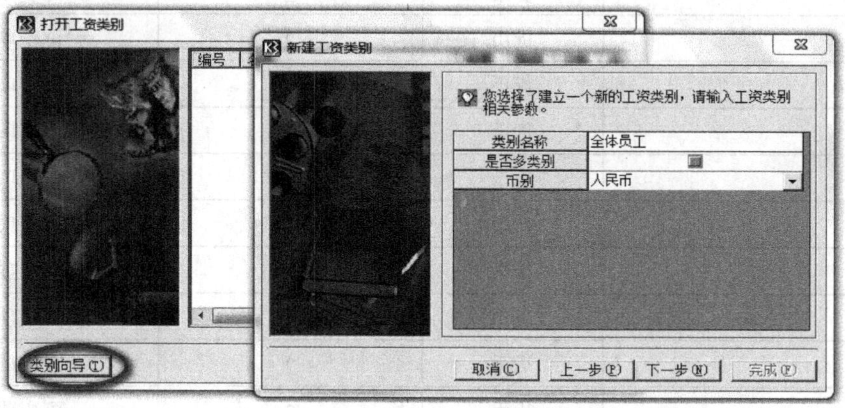

图 5-5 新建工资类别方案

③ 单击“下一步”按钮，再单击“完成”按钮，系统自动创建工资类别。

操作要点：

设置工资类别时应注意，单类别才能用于核算工资数据，而汇总类别主要用于汇总多个单类别的工资数据且只能查看，不能进行工资数据的计算工作。因此，在建立独立的工资类别时，不要选择多类别。

(2) 系统维护

以系统管理员“王明”的身份登录金蝶 K/3，执行“系统设置”→“工资管理”→“系统参数”命令，在打开的工资类别中选择新建的“全体员工”工资类别，在弹出的“系统参数”对话框中，单击“工资”选项卡，勾选“结账与总账期间同步”选项，其他默认，单击“保存”按钮，如图 5-6 所示。

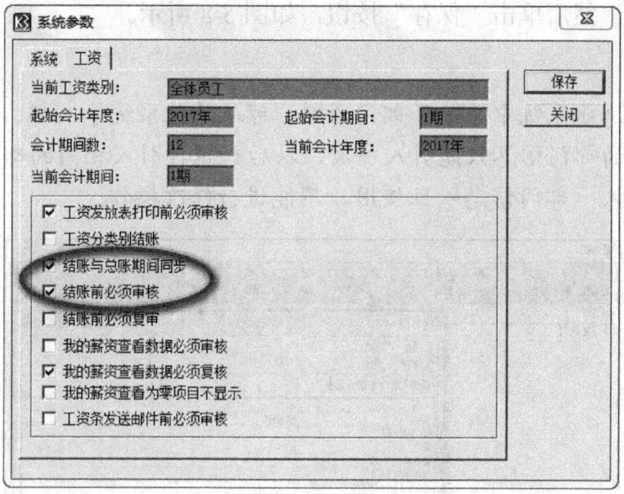

图 5-6　工资管理系统参数设置

(3) 设置

- 导入或新增部门资料。

以“刘洋”的身份登录金蝶 K/3，执行“人力资源”→“工资管理”→“设置”→“部门管理”命令，选择对应的工资类别，进入“部门”窗口。金蝶 K/3 提供了新增和导入两种方法来设置部门资料。

① 导入部门资料。

在“部门”窗口菜单栏中单击“导入”选项，然后在“导入数据源”中选择所需导入的数据来源，窗口中会显示对应的部门数据，选择需要导入的部门，单击“导入”按钮，如图 5-7 所示。

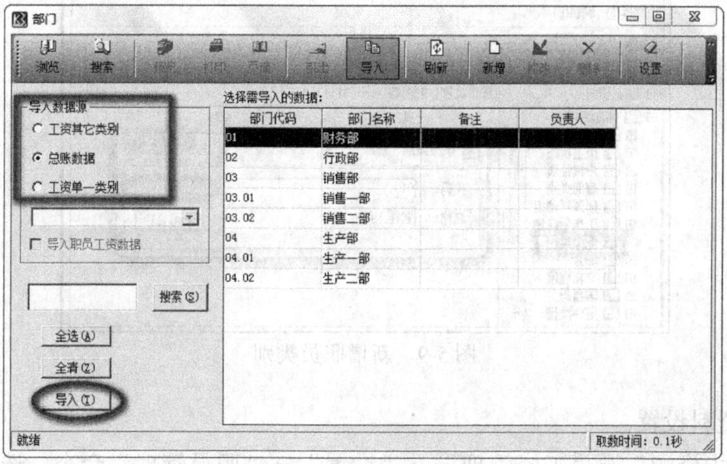

图 5-7　导入部门资料

② 新增部门资料。

在“部门”窗口菜单栏中单击“新增”选项，在弹出的“部门—新增”对话框中，录入部门代码及名称，然后单击“保存”按钮，如图 5-8 所示。

操作要点：

如果用户已在总账系统中添加了部门资料，可从总账系统导入部门信息；从总账导入部门信息时，相同的部门信息只能引入一次，以后如想再引入相同的部门信息只能通过其他工资类别进行引入。部门信息一旦使用，不能进行修改操作。

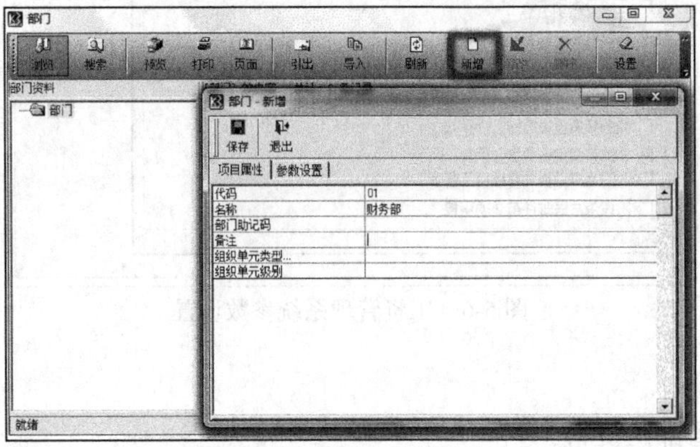

图 5-8　新增部门资料

- 导入并修改或新增职员资料。

① 新增“职员类别”辅助属性。

执行“人力资源”→“工资管理”→“设置”→“辅助属性”命令，在打开的“辅助属性”对话框中选择“职员类别”，在空白处单击鼠标右键，选择“新增辅助资料”，打开“职员类别—新增”对话框，在对话框中录入职员类别信息，单击“新增”按钮，如图 5-9 所示。

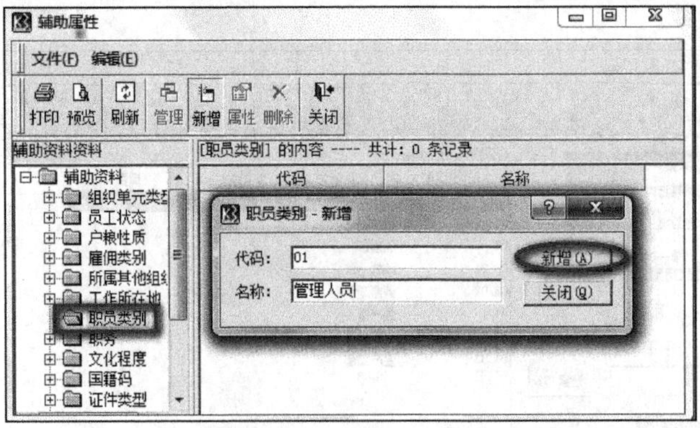

图 5-9　新增职员类别

② 职员资料设置。

执行“人力资源”→“工资管理”→“设置”→“职员管理”命令，选择对应的工资类别，进入“职员”窗口。金蝶 K/3 提供了新增和导入两种方法来设置职员资料。

(a) 导入职员资料

在“职员”窗口菜单栏中单击“导入”选项，然后在“导入数据源”中选择所需导入的数据来源，窗口中会显示对应的职员数据，选择需要导入的职员，单击“导入”按钮，如图 5-10 所示。

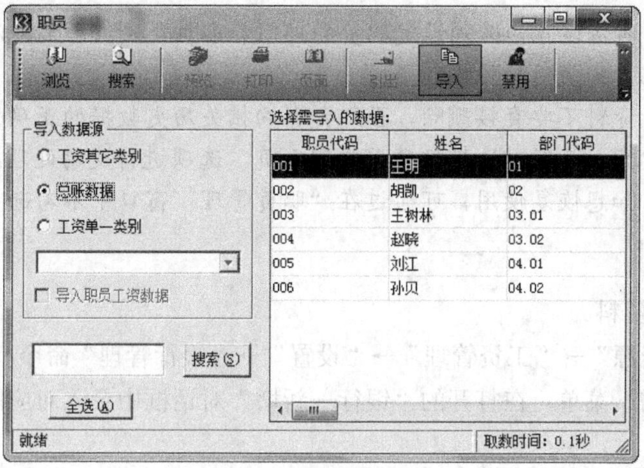

图 5-10　导入职员资料

(b) 新增职员资料

在“职员”窗口菜单栏中单击“新增”选项，在弹出的“职员—新增”对话框中，录入职员代码、名称等相关信息，然后单击“保存”按钮，如图 5-11 所示。

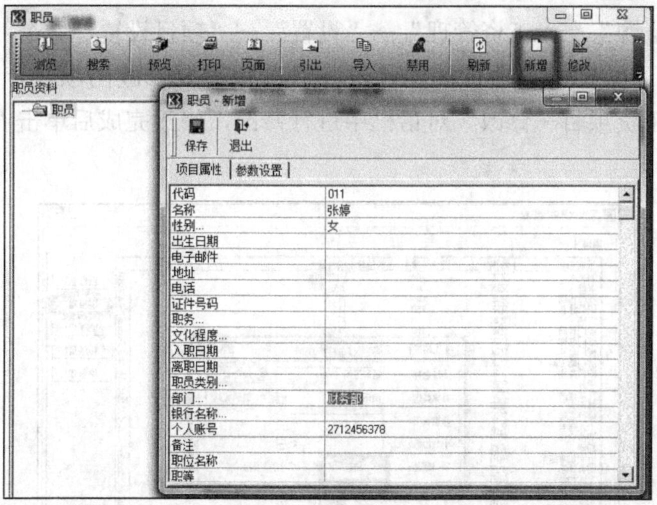

图 5-11　新增职员资料

③ 修改职员资料。

在职员导入过程中，由于数据来源的信息不完善，需要对导入信息进行修改；或在录入职员信息过程中，有信息遗漏、录入错误等，都需要对所录入职员资料进行修改。

执行“人力资源”→“工资管理”→“设置”→“职员管理”命令，进入“职员”窗口，选择需要修改的职员，双击，进入“职员—修改”窗口，对职员资料进行修改，单击“保存”按钮。

操作要点：

设定职员资料时应注意，必须设定职员的部门和职员类别，否则无法进行工资费用分配，这两项是分配工资费用的依据。

已离职的职员资料不要直接删除，否则会影响相关历史数据的正确性。对于此类职员可通过变动处理中的人员变动选择“禁用离职人员”选项进行变动处理。

禁用后的职员如想恢复使用，可通过在“职员管理”窗口中不勾选“禁用”按钮恢复职员的资料。

- 增加银行资料。

执行“人力资源”→“工资管理”→“设置”→“银行管理”命令，在打开的“银行”窗口中单击“新增”菜单，在打开的“银行—新增”对话框中录入对应的银行资料，单击“保存”按钮。

操作要点：

在设定银行资料时，应注意设定账号长度，不要把账号长度误认为企业在此银行的具体账号而录入。此项一般只有银行代发工资的单位才必须设定。

- 工资项目设置。

执行“人力资源”→“工资管理”→“设置”→“项目设置”命令，打开“工资核算项目设置”窗口。如果相关项目需要修改，可选择需要修改的项目，单击“编辑”按钮，在打开的“工资项目—修改”对话框中进行修改，修改完成后单击“确定”按钮，如图 5-12 所示。

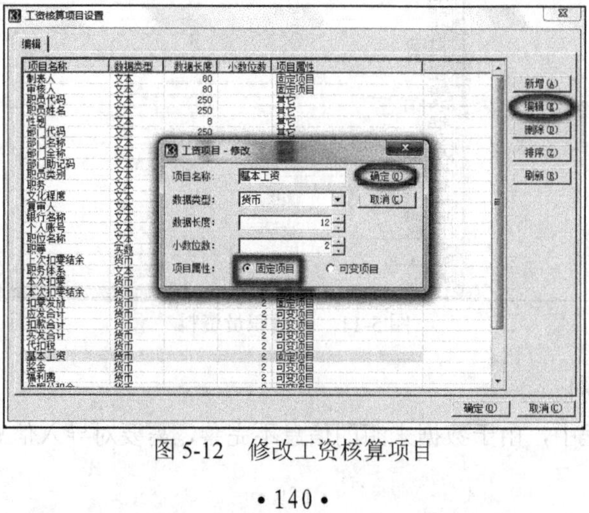

图 5-12　修改工资核算项目

如需增加相应的项目，可单击“新增”按钮，在打开的“工资项目—新增”对话框中录入新增项目信息，录入完成后单击“新增”按钮，如图 5-13 所示。

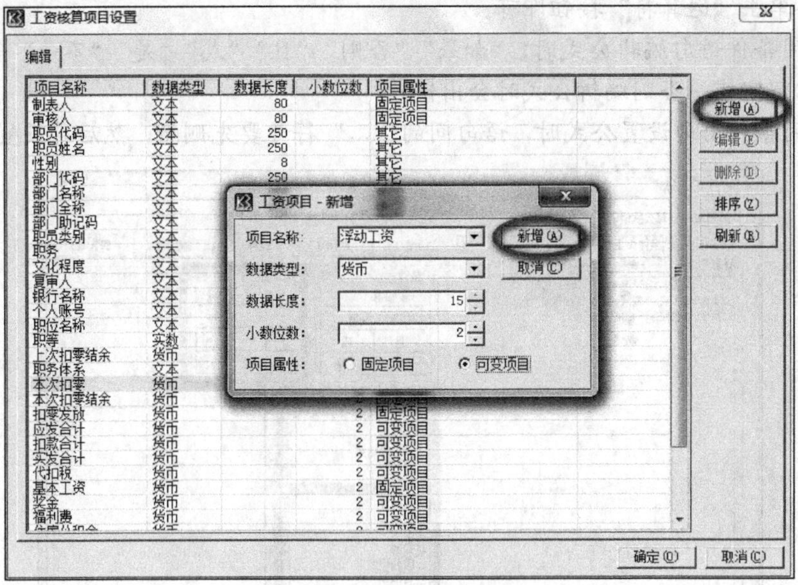

图 5-13　新增工资核算项目

操作要点：

① 新增工资项目时，如果在工资项目名称的下拉框中有我们需要增加的项目，必须从下拉框中选择，系统会自动取有关信息进行显示，不需手工录入(下拉框中工资项目资料主要来源于职员信息卡片)。

② 设定工资计算公式时所需要用的工资项目，都必须预先在此设定，否则无法设置公式。

③ 设置工资项目时，必须注意设定工资项目的类型，只有数值型的工资项目才能参与工资数据加减运算，文字型的则不能。

- 工资计算公式设置。

执行“人力资源”→“工资管理”→“设置”→“公式设置”命令，在打开的“工资公式设置”窗口中，单击“新增”按钮，录入“公式名称”为“全体员工”，在计算方法处录入公式，如图 5-14 所示。

应发合计＝基本工资＋浮动工资＋津贴＋加班

扣款合计＝病假＋事假＋代扣税＋医疗保险＋养老保险＋工会

实发合计＝应发合计－扣款合计

操作要点：

① 设定计算公式时请先单击“新增”按钮，出错时，可单击“编辑”按钮进行修改。

一个计算方法中可设定多个运算公式。

② 设定公式时，项目框中的工资项目可通过双击鼠标左键进行选择，运算符号、条件语句只要单击“运算符”按钮即可。

③ 利用条件语句编辑公式时，“如果”“否则”“且”“或”“是”“不是”等条件语句前后要注意留空格，否则编辑公式时会出错。

④ 利用条件语句设置公式时，语句间的“...”符号要先删除，然后再设置判断条件。

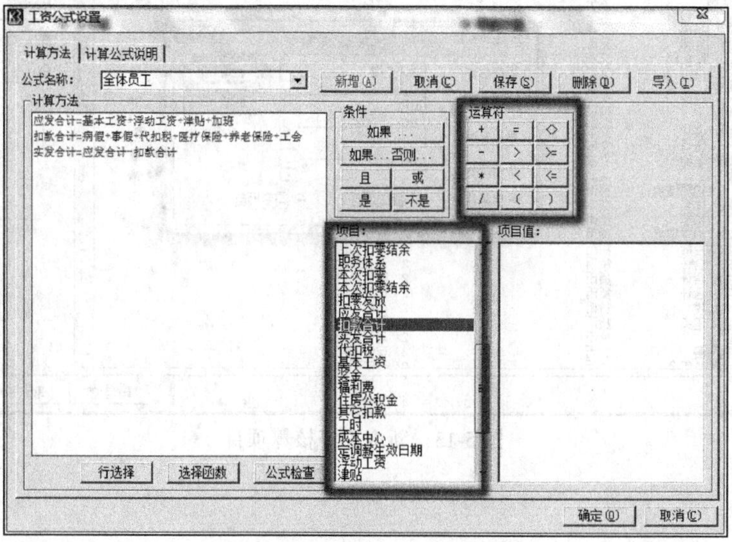

图 5-14　工资计算公式设置

- 所得税设置。

执行“人力资源”→“工资管理”→“设置”→“所得税设置”命令，在打开的“个人所得税初始设置”窗口中，单击“编辑”选项卡，再单击“新增”按钮，录入所得税相关资料，然后单击“保存”按钮，如图 5-15 所示。

图 5-15　所得税设置

操作要点：

① 录入“税率类别”资料时，会弹出“个人所得税税率设置”对话框，在对话框中

单击“编辑”选项卡，再单击“新增”按钮，系统会弹出“是否使用‘含税级距’？若选择‘否’则使用‘不含税级距’。”信息提示窗口，若选择“是”，则系统自动引入含税 7 级超额累进税率表；若选择“否”，则系统自动引入不含税 7 级超额累进税率表。

② 在录入“税率项目”和“所得计算”时，公式录入采用在“所得项目”中选择对应的项目，“属性”中选择“增减项”，“增项”代表“+”，“减项”代表“-”，录入完一条项目后，单击“确定”按钮，系统自动增加一条空白项。录入完成后，单击“保存”按钮。

三、工资管理系统日常业务处理

(一) 工资管理系统日常业务处理功能简介

工资管理系统日常业务处理主要是指对企业职工工资数据进行计算和调整以及企业内部人员变动调整。工资管理系统的日常业务处理功能包括如下几项。

(1) 工资初始数据录入。在工资管理系统中录入初始数据，首先要定义过滤条件，然后将工资数据单个直接录入或批量引入。

(2) 工资计算。根据建立不同的计算方案，利用计算机对员工工资进行自动计算，快速完成工资核算的工作。工资计算的结果会显示在工资录入窗口中，参与工资计算的项目均会显示计算结果。

(3) 个人所得税计算。通过对所得税计算公式进行设置，选取对应的所得税计算方法，系统自动对职工的个人所得收入进行所得税的计算。工资管理系统中的所得税计算方法主要分三种：①按次来进行计算，采用这种方法计算出来的数据是直接填入相关的工资项目，此时必须指定相关的次数信息，对每次的工资数据进行计税；②按期间进行计算，这种方法按照期间来进行计税和汇缴，此时如果是按照月份来计税，当一月多次发放工资时，系统将所选月份中各次发放的工资进行相加，根据所属的税率范围进行计算和保存；③按年度进行汇缴计算，此种方法只有少数行业才会用到，具体在计算时，将一年内指定计税项合计，除以 12，以这个基数来判断税率所在区间，将基数乘以对应税率计算所得税，再乘以 12，算出所得税。

(4) 费用分配。工资管理系统中提供了强大、灵活的工资费用分配功能，可对各种费用进行计提，如福利费、工会经费等，同时也可以进行自定义计提工作。

(5) 人员变动处理。企业中的人员在部门间的流动、人员的职称变动、职位异动等人事变动信息都可能造成工资数据需要重新计算，因此在工资管理系统中，通过人员变动处理功能实现将人员信息变动之后的结果直接同步在当前期间的工资计算中并保留历史变动记录，以供后期查询。

(6) 凭证生成。工资管理系统中的凭证生成是在费用分配和计提的过程中设置完成后，自动生成的，如果在参数设置时勾选了与总账同步后，则工资管理系统中生成的凭证会自动传递到总账系统中。

(二) 工资管理系统日常业务处理实验

1. 实验目的

掌握工资基础数据的录入、工资计算与汇总，掌握工资费用的分配并能熟练掌握工资管理系统日常业务处理流程。

2. 实验内容

(1) 录入工资数据并进行工资计算。

(2) 计算个人所得税、分配工资费用。

(3) 进行人员变动处理。

3. 实验案例资料

(1) 设置工资数据输入过滤器。

过滤器名称：全体员工。

计算公式：全体员工。

工资项目：全选。

(2) 工资数据录入，如表 5-7 所示。

表 5-7 工资数据

职员姓名	基本工资	浮动工资	津贴	加班	病假	事假	医疗保险	养老保险	工会
王明	1800	2000	600	400			36	90	9
胡凯	1400	900	380	320			28	67.5	7
王树林	1200	1100	360	410	90		24	62.5	6
赵晓	900	670	240	320		380	18	36	4
刘江	1250	1000	250	480			30	75	7
孙贝	1500	1600	400				27	72.5	5
曹丽	1500	1500	500	200			30	75	7
李强	1300	1200	350	250	50		26	65	7
刘洋	1400	1000	400	300			28	70	7
马大勇	1600	1200	450	300			32	80	8
张婷	1700	1300	500	400			34	85	8

(3) 利用“工资计算”功能计算工资。

(4) 所得税计算。

所得税计算方法为“按工资发放期间计算”，将计算出的个人所得税引入工资修改模块当中的“代扣所得税”栏中并保存。

(5) 工资费用分配，如表 5-8 所示。

表 5-8　工资费用分配

分配名称	工资分配			
凭证字	记			
摘要内容	分配工资费用		分配比例	100%
部门	职员类别	工资项目	费用科目	工资科目
行政部	管理人员	应发合计	管理费用—工资及福利费	应付职工薪酬—工资
财务部	管理人员	应发合计	管理费用—工资及福利费	应付职工薪酬—工资
销售一部	销售人员	应发合计	销售费用—工资及福利费	应付职工薪酬—工资
销售二部	销售人员	应发合计	销售费用—工资及福利费	应付职工薪酬—工资
生产部	生产人员	应发合计	生产成本—工资及福利费	应付职工薪酬—工资
生产部	生产管理人员	应发合计	制造费用—工资及福利费	应付职工薪酬—工资

(6) 福利费用分配，如表 5-9 所示。

表 5-9　福利费用分配

分配名称	福利费分配			
凭证字	记			
摘要内容	计提职工福利费		分配比例	14%
部门	职员类别	工资项目	费用科目	工资科目
行政部	管理人员	应发合计	管理费用—工资及福利费	应付职工薪酬—福利费
财务部	管理人员	应发合计	管理费用—工资及福利费	应付职工薪酬—福利费
销售一部	销售人员	应发合计	销售费用—工资及福利费	应付职工薪酬—福利费
销售二部	销售人员	应发合计	销售费用—工资及福利费	应付职工薪酬—福利费
生产部	生产人员	应发合计	生产成本—工资及福利费	应付职工薪酬—福利费
生产部	生产管理人员	应发合计	制造费用—工资及福利费	应付职工薪酬—福利费

(7) 人员变动。

练习将行政部胡凯转为销售一部。

4. 实验步骤

(1) 设置工资数据输入过滤器

以“刘洋”的身份登录金蝶 K/3，执行“人力资源”→“工资管理”→“工资业务”→“工资录入”命令，在弹出的“过滤器”对话框中，单击“新增”按钮，系统自动弹出“定义过滤条件”窗口，录入“过滤名称”为“全体员工”，在计算公式下拉列表中选择“全体员工”，工资项目全选，录入完成后单击“确定”按钮，如图 5-16 所示。

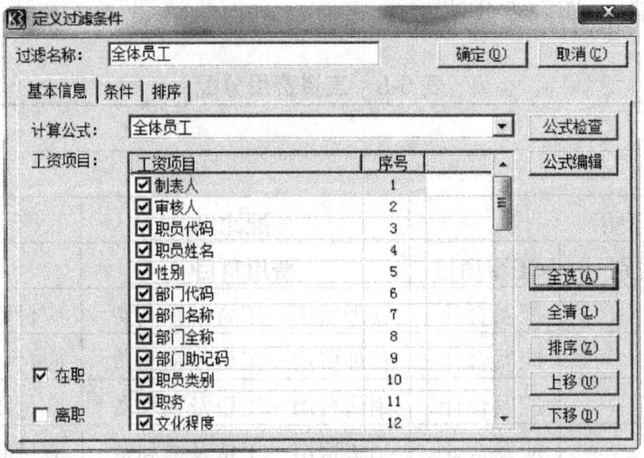

图 5-16　定义工资录入过滤条件

(2) 工资数据录入

执行“人力资源”→“工资管理”→“工资业务”→“工资录入”命令，在弹出的“过滤器”对话框中，选择输入过滤名称为“全体员工”，单击“确定”按钮，在弹出的“工资数据录入-[全体员工]”窗口中录入工资数据，如图 5-17 所示。

操作要点：

① 白色的单元格可直接录入，黄色单元格由系统自动计算(参照上机操作时的图)，无须手工录入，也不允许直接修改数据。

② 录入整列相同数据时，可利用工具栏中的“计算器”帮助录入，无须单个录入。

③ 代扣税一项可先空出不录入数据，待个人所得税计算完成后，可从所得税计算表中引入。

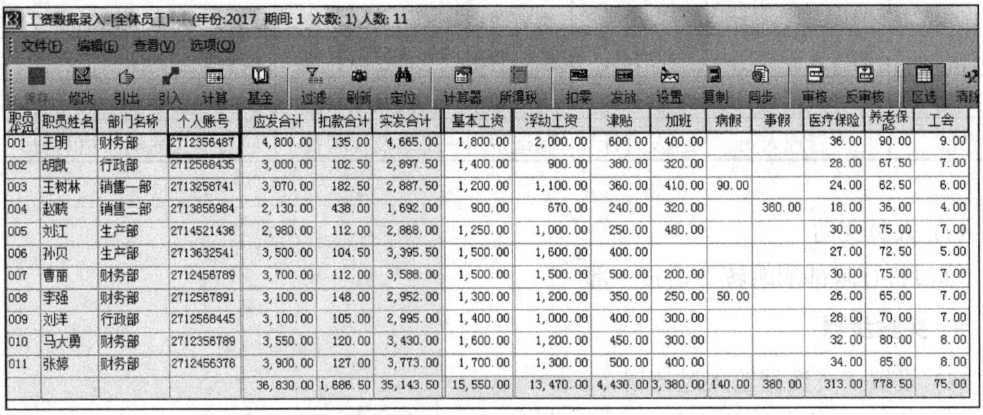
工资数据录入-[全体员工]----(年份:2017 期间: 1 次数: 1) 人数: 11

职员代码	职员姓名	部门名称	个人账号	应发合计	扣款合计	实发合计	基本工资	浮动工资	津贴	加班	病假	事假	医疗保险	养老保险	工会
001	王明	财务部	2712356487	4,800.00	135.00	4,665.00	1,800.00	2,000.00	600.00	400.00			36.00	90.00	9.00
002	胡凯	行政部	2712568435	3,000.00	102.50	2,897.50	1,400.00	900.00	380.00	320.00			28.00	67.50	7.00
003	王树林	销售一部	2713258741	3,070.00	182.50	2,887.50	1,200.00	1,100.00	360.00	410.00	90.00		24.00	62.50	6.00
004	赵晓	销售二部	2713856984	2,130.00	438.00	1,692.00	900.00	670.00	240.00	320.00		380.00	18.00	36.00	4.00
005	刘江	生产部	2714521436	2,980.00	112.00	2,868.00	1,250.00	1,000.00	250.00	480.00			30.00	75.00	7.00
006	孙贝	生产部	2713632541	3,500.00	104.50	3,395.50	1,500.00	1,600.00	400.00				27.00	72.50	5.00
007	曹丽	财务部	2712456789	3,700.00	112.00	3,588.00	1,500.00	1,500.00	500.00	200.00			30.00	75.00	7.00
008	李强	财务部	2712567891	3,100.00	148.00	2,952.00	1,300.00	1,200.00	350.00	250.00	50.00		26.00	65.00	7.00
009	刘洋	行政部	2712568445	3,100.00	105.00	2,995.00	1,400.00	1,000.00	400.00	300.00			28.00	70.00	7.00
010	马大勇	财务部	2712356789	3,550.00	120.00	3,430.00	1,600.00	1,200.00	450.00	300.00			32.00	80.00	8.00
011	张婷	财务部	2712456378	3,900.00	127.00	3,773.00	1,700.00	1,300.00	500.00	400.00			34.00	85.00	8.00
				36,830.00	1,686.50	35,143.50	15,550.00	13,470.00	4,430.00	3,380.00	140.00	380.00	313.00	778.50	75.00

图 5-17　工资数据录入结果

(3) 利用“工资计算”功能计算工资

执行“人力资源”→“工资管理”→“工资业务”→“工资计算”命令，系统自动弹出“工资计算向导”窗口，选择工资方案为“全体员工”，按照向导提示操作即可。

注意：

虽然录入工资数据的同时，系统已同步进行了计算，但当工资公式较为复杂时，这种计算就很不充分，所以录入完后，用户应利用“工资计算”功能再进行一次计算。

(4) 所得税计算

执行“人力资源”→“工资管理”→“工资业务”→“所得税计算”命令，在弹出的“过滤器”对话框中，选择输入过滤器为“标准格式”，单击“确定”按钮，在弹出的“个人所得税数据录入-[标准格式]”窗口中，单击菜单栏中的“方法”按钮，在弹出的“所得税计算”对话框中设置计算方法为“按工资发放期间计算”，如图 5-18 所示。

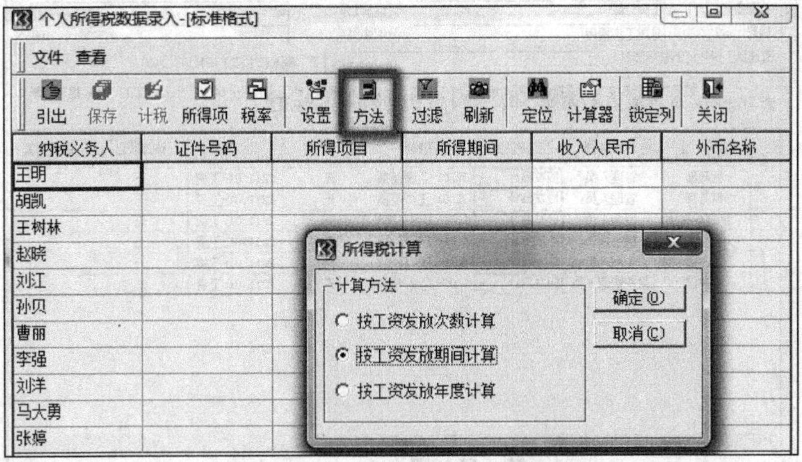

图 5-18 个人所得税计算方案设置

单击菜单栏中的“设置”按钮，在弹出的“个人所得税初始设置”窗口中，选择“个人所得税计算”，单击“确定”按钮，系统自动弹出提示对话框，选择“是”，然后单击“保存”按钮即可，结果如图 5-19 所示。

纳税义务人	所得项目	所得期间	收入人	人民币合	减费用额	应纳税所	税率项	税率项目	税率计算	税率	速算扣除	扣缴所
王明	应税所得	2017-01	4674.00	4674.00	3500.00	1174.00	4674.00	4674.00	1174.00	0.10	25.00	92.40
胡凯	应税所得	2017-01	2904.50	2904.50	3500.00	0.00	2904.50	2904.50	0.00	0.00	0.00	0.00
王树林	应税所得	2017-01	2983.50	2983.50	3500.00	0.00	2983.50	2983.50	0.00	0.00	0.00	0.00
赵晓	应税所得	2017-01	2076.00	2076.00	3500.00	0.00	2076.00	2076.00	0.00	0.00	0.00	0.00
刘江	应税所得	2017-01	2875.00	2875.00	3500.00	0.00	2875.00	2875.00	0.00	0.00	0.00	0.00
孙贝	应税所得	2017-01	3400.50	3400.50	3500.00	0.00	3400.50	3400.50	0.00	0.00	0.00	0.00
曹丽	应税所得	2017-01	3595.00	3595.00	3500.00	95.00	3595.00	3595.00	95.00	0.05	0.00	4.75
李强	应税所得	2017-01	3009.00	3009.00	3500.00	0.00	3009.00	3009.00	0.00	0.00	0.00	0.00
刘洋	应税所得	2017-01	3002.00	3002.00	3500.00	0.00	3002.00	3002.00	0.00	0.00	0.00	0.00
马大勇	应税所得	2017-01	3438.00	3438.00	3500.00	0.00	3438.00	3438.00	0.00	0.00	0.00	0.00
张婷	应税所得	2017-01	3781.00	3781.00	3500.00	281.00	3781.00	3781.00	281.00	0.05	0.00	14.05

图 5-19 个人所得税计算结果

注意：

个人所得税计算完毕后，要将工资录入数据补充完整，引入“代扣所得税”。操作步骤为：打开工资数据录入窗口，选择“代扣所得税”项目列，执行“编辑”→“引入所得税”命令，选择引入方式为“引入本期所得税”即可。引入完成后，单击“保存”按钮。

(5) 工资费用分配

执行“人力资源”→“工资管理”→“工资业务”→“费用分配”命令，在弹出的“费用分配”对话框中，选择“编辑”选项卡，单击“新增”按钮，录入工资费用分配相关内容，录入完成后单击“保存”按钮，如图5-20所示。

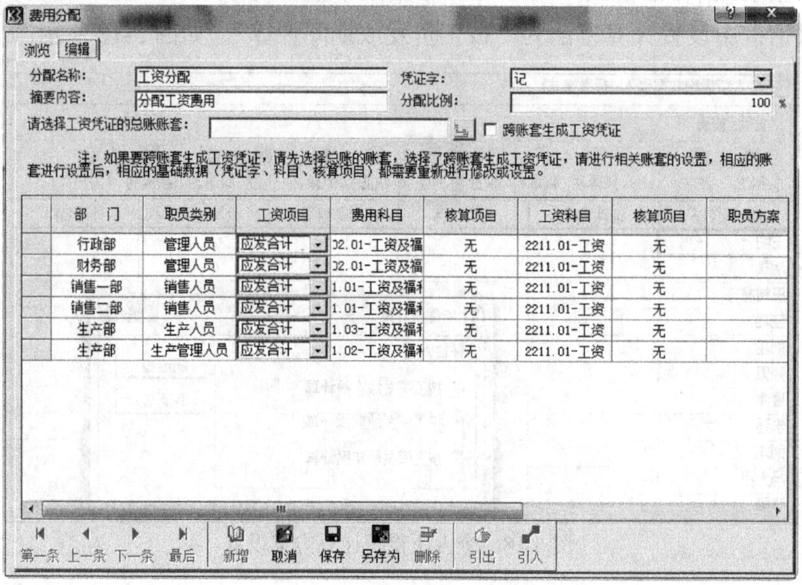

图5-20 编辑工资费用分配

操作要点：

① 新增部门相关信息时，部门等信息框中有文件夹图示和下拉框，可通过文件夹图示、下拉框中选择，系统会自动取有关信息进行显示，不需手工录入(文件夹图示、下拉框中项目资料主要来源于工资数据卡片)。

② 在选择科目时，点击文件夹图示后，在会计科目表中，如果没有对应的明细科目，可通过“会计科目”窗口单击“新增”按钮新增。

③ 保存之后的费用分配，可通过“编辑”“删除”功能进行修改和删除。

(6) 福利费用分配

执行“人力资源”→“工资管理”→“工资业务”→“费用分配”命令，在弹出的“费用分配”对话框中，选择“编辑”选项卡，单击“新增”按钮，录入福利费用分配相关内容，录入完成后单击“保存”按钮，操作步骤和方法与上述“工资费用分配”相同。

注意：

如果应发合计中包括福利费，则用户需在工资项目设置处另行定义一个诸如“福利计提基数”的工资项目并在“公式设置”处定义它的计算公式，把福利费扣除出来，以此作为计提职工福利费的基数。

(7) 职员变动

执行“人力资源”→“工资管理”→“人员变动”→“人员变动处理”命令，在弹出的“职员变动”窗口中，单击“新增”按钮，系统自动弹出“职员”对话框，双击选择需要变动的职员后，单击“下一步”按钮，如图 5-21 所示。

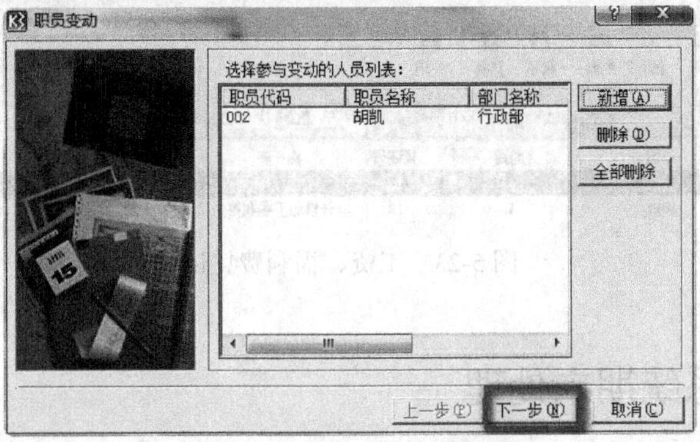

图 5-21　职员变动信息设置

在弹出的如下对话框中，录入职员变动信息，单击“完成”按钮后，系统会提示“职员变动成功完成”。如图 5-22 所示。

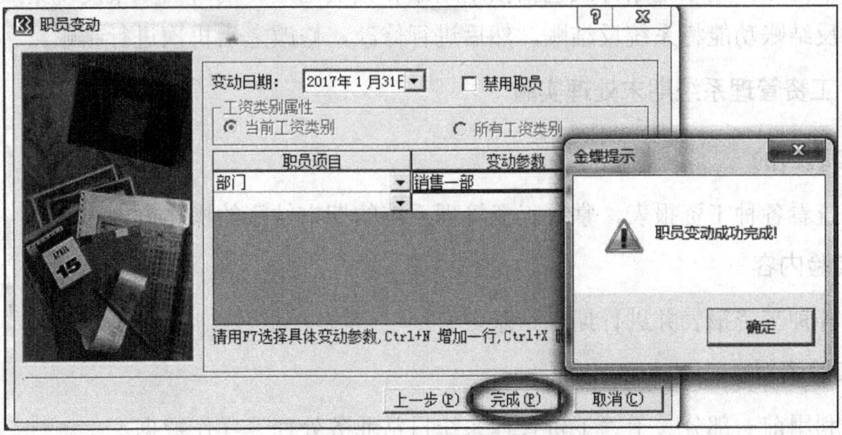

图 5-22　职员变动结果

操作要点：

①“职员项目”下拉列表，用于定义职员变动情况，可供选择的变动情况包括部门、职员、职务等变动情形。

②“变动参数”用于定义所选择的变动对应的属性值，此处只能通过快捷键 F7 选择录入。

(8) 生成凭证

以财务部“王明”的身份进入金蝶 K/3 系统，执行“人力资源”→“工资管理”→“工资业务”→“费用分配”命令，在弹出的“费用分配”对话框中，选择“工资分配”和“费用分配”，然后单击“生成凭证”即可。凭证生成结果可通过工资凭证管理进行查询，查询结果如图 5-23 所示。

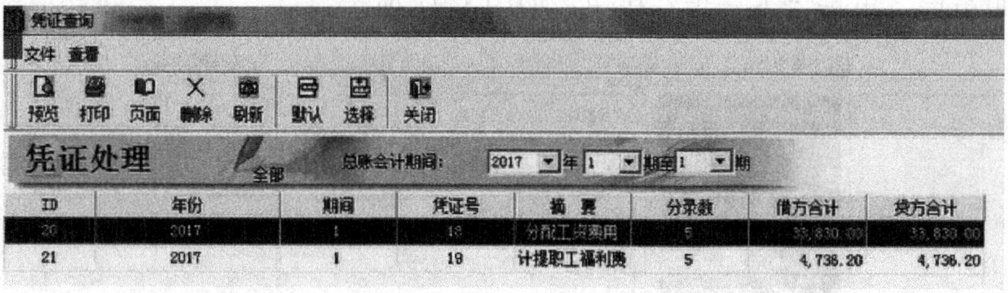

图 5-23　工资、福利费凭证

四、工资管理系统期末处理

(一) 工资管理系统期末处理功能简介

工资管理系统的期末处理功能主要包括查阅各种类型的工资报表以及对工资管理系统进行期末结账。期末结账方式包括按期结账和按次结账。同时，如果发现结账有错误，可以通过反结账功能将系统反结账，然后进行修改，修改之后再次进行结账。

(二) 工资管理系统期末处理实验

1. 实验目的

学会查看各种工资报表，掌握工资管理系统的期末结账的操作方法。

2. 实验内容

查看各种工资报表并进行期末结账。

3. 实验资料

直接利用前一部分关于“工资管理系统日常业务处理”操作数据。

4. 实验步骤

(1) 查看各种工资报表

执行“人力资源”→“工资管理”→“工资报表”命令，选择工资费用分配表，双击，在弹出的窗口中单击“确定”按钮即可。工资费用分配表查询结果如图 5-24 所示。

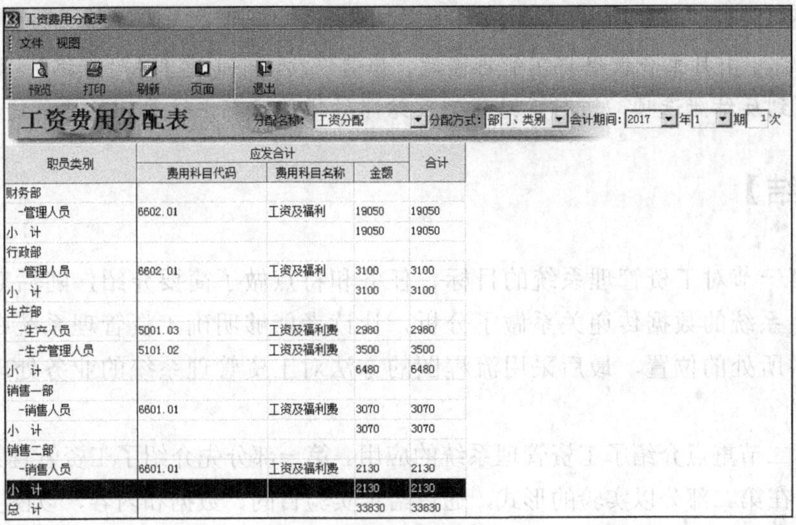

职员类别	应发合计			合计
	费用科目代码	费用科目名称	金额	
财务部				
-管理人员	6602.01	工资及福利	19050	19050
小　计			19050	19050
行政部				
-管理人员	6602.01	工资及福利	3100	3100
小　计			3100	3100
生产部				
-生产人员	5001.03	工资及福利费	2980	2980
-生产管理人员	5101.02	工资及福利费	3500	3500
小　计			6480	6480
销售一部				
-销售人员	6601.01	工资及福利费	3070	3070
小　计			3070	3070
销售二部				
-销售人员	6601.01	工资及福利费	2130	2130
小　计			2130	2130
总　计			33830	33830

图 5-24　工资费用分配表

金蝶 K/3 提供了工资发放表、工资汇总表、个人所得税报表、工资费用分配表等近 10 种报表供查看。

注意：

在查看个人所得税报表时，系统默认查看方法为“本次”，由于所得税计算方法是“按工资发放期间计算”，因此要将“方法”处的下拉列表选为“本期”，否则个人所得税报表查看会显示空白。

(2) 期末结账

执行“人力资源”→“工资管理”→“工资业务”→“期末结账”命令，在弹出的对话框中，单击“开始”按钮即可，如图 5-25 所示。

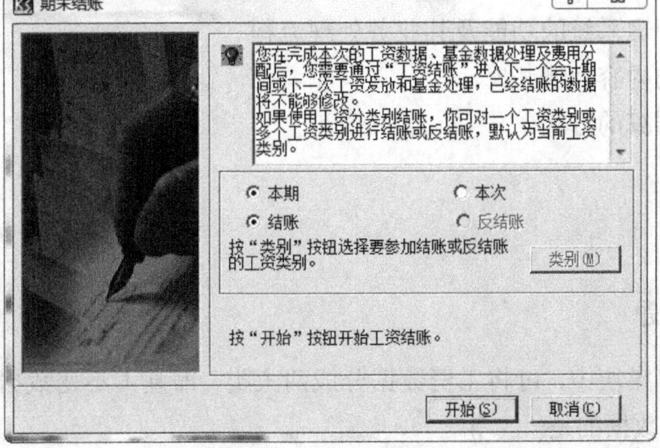

图 5-25　期末结账

操作要点：

一旦结账，上月工资数据将不能再修改，如需修改，可通过单击“数据”模块中的“期末结账”找到反结账选项，进行反结账。反结账的操作只有系统管理员才能进行。

【本章小结】

本章第一节对工资管理系统的目标、任务和特点做了简要介绍，随后对工资管理系统与其他系统的数据传递关系做了分析，让读者能够明确工资管理系统在整个会计信息系统中所处的位置，最后采用流程图的方法对工资管理系统的业务处理流程进行阐述。

本章第二节重点介绍了工资管理系统的应用。第一部分先介绍了工资管理系统的基本功能，随后在第二部分以实验的形式，通过给定实验目的、数据和内容，以图文的方式介绍具体的实验步骤来阐述工资管理系统各功能模块的具体应用，让读者能够熟练掌握工资管理系统的基本操作方法。

【关键名词】

工资管理系统　　工资类别　　人员变动　　所得税
工资报表　　工资结算　　工资费用分配

【思考题】

1. 什么是工资管理系统？它具有什么样的特点？
2. 工资管理系统的目标和任务是什么？
3. 工资管理系统与其他系统的数据具有怎样的数据传递关系？
4. 简述工资管理系统的功能及其业务处理流程。
5. 工资核算的内容有哪些？
6. 简述工资结算的方式。

【练习题】

一、单项选择题

1. 在工资核算模块中，可将工资数据分成两大类，即基本不变数据和变动数据。以下数据属于基本不变数据的是(　　)。

A. 基本工资　　B. 出勤天数　　C. 每月扣款　　D. 实发工资

2. 工资表格定义中所完成的只是对(　　)的改动。

A. 数据原值　B. 工资表格项目形式　C. 职工名称　D. 职工编码

3. 在工资管理系统中，所得税设置计算完毕，还需要在(　　)把相应的所得税额进行引入，供工资计算。

A. 工资录入　B. 所得税设置　C. 工资发放表　D. 期末结账

4. 在工资管理系统中，禁用职员是在(　　)操作。

A. 职员属性中修改　B. 工资数据录入中修改

C. 工资数据参数中进行修改　D. 人员变动中进行处理

5. 在工资管理系统中设置工资项目时，逻辑型字段项目名称不能包含(　　)文字。

A. 是　B. 1　C. 否　D. yes

6. 工资管理系统的日常核算功能不包括(　　)。

A. 工资数据的录入、修改、查询　B. 设置用户需要的工资项目

C. 工资数据的计算汇总　D. 自动转账功能

7. 工资管理系统的特点不包括(　　)。

A. 政策性强、要求严格　B. 工资计算重复性强

C. 日常数据输入量少　D. 及时性、准确性要求高

二、多项选择题

1. 工资管理系统中的基础数据可以实现和人力资源系统同步，可以同步的基础资料数据包括(　　)。

A. 操作人员　B. 职员　C. 部门　D. 银行

2. 以下所得税的计税方法中，属于工资管理系统中提供了的有(　　)。

A. 按工资发放次数计算　B. 按工资发放季度计算

C. 按工资发放期间计算　D. 按工资发放年度计算

3. 工资管理系统中，在工资数据录入时的过滤方案中，可以设置(　　)。

A. 工资项目　B. 过滤条件　C. 字体大小　D. 排序规则

4. 工资变动包含的详细信息有(　　)。

A. 人员编号　B. 姓名　C. 部门　D. 工资项目

5. 在工资管理系统中，如果职员的部门发生了变化，通过下述操作不能完成的是(　　)。

A. 工资数据录入中进行修改　B. 人员变动中进行处理

C. 重新建立一个工资类别进行设置　D. 通过公式设置进行计算

三、判断题

1. 工资管理系统中，由于结账为不可逆操作，所以一定要备份账套，谨慎操作。(　　)

2. 工资管理系统中，已经审核的工资数据不允许被修改。(　　)

3. 如果处理多个工资类别，可以分别进行月末处理。 (   )

4. 在工资系统中设置了“固定项目”后，无须其他操作，系统会自动把本期固定项目的工资数据复制到下一期。 (   )

5. 在职员核算项目中，若职员类别选系统默认的“不参与工资核算”，则在录入工资数据时就看不到该职员的信息。 (   )

6. 在录入核算项目的资料时，必须先录入部门，再录入职员。 (   )

四、业务分析题

1. 工资管理系统在结账时提示还有其他未结账系统，可以如何操作并解决问题？

2. 工资管理系统在结账时提示工资数据未审核，可以如何操作？

第六章

固定资产管理系统原理及应用

【学习目标】

通过本章学习，要求了解固定资产管理系统的目标、任务和特点；熟悉固定资产管理系统与其他系统之间的数据传递关系；熟悉固定资产管理系统的业务处理流程；熟悉固定资产管理系统的初始化设置；掌握固定资产日常业务处理；掌握固定资产管理系统期末处理。

第一节　固定资产管理系统基本原理

固定资产是指使用年限在一年以上，单位价值在规定限额以上的劳动资料。它能连续在若干个生产经营周期中发挥作用并保持其原有的实物形态，而其价值随着磨损程度逐渐转移到所生产的产品中去，构成产品成本的组成部分并随着产品价值的实现转化为货币资金。

一、固定资产管理系统的目标

固定资产管理是对资产的取得、处理、折旧、出售、交换等整个生命周期进行管理，使管理者能够全面掌握企业当前固定资产的数量与价值，追踪固定资产的使用状况，提高资产利用效率。

固定资产管理系统的目标是：从价值管理的角度，记录、反映和监督企业固定资产的使用效果、效率；及时、准确地提供企业固定资产增减变动信息及各部门固定资产的信息，以便企业管理使用好资产，明晰各部门责任，进行绩效考核；正确、合理地计提固定资产折旧，以便准确计算产品成本，为再生产准备资金。

二、固定资产管理系统的任务

固定资产管理系统是会计信息系统的子系统，主要完成企业固定资产日常业务核算和管理。固定资产核算主要是固定资产增加、减少、变动和计提折旧核算，而固定资产管理主要是基于固定资产卡片的管理，在此基础上提供固定资产管理需要的信息。因此，固定资产管理系统的任务如下。

(1) 核算固定资产的增加、减少、清理报废等情况并定期进行固定资产的盘点，以保证固定资产的完好无损和保值增值。

(2) 正确计提固定资产折旧，做好固定资产的维护修理工作，以保证固定资产的正常使用。

(3) 检查分析固定资产的利用效果，盘活固定资产，提高固定资产的使用效益。

三、固定资产管理系统的特点

固定资产管理系统的特点是由固定资产业务的特点决定的。固定资产管理系统核算的数据跨度年限长，日常业务比较简单，处理方法相对较为固定。一般来说，固定资产管理系统有以下三个特点。

(一) 单笔金额大、储存量大、保存时间长

企业的固定资产不仅价值高而且种类也多，使用时间较长。企业需要为每一项固定资产建立一张固定资产卡片，记录固定资产的详细财务信息及非财务信息。卡片文件还需要登记固定资产折旧计提的相关设置。到了月末，每项固定资产都需要根据各自的设置和数据来进行累计折旧的计提，数据计算量较大。另外，为了加强固定资产管理，保留必要的审计线索，已经处理、报废的固定资产数据、固定资产变动信息等，都需要保存在系统中。所以，固定资产管理系统的数据存储量大、保存时间长。

(二) 折旧计提占据较大工作量，日常数据处理较少

固定资产管理系统正常运行之后，一般只有在购入的固定资产以及固定资产数据发生变动等情况下需要输入新数据，但月末需要计提固定资产折旧。在初始设置时，定义好各种折旧方法的计算公式，设置每一项固定资产的折旧方法，设置好不同使用部门对应的累计折旧费用科目，系统就会自动在每月月末执行折旧计提并将每项固定资产的折旧计入对应的科目，生成记账凭证并传递给总账系统。

(三) 管理要求高，数据综合查询和统计要求较强

固定资产价值高，企业对固定资产的管理比较严格。固定资产使用时间长，信息存续期间长，在存续期间需要根据使用状况进行折旧的计提。在生成账表过程中，要经常使用固定资产的各项数据，以满足企业管理的需要。固定资产管理系统日常查询的数据比日常数据处理要多，所以系统应该具有较强的查询和统计分析功能。

四、固定资产管理系统的业务处理流程

固定资产日常都要发生增加、减少、内部调动等业务，其基本业务流程如图 6-1 所示。

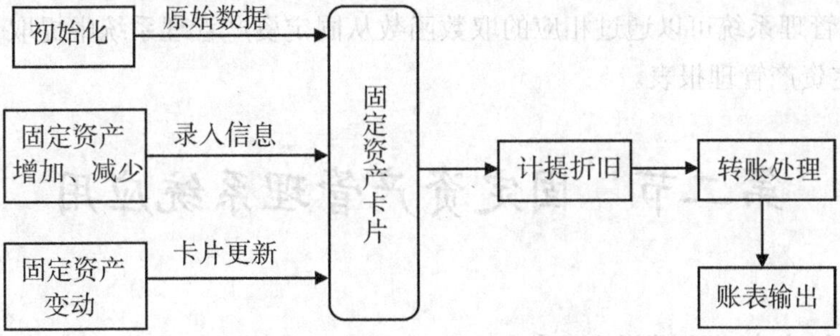

图 6-1　固定资产业务处理流程

(1) 首次使用系统时，需要将系统启用前就已经存在的固定资产录入系统，建立基础的固定资产卡片数据。

(2) 月内发生固定资产增加、减少或内部变动时，根据相应的原始单据，建立或更新固定资产卡片，以反映固定资产的实有数额和记录变动历史。固定资产卡片是用于记录固定资产使用情况的文档资料，它详细记录了固定资产的编码、名称、使用部门、折旧方法等项目，是进行固定资产增减变动、计提折旧的数据源。

(3) 根据月初的固定资产卡片资料，按相关规定选用合适的折旧计提方法，计提固定资产折旧并生成转账凭证。

(4) 根据管理需要，对固定资产卡片等资料和折旧额进行统计，输出各种报表。

五、固定资产管理系统与其他系统之间的数据传递关系

固定资产管理系统与总账系统、成本管理系统和报表管理系统都有数据传递，其具体关系如图 6-2 所示。

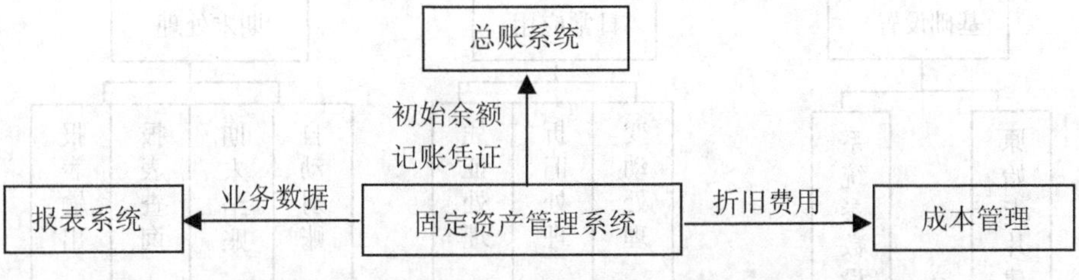

图 6-2　固定资产管理系统与其他系统之间的数据传递关系图

固定资产管理系统与其他系统之间的具体数据传递关系如下。

(1) 固定资产管理系统录入的初始余额可以直接传递到总账系统，作为固定资产相关科目的初始余额；固定资产新增、变动、清理、折旧计提与费用分摊等业务处理可自动生成凭证传递到总账系统。

(2) 固定资产管理系统可以为成本管理系统提供折旧费用数据，形成成本对象的折旧费。

(3) 报表管理系统可以通过相应的取数函数从固定资产管理系统中提取分析数据，编制需要的固定资产管理报表。

第二节　固定资产管理系统应用

一、固定资产管理系统概述

(一) 固定资产管理系统功能简介

固定资产管理系统的作用是完成企业固定资产日常业务的核算和管理，生成固定资产卡片，按月反应固定资产的增加、减少和变动并输出相应的增减变动明细账；按月计提折旧，生成折旧分配表和折旧分配凭证。

固定资产管理系统的主要功能可分为基础设置、日常应用和期末处理三部分。基础设置部分主要完成已有资产的卡片建立和系统运行环境的设置。其中在系统运行环境设置过程中，需要对固定资产变动方式、固定资产类别、来源类型及折旧处理等进行定义，为系统日后的正常运行打好基础。日常应用部分主要完成固定资产增减变动的处理、折旧计提以及凭证生成。在系统运行期末，需要对当期业务数据进行自动对账和结账处理，以及固定资产报表的查询和输出。

固定资产管理系统的主要功能如图 6-3 所示。

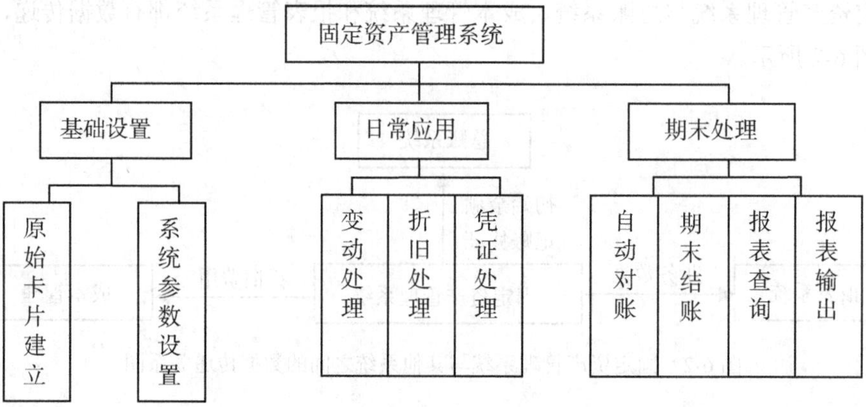

图 6-3　固定资产管理系统功能图

(二) 固定资产管理系统操作流程

根据固定资产的业务特点以及系统功能模块，固定资产管理系统的操作流程如图 6-4 所示。

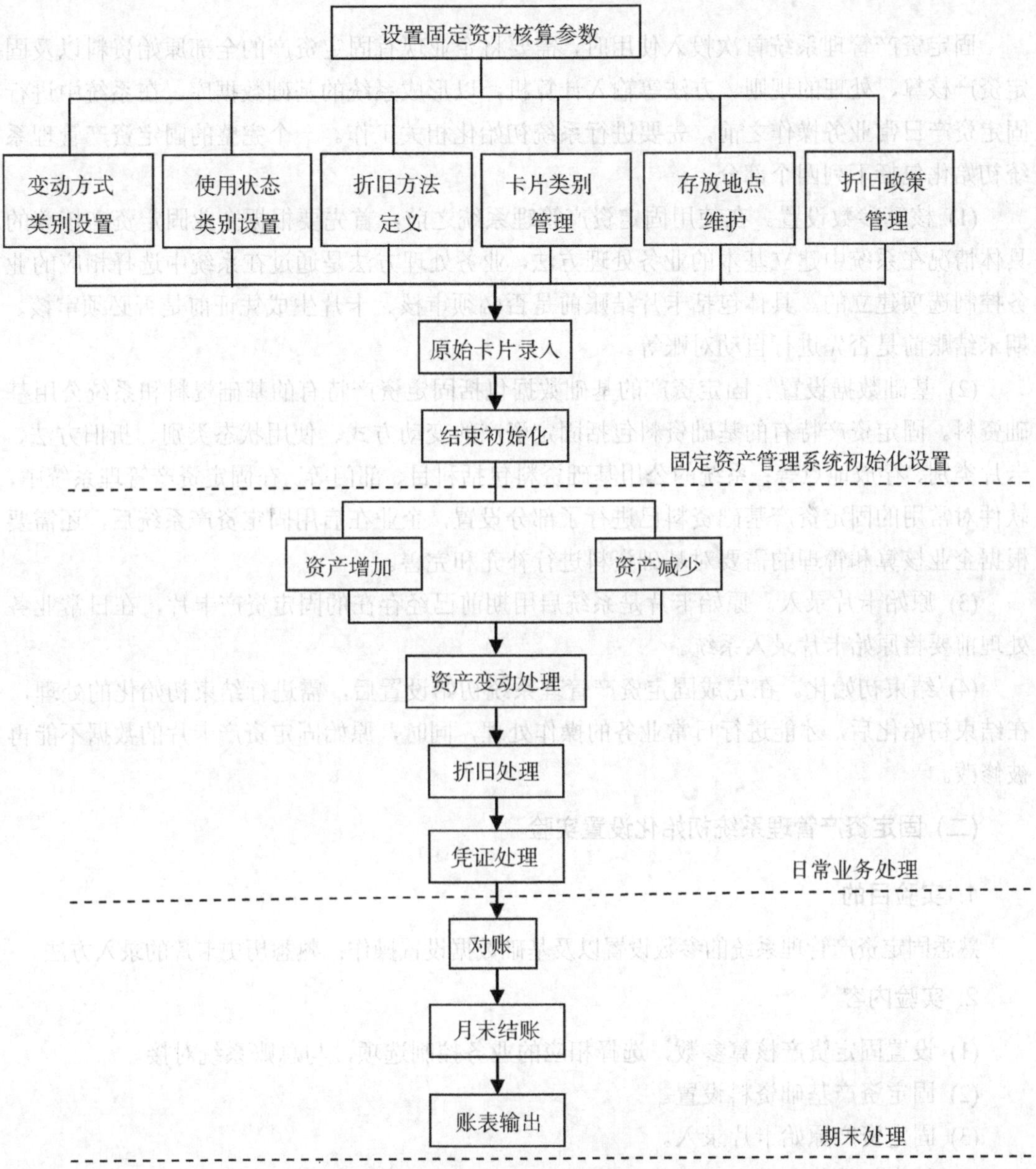

图 6-4 固定资产管理系统操作流程图

二、固定资产管理系统初始化设置

(一) 固定资产管理系统初始化设置功能简介

固定资产管理系统首次投入使用时，需要将企业现有固定资产的全部原始资料以及固定资产核算、处理的规则、方法等输入计算机，以形成系统的基础数据库。在系统中进行固定资产日常业务操作之前，先要进行系统初始化相关工作。一个完整的固定资产管理系统初始化包括下列四个部分。

(1) 核算参数设置。在使用固定资产管理系统之前，首先要根据企业固定资产核算的具体情况在系统中建立基本的业务处理方法，业务处理方法是通过在系统中选择相应的业务控制选项建立的。具体包括卡片结账前是否必须审核、卡片生成凭证前是否必须审核、期末结账前是否先进行自动对账等。

(2) 基础数据设置。固定资产的基础数据包括固定资产特有的基础资料和系统公用基础资料。固定资产特有的基础资料包括固定资产的变动方式、使用状态类别、折旧方法、卡片类别、存放地点等；系统的公用基础资料包括科目、部门等。在固定资产管理系统中，软件对常用的固定资产基础资料已进行了部分设置，企业在启用固定资产系统后，还需要根据企业核算和管理的需要对基础资料进行补充和完善。

(3) 原始卡片录入。原始卡片是系统启用期前已经存在的固定资产卡片，在日常业务处理前要将原始卡片录入系统。

(4) 结束初始化。在完成固定资产管理系统初始设置后，需进行结束初始化的处理，在结束初始化后，才能进行日常业务的操作处理，同时，原始固定资产卡片的数据不能再被修改。

(二) 固定资产管理系统初始化设置实验

1. 实验目的

熟悉固定资产管理系统的参数设置以及基础数据设置操作；熟悉历史卡片的录入方法。

2. 实验内容

(1) 设置固定资产核算参数，选择相应的业务控制选项，与总账系统对接。

(2) 固定资产基础资料设置。

(3) 固定资产原始卡片录入。

(4) 结束初始化。

3. 实验资料

(1) 固定资产核算参数

要求：与总账系统相连，其他参数默认。

(2) 变动方式类别

固定资产的变动方式类别包括增加、减少以及投资性房地产转换等。软件一般都会预置常用的固定资产变动类别供使用者使用，因此，固定资产管理系统启用后，已有的变动方式使用者可直接使用，不需要使用的变动方式类别也可以进行删除，而系统中没有的变动方式类别可自行增加。在本案例中，需要进行增加的固定资产变动类别如表 6-1 所示。

表 6-1　变动方式类别

代　码	名　称	凭 证 字	摘　要	对方科目
002.004	报废	记	报废固定资产	固定资产清理

(3) 固定资产卡片类别(见表 6-2)

表 6-2　固定资产卡片类别

代码	名　称	年限	净残值率	单位	预设折旧方法	资产科目	折旧科目	减值准备	编码规则	是否计提折旧
01	房屋及建筑物	50	5%	栋	平均年限法	1601	1602	1603	FW-	不管使用状态如何一定提折旧
02	交通工具	10	3%	辆	工作量法	1601	1602	1603	JT-	由使用状态决定是否提折旧
03	生产设备	10	3%	台	平均年限法	1601	1602	1603	SC-	由使用状态决定是否提折旧
04	办公设备	5	5%	台	平均年限法	1601	1602	1603	BG-	由使用状态决定是否提折旧

(4) 计量单位类别(见表 6-3)

表 6-3　计量单位类别

代　码	组　名	单　位
01	数量组 1	栋
02	数量组 2	辆
03	数量组 3	台

(5) 固定资产期初明细表(见表 6-4)

表 6-4 固定资产期初数据

资产编码	FW-1	JT-1	SC-1	SC-2
名称	办公楼	小汽车	注塑生产线	注塑车床
类别	房屋及建筑物	交通工具	生产设备	生产设备
计量单位	栋	辆	台	台
数量	1	1	2	1
入账日期	2016.12.31	2016.12.31	2016.12.31	2016.12.31
使用状态	正常使用	正常使用	正常使用	正常使用
变动方式	自建	购入	购入	购入
使用部门	02 行政部	03 销售一部	04 生产一部	04 生产二部
折旧费科目	管理费用—折旧费	销售费用—折旧费	制造费用—折旧费	制造费用—折旧费
币别	人民币	人民币	人民币	人民币
原币金额	1 000 000	200 000	400 000	400 000
开始使用日期	1996.12.31	2011.12.31	2011.12.31	2011.12.31
已使用期间	240(月)	工作总量：300 000km 已使用：140 000km	60(月)	60(月)
折旧方法	平均年限法	工作量法(计量单位 km)	平均年限法	平均年限法
累计折旧金额	400 000	100 000	200 000	200 000

4. 实验步骤

1) 设置固定资产核算参数

以“王明”的身份进入金蝶 K/3 创新管理平台，执行“系统设置”→“系统设置”→“资产管理”→“固定资产—系统参数”命令，在弹出的对话框中，勾选“与总账系统相连”“期末结账前先进行自动对账”，其他参数默认。然后单击“确定”按钮，如图 6-5 所示。

2) 基础资料录入

(1) 新增变动方式类别

以“曹丽”的身份进入金蝶 K/3 创新管理平台，执行“财务会计”→“固定资产管理”→“基础资料”→“变动方式类别”→“减少”命令，单击“新增”按钮，在弹出的对话框中，录入新的变动方式，如图 6-6 所示。

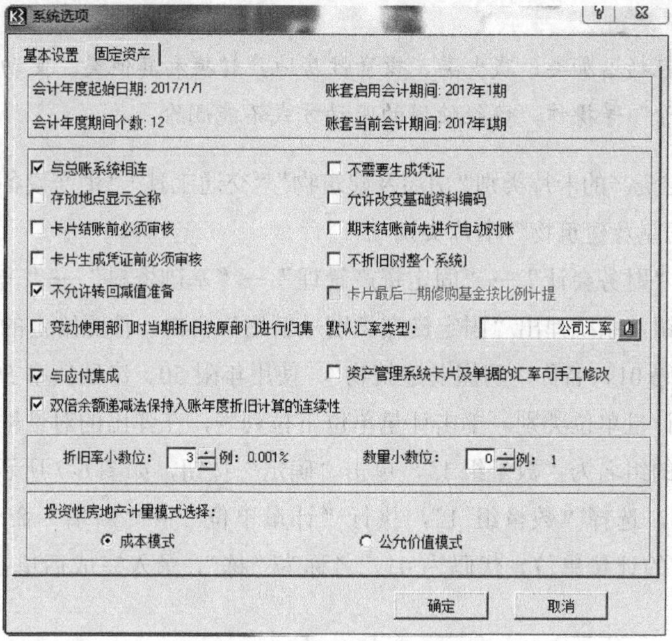

图 6-5　固定资产核算参数设置

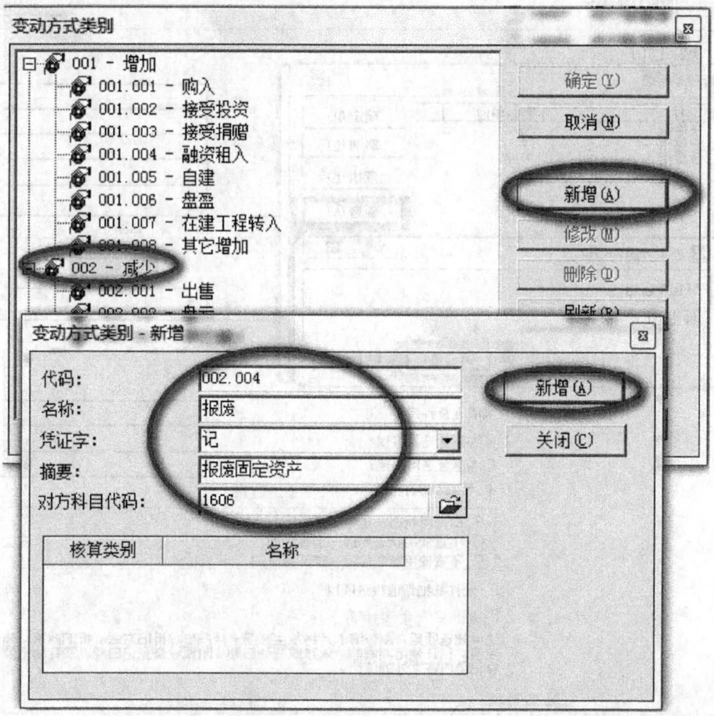

图 6-6　新增变动方式类别

说明：

系统的类别包括增加类、减少类、投资性房地产转换和其他类。变动方式可执行“新增”“修改”“删除”等操作，已经使用的变动方式不能删除。

(2) 新增固定资产的卡片类别“房屋及建筑物”“交通工具”“生产设备”和“办公设备”

① 新增“房屋及建筑物”卡片类别

首先，执行“财务会计”→“固定资产管理”→“基础资料”→“卡片类别”命令，单击“新增”按钮，系统弹出“固定资产类别—新增”窗口，按照给定的实验资料，依次在窗口中录入代码 01、名称“房屋及建筑物”、使用年限 50、净残值率 5%。

其次，新增计量单位类别。单击计量单位下拉列表，在弹出的对话框中单击“新增”按钮，输入新增的组名为“数量组 1”，单击“确定”按钮，如图 6-7 所示。

在对话框中，选择“数量组 1”，执行“计量单位”→“新增”命令，在弹出的对话框中输入新增的计量单位，代码为 01，名称为“栋”，录入完成后单击“新增”按钮，如图 6-8 所示。

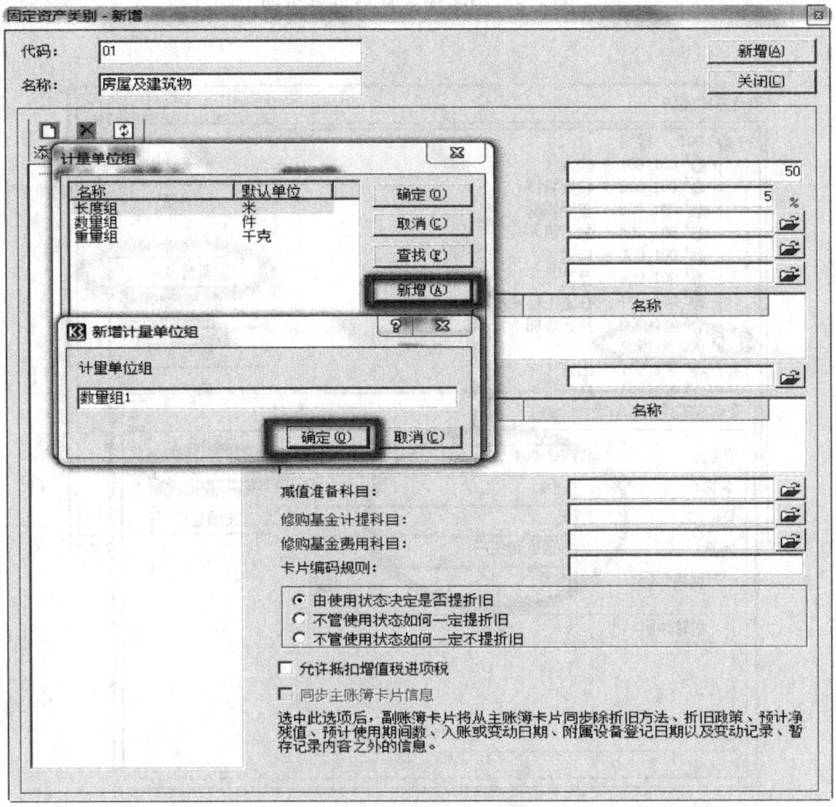

图 6-7　新增计量单位组

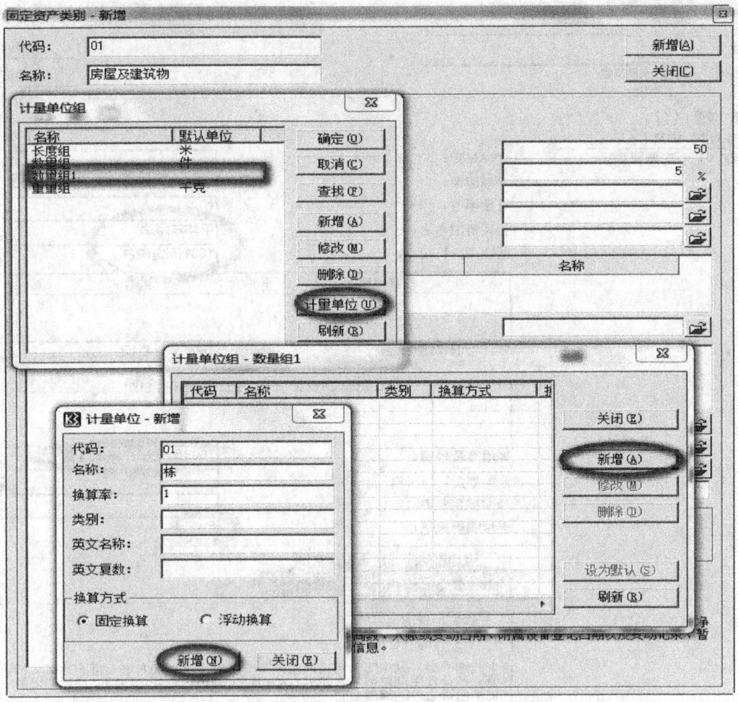

图 6-8　新增计量单位

按上述方法，依次新增“数量组 2”和“数量组 3”的计量单位组信息，结果如图 6-9 所示。

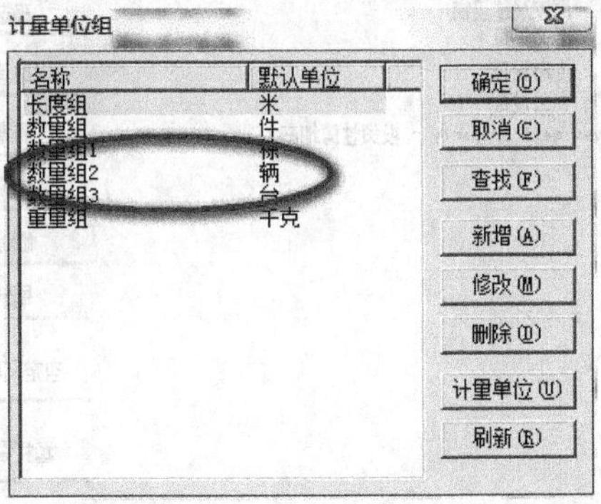

图 6-9　新增计量单位组结果图

再次，新增完成计量单位后，选择房屋及建筑物的计量单位为“栋”并依次录入预设折旧方法、累计折旧科目、减值准备科目、卡片编码规则等信息，如图 6-10 所示。录入完成后单击“新增”按钮。

② 按上述方法，依次新增“交通工具”“生产设备”和“办公设备”卡片类别。增加完成，单击“确定”按钮，如图 6-11 所示。

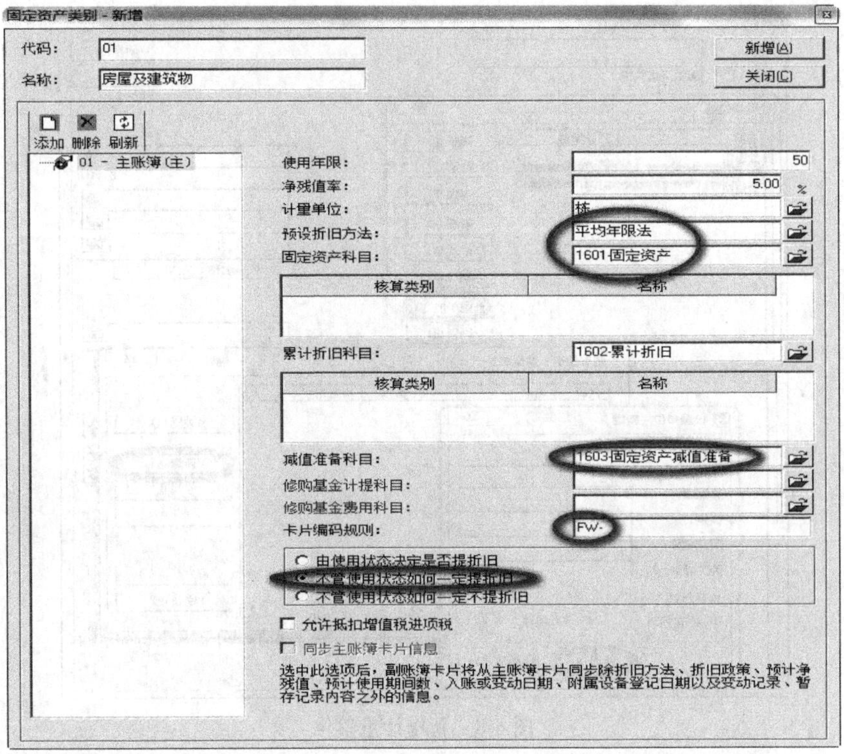

图 6-10　新增固定资产卡片类别

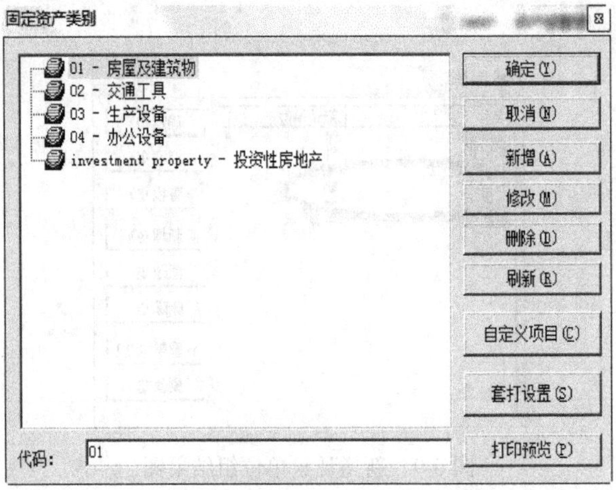

图 6-11　固定资产类别新增结果图

说明：

固定资产类别可以进行“新增”“修改”和“删除”操作，使用过的类别不能删除；系统提供的卡片自定义项目也可以按照卡片类别进行管理，不同的固定资产类别，可以定义不同的自定义项目。例如：房屋及建筑类可能会定义“面积”，而机器设备可能会定义“供应商”，等等。

3) 固定资产初始数据录入

(1) 执行“财务会计”→“固定资产管理”→“业务处理”→“新增卡片”命令。首先确认系统的启用会计期间，如图 6-12 所示。

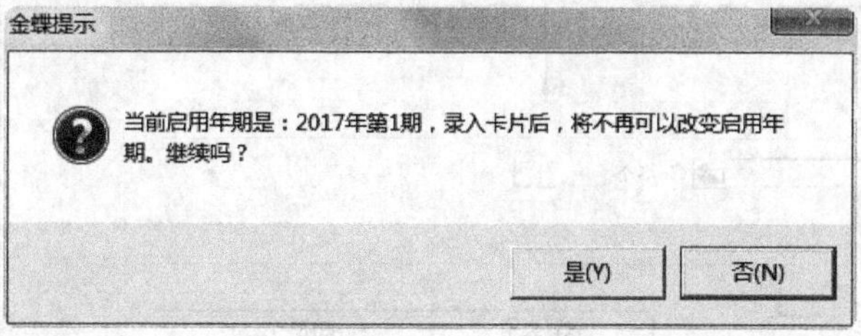

图 6-12　启用固定资产管理系统

(2) 录入基本信息。项目中，带*标记的为必须录入项目，如图 6-13 所示。

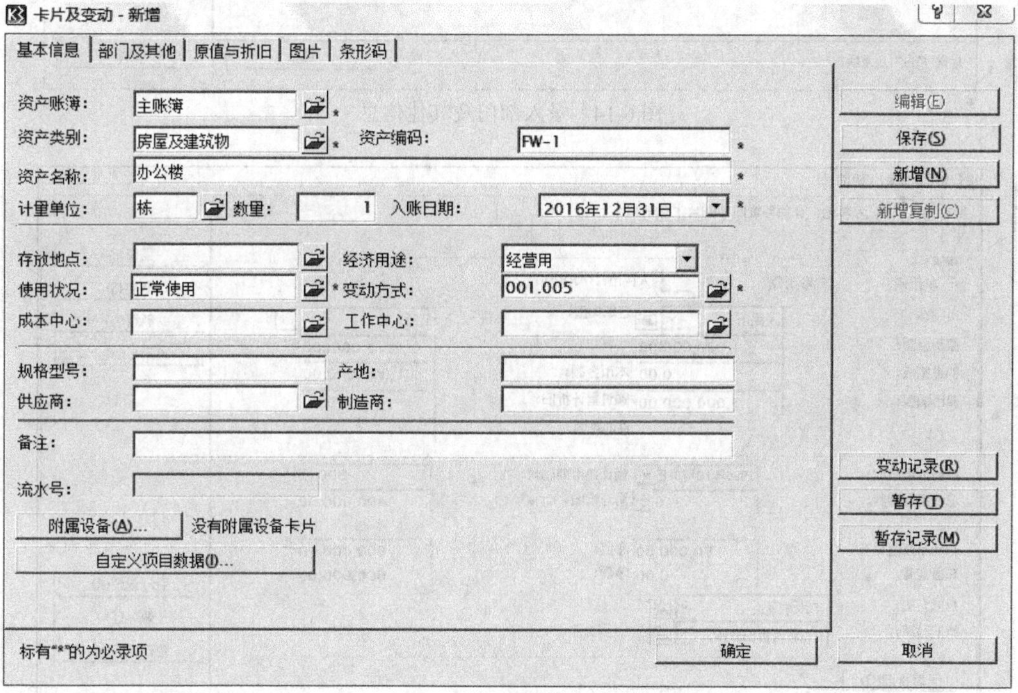

图 6-13　录入基本信息

(3) 录入部门及其他信息，如图 6-14 所示。

说明：

“使用部门”和“折旧费用分配”，如使用部门为一个，则选择“单一”，如果同时为多部门服务，则应对应为“多个”。

(4) 录入原值与折旧信息，如图 6-15 所示。

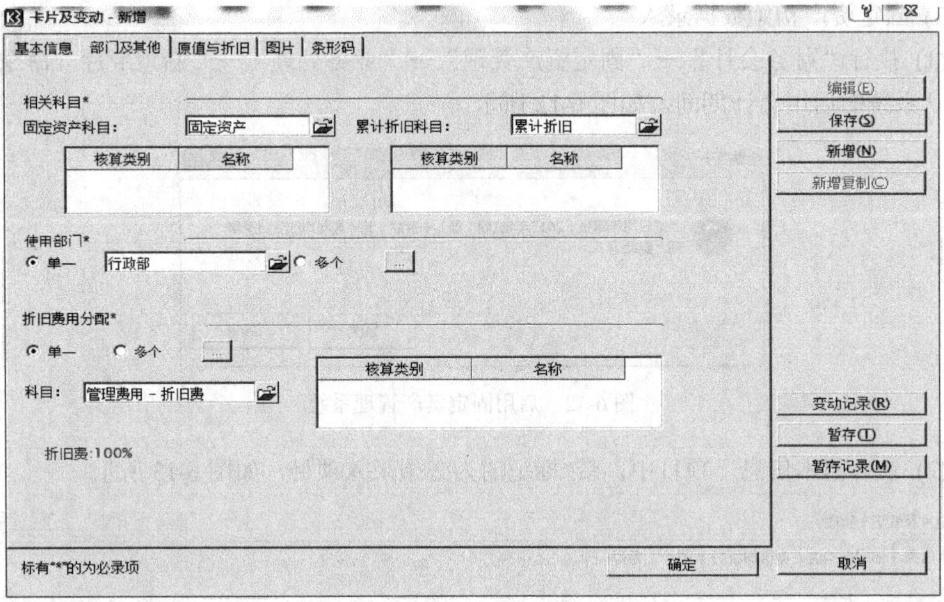

图 6-14　录入部门及其他信息

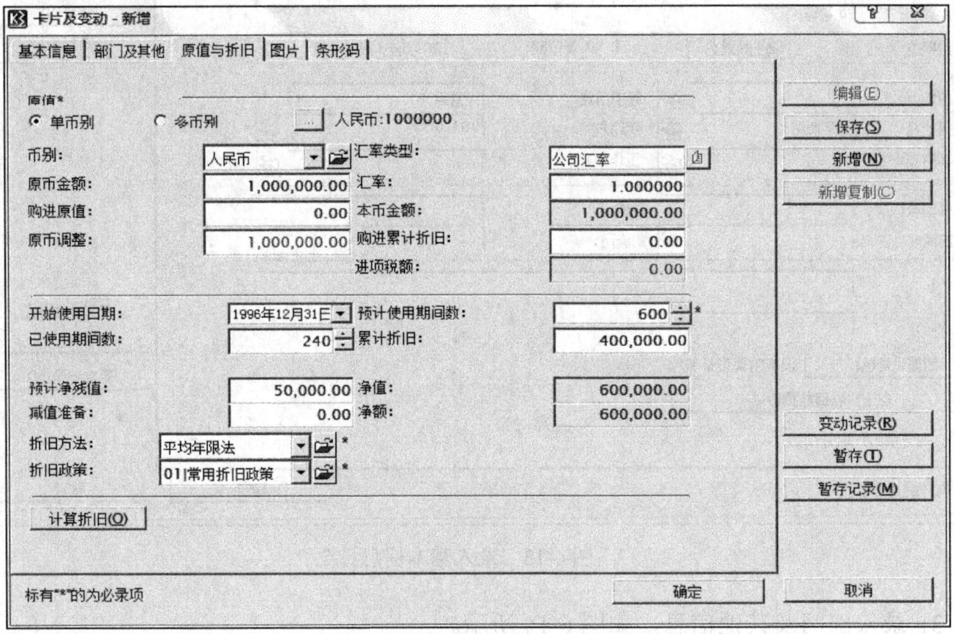

图 6-15　原值与折旧信息

(5) 按上述方法，依次完成小汽车、注塑生产线和注塑车床三项固定资产的初始数据录入。

4) 结束初始化

在金蝶 K/3 主界面中，执行“系统设置”→“初始化”→“固定资产”→“初始化”

命令，在弹出的界面中，单击“开始”按钮，如图6-16所示。

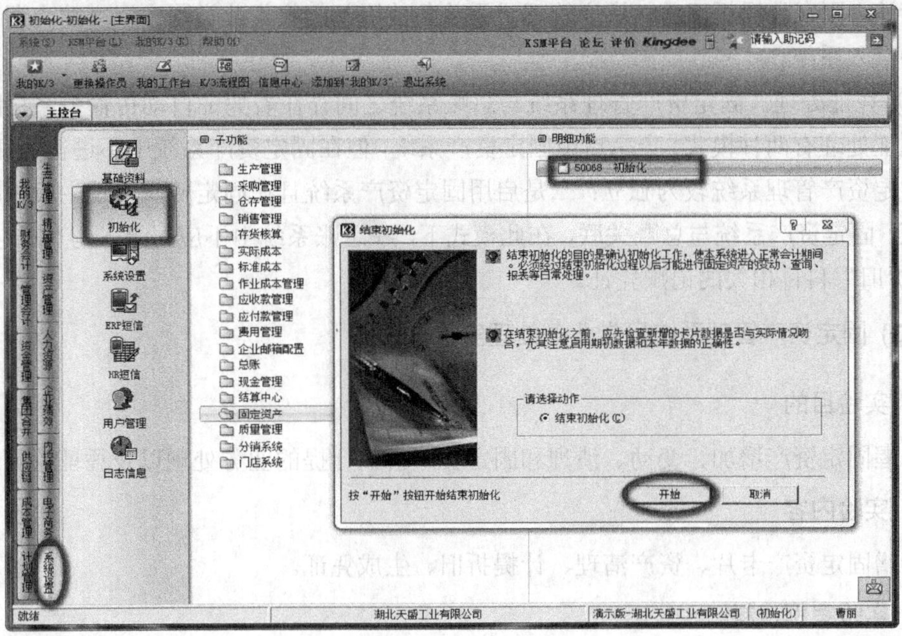

图6-16　结束初始化

三、固定资产管理系统日常业务处理

(一) 固定资产管理系统日常业务处理功能简介

(1) 固定资产增加。固定资产增加可分为直接购入、接受捐赠、盘盈、自行建造等多种方式。在固定资产增加时，首先要填制增加的固定资产卡片，然后再进行凭证处理。

(2) 固定资产减少。固定资产减少时，首先要从固定资产原始卡片中将该资产卡片进行清理，然后再进行凭证处理。当固定资产由于新技术而淘汰或者发生报废等出现满足清理条件的情形之后，要对固定资产进行清理。由资产管理员在系统中对选定的固定资产，利用系统提供的“清理”功能完成固定资产的清理，也可利用“批量清理”功能来完成多项固定资产的清理工作。

(3) 固定资产变动。固定资产变动业务可包括价值信息变更和非价值信息变更两个方面。固定资产价值信息变更是指对固定资产进行的更改扩建等后续支出以及对影响固定资产折旧的要素进行变更，后者也可称为固定资产折旧政策的变更。固定资产非价值信息的变更是指固定资产的使用情况、使用部门、存放地点等的变动。

(4) 计提折旧。符合条件的固定资产要按月进行折旧的计提，资产管理员可以利用系统提供的“计提折旧”功能，在系统引导下快速完成各项固定资产的折旧计提和折旧费用的分摊并生成相应的核算凭证。计提折旧后，可以利用“折旧管理”菜单，对已提折旧进行查看和修正。固定资产管理系统提供了多种折旧的计提方法，如有固定资产采用的是工作量法，则在计提折旧前，资产管理员需从各使用部门收集此类固定资产的当期工作量数据并录入系统。

(5) 凭证处理。固定资产管理系统与总账系统之间存在着凭证自动传输关系。固定资产的凭证处理有两种模式，一是启用固定资产系统，但在固定资产系统中不进行凭证处理，此时固定资产管理系统较为独立；二是启用固定资产系统且在固定资产系统生成相应的业务凭证，固定资产系统与总账关联，在此模式下，在总账系统中不应再录入与“固定资产”“累计折旧”科目相关的记账凭证。

(二) 固定资产管理系统日常业务处理实验

1. 实验目的

掌握固定资产增加、变动、清理和固定资产折旧计提的业务处理以及凭证的处理。

2. 实验内容

新增固定资产卡片、资产清理、计提折旧、生成凭证。

3. 实验案例资料

(1) 新增卡片

公司于 1 月 10 日新购入两台固定资产，分配给两个部门使用，具体如表 6-5 所示。

表 6-5　固定资产卡片新增资料

资产编码	名称	类别	计量单位	数量	经济用途	使用状态	变动方式	使用部门	折旧科目	原币金额	开始使用日期	折旧方法
BG-1	联想电脑	办公设备	台	1	经营用	正常使用	购入	01 财务部	管理费用—折旧费	5000	2017.1.12	平均年限法
BG-2	联想电脑	办公设备	台	1	经营用	正常使用	购入	02 行政部	管理费用—折旧费	5000	2017.1.12	平均年限法

(2) 计提本期固定资产折旧

小汽车本期工作量为 1000 km。

(3) 资产清理

公司于 1 月 15 日报废一辆小汽车，如表 6-6 所示。

表 6-6　资产清理

清理日期	清理数量	变动方式
2017.1.15	1	报废

4. 实验步骤

1) 新增卡片

(1) 以“曹丽”的身份进入金蝶 K/3 创新管理平台，执行“财务会计”→“固定资产管理”→“业务处理”→“新增卡片”命令，在弹出的界面中按顺序依次录入新增固定资产的基本信息、部门信息、原值与折旧信息等并保存，如图 6-17 所示。

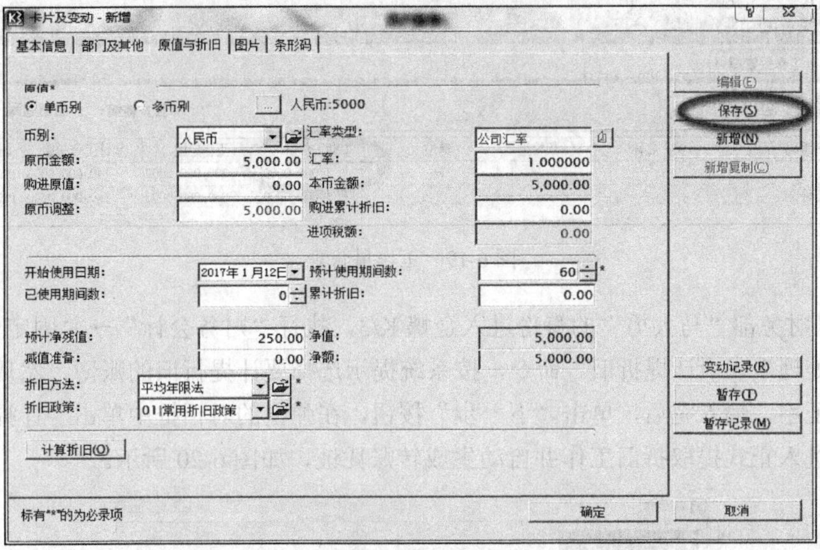

图 6-17　新增卡片

(2) 在刚刚保存的新增卡片界面中，单击“新增复制”功能，可以快速新增一项资产，系统自动将资产编码顺序加 1，修改局部信息后，单击“保存”按钮，如图 6-18 所示。

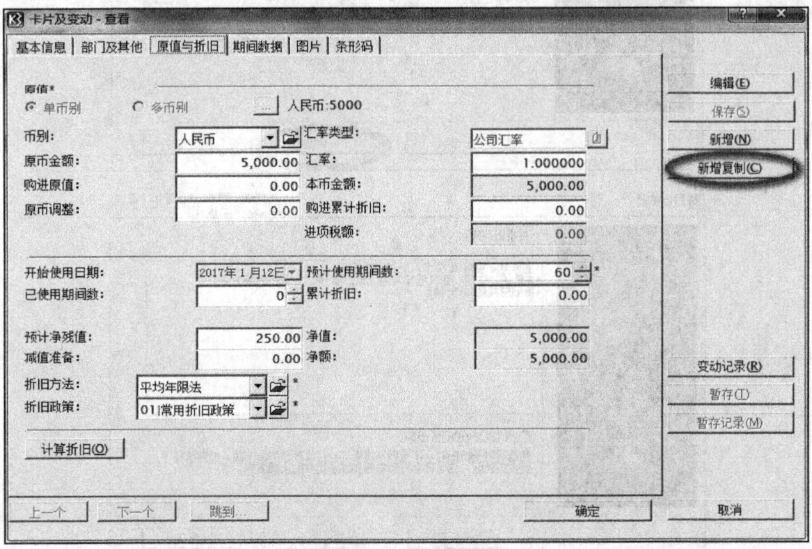

图 6-18　新增复制

2) 计提折旧

(1) 执行“财务会计”→“固定资产管理”→“期末处理”→“工作量管理”命令，录入本期工作量，如图6-19所示，录入完毕后，单击“保存”按钮。

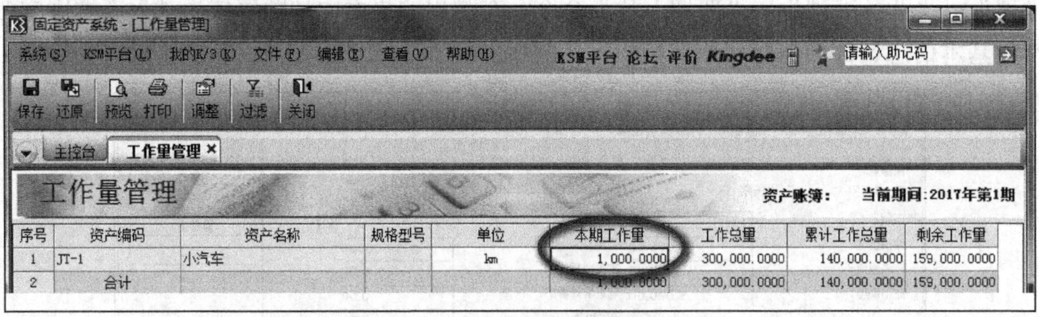

图6-19 工作量管理

(2) 以财务部“马大勇”的身份进入金蝶K/3，执行“财务会计”→“固定资产管理”→“期末处理”→“计提折旧”命令，按系统提示选择要计提折旧的账簿，然后输入凭证摘要和凭证字，输入完后，单击“下一步”按钮，在弹出的对话框中单击“计提折旧”选项，系统进入正式提取折旧工作并自动生成转账凭证，如图6-20所示。

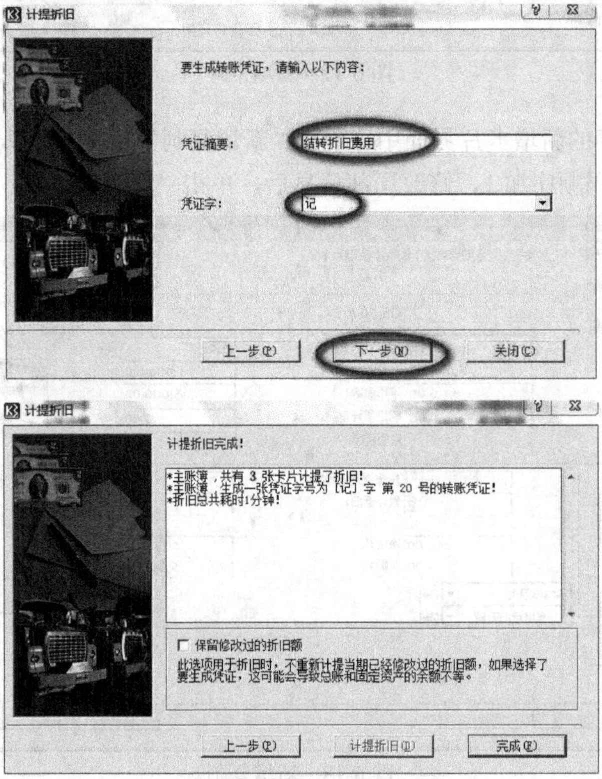

图6-20 计提折旧

说明：

如果本期已经过固定资产折旧费用，系统会弹出“是否要重新计算折旧”的提示，在重新计算折旧的情况下，系统自动删除原计提折旧时生成的凭证。

3) 固定资产清理

执行“财务会计”→“固定资产管理”→“业务处理”→“变动处理”命令，选择需要处理的固定资产卡片，单击“清理”按钮，在弹出的界面中，录入变动方式，系统生成相应的清理记录。如图 6-21 所示。

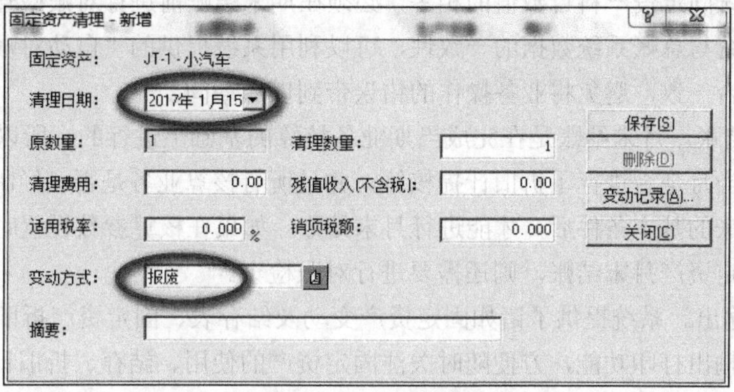

图 6-21　固定资产清理

说明：

系统提供有批量清理功能，在“卡片管理”界面，通过 Shift 键或 Ctrl 键选中多条需要清理的资产，执行“变动”→“批量清理”命令，弹出“批量清理”界面，录入清理数量、清理收入、清理费用、变动方式等内容后，单击“确定”按钮即可完成批量清理。

4) 凭证处理

执行“财务会计”→“固定资产管理”→“业务处理”→“凭证管理”命令，系统弹出“凭证管理—过滤方案设置”对话框。设置过滤条件后，单击“确认”按钮，进入“凭证管理”对话框，选择对应的固定资产卡片，单击“按单”按钮，系统弹出“凭证管理—生成凭证”窗口。单击“开始”按钮，依据系统提示完成会计凭证的生成。按同样的操作，制作固定资产清理的凭证。

在“业务处理—凭证管理”中，可以查看到刚才生成的 3 张凭证。

注意：

计提折旧的凭证在上一步骤“期末处理—计提折旧”选项中设置后，系统自动生成转账凭证，此处不需要重复生成；残值收入的科目设为 6051，清理净损失的科目设为 6711。

四、固定资产管理系统期末处理

(一) 固定资产管理系统期末处理功能简介

在完成当期日常业务核算之后，要对固定资产进行期末处理，固定资产管理系统的期末处理业务包括对账、月末结账和表单输出。

(1) 对账。由于固定资产科目的核算是在总账系统和固定资产管理系统中进行的，为了保证两个系统固定资产科目数值的相等，必须在期末结账前进行对账检查。为了保证固定资产管理系统与总账系统数据的一致性，可以利用系统提供的“自动对账”功能，来检查系统数据是否一致，避免将业务操作的错误带到以后期间。

(2) 月末结账。月末结账是在完成当期业务核算的基础上进行的，所以月末结账前系统会自动检查当月是否进行了折旧计提核算，并且所有核算业务是否已经制单生成凭证，经检查符合结账的基本条件后，才能进行月末结账。如果在核算参数设置时，勾选了对账不平不允许固定资产月末结账，则还需要进行对账检查。

(3) 账表输出。系统提供了诸如固定资产变动及结存表、固定资产折旧汇总表等各种报表的查看和输出打印功能，方便随时关注固定资产的使用、结存、折旧计提等状况。

(二) 固定资产管理系统期末处理实验

1. 实验目的

熟悉固定资产管理系统期末对账、结账的操作，熟悉固定资产各类报表的查阅操作。

2. 实验内容

对固定资产进行期末对账和结账，查看固定资产变动及结存表。

3. 实验资料

直接利用前一部分“固定资产管理系统日常业务处理”操作数据。

4. 实验步骤

(1) 对账

执行“财务会计”→“固定资产管理”→“期末处理”→“自动对账”命令，打开“对账方案”对话框，单击“增加”按钮，在系统自动弹出的“固定资产对账”窗口中设置对账方案为“期末对账”。录入固定资产原值科目为1601，累计折旧科目为1602，减值准备科目为1603。单击“确认”按钮后，系统自动返回“对账方案”维护界面，再单击“确定”按钮，系统自动列示总账系统和固定资产系统的相关数据，如图6-22所示。

注意：

选中过滤条件中的“包括未过账凭证”选项。

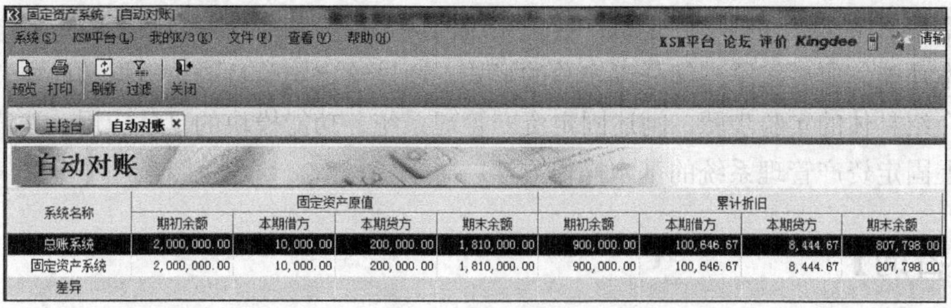

系统名称	固定资产原值				累计折旧			
	期初余额	本期借方	本期贷方	期末余额	期初余额	本期借方	本期贷方	期末余额
总账系统	2,000,000.00	10,000.00	200,000.00	1,810,000.00	900,000.00	100,646.67	8,444.67	807,798.00
固定资产系统	2,000,000.00	10,000.00	200,000.00	1,810,000.00	900,000.00	100,646.67	8,444.67	807,798.00
差异								

图 6-22　对账

(2) 结账

执行“财务会计”→“固定资产管理”→“期末处理”→“期末结账”命令，打开“期末结账”向导。单击“开始”按钮，依据系统提示完成固定资产结账，结账后系统进入下一个会计期间。

(3) 账表输出

执行“财务会计”→“固定资产管理”→“管理报表”→“固定资产折旧费用表”命令，系统弹出“方案设置”窗口，录入过滤方案后，单击“确定”按钮，即可查看固定资产折旧费用分配情况，如图 6-23 所示。

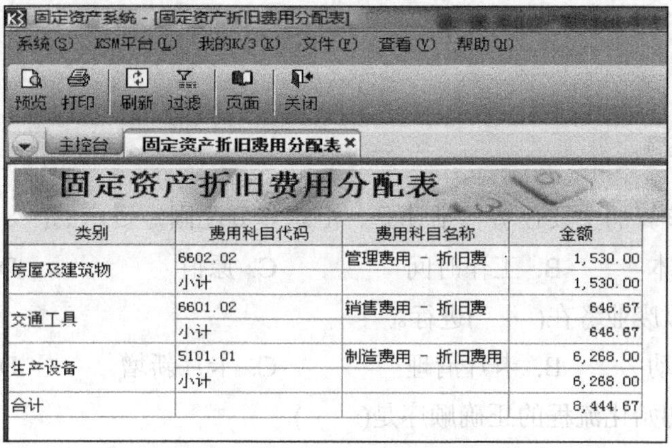

类别	费用科目代码	费用科目名称	金额
房屋及建筑物	6602.02	管理费用 - 折旧费	1,530.00
	小计		1,530.00
交通工具	6601.02	销售费用 - 折旧费	646.67
	小计		646.67
生产设备	5101.01	制造费用 - 折旧费用	6,268.00
	小计		6,268.00
合计			8,444.67

图 6-23　固定资产折旧费用分配表

用类似的方法可进行固定资产折旧明细表等其他报表的查看。

【本章小结】

本章第一节首先阐述了固定资产管理系统的概念、目标、任务与特点；然后以图示的方法对固定资产管理系统与其他系统的数据传递关系进行了分析，让读者从总体上把握固定资产管理系统与其他系统的联系；最后对固定资产管理系统的业务处理流程进行了介绍。

本章第二节重点介绍了固定资产管理系统的应用。第一部分先介绍了固定资产管理系统的基本功能，随后在第二部分以实验的形式，通过给定实验目的、数据和内容，以图文的方式介绍具体的实验步骤，阐述固定资产管理系统各功能模块的具体应用，让读者能够熟练掌握固定资产管理系统的基本操作方法。

【关键名词】

固定资产管理系统　　固定资产卡片　　资产清理　　计提折旧

【思考题】

1. 固定资产管理系统具有什么样的特点？
2. 固定资产管理系统的任务是什么？
3. 固定资产管理系统与其他系统具有怎样的数据传递关系？
4. 简述固定资产管理系统的功能及其业务处理流程。
5. 简述固定资产计提折旧的方法和操作流程。

【练习题】

一、单项选择题

1. 固定资产核算的主要任务包括计算、汇总和分配固定资产的(　　)。

   A. 生产成本　　B. 工作时间　　C. 原值　　D. 折旧费用

2. 固定资产报废业务在(　　)进行。

   A. 卡片变动　　B. 卡片清理　　C. 卡片新增　　D. 固定资产报废

3. 固定资产初始化流程的正确顺序是(　　)。

   A. 基础资料设置，初始数据的录入，结束初始化，系统参数的设置

   B. 系统参数的设置，基础资料设置，初始数据的录入，结束初始化

   C. 初始数据的录入，结束初始化，基础资料设置，系统参数的设置

   D. 基础资料设置，初始数据的录入，系统参数的设置，结束初始化

4. 固定资产管理中的期末反结账工作通过(　　)可以完成。

   A. Ctrl+期末结账　　B. 期末结账

   C. Shift+期末结账　　D. 卡片查询中的查看菜单

5. 已经使用的固定资产，其变动方式等基础资料将(　　)。

   A. 可禁用　　B. 可删除　　C. 无法删除　　D. 可隐藏

6. 在固定资产管理系统中，要想设置某个固定资产无论如何都不提折旧，需要在资产类别中选择(　　)。

A. 由使用状态决定是否提折旧　　B. 由操作人员决定不提折旧
C. 不管使用状态如何一定提折旧　　D. 不管使用状态如何一定不提折旧

7. 下列关于固定资产管理系统的说法中正确的是(　　)。

A. 固定资产管理系统提供卡片管理，但与账务系统无关
B. 固定资产系统只是对固定资产的增减变动情况的管理
C. 固定资产系统只要使用或改变就应计提折旧
D. 固定资产系统计提折旧的方法可以由用户自行定义

二、多项选择题

1. 固定资产管理可以完成哪些工作？(　　)

A. 固定资产的新增　　B. 固定资产的减少
C. 固定资产的变动　　D. 计提折旧

2. 固定资产变动方式类别中可以设置(　　)。

A. 对方科目　　B. 核算项目　　C. 凭证字　　D. 摘要

3. 以下属于固定资产管理系统提供的计提折旧方法的有(　　)。

A. 平均年限法　　B. 工作量法　　C. 双倍余额递减法　　D. 自定义

4. 固定资产卡片录入中，以下属于必填项的有(　　)。

A. 资产名称　　B. 资产类别　　C. 资产型号　　D. 使用部门

5. 固定资产的使用状况包括(　　)。

A. 使用中　　B. 未使用　　C. 使用前　　D. 不需用

6. 固定资产管理系统应实现的功能有(　　)。

A. 固定资产的增减变动情况管理　　B. 固定资产卡片管理
C. 计提折旧　　D. 计算固定资产净值

7. 固定资产核算软件具有的特点有(　　)。

A. 数据核算及存储量大　　B. 日常数据输入量少
C. 输出内容多　　D. 计算重复性强

三、判断题

1. 固定资产卡片录入完毕且生成了相关凭证，固定资产卡片就不能做修改了。(　　)

2. 固定资产减少业务的核算就是直接减少固定资产的价值。(　　)

3. 每月计提折旧时，应在本期的固定资产业务全部完成以后，进行计提折旧工作，否则需要重新计提折旧。(　　)

4. 固定资产的折旧只能由系统自动计提而不能手工修改，如果想修改只能做累计折旧调整。（ ）

5. 对账不平不允许月末结账。（ ）

四、业务分析题

1. 执行“财务会计”→“固定资产管理”→“期末处理”→“计提折旧”命令，按系统提示选择要计提折旧的账簿，然后输入摘要和凭证字，单击“计提折旧”选项，开始计提本期折旧工作，系统显示本期计提折旧金额为0。可能的原因有哪些？

2. 在新增固定资产卡片类别时，要选择计量单位，界面中没有可勾选的计量单位。可能的原因有哪些？应如何进行操作才能继续？

第七章

应收管理系统原理及应用

【学习目标】

通过本章的学习，了解应收管理系统的目标、任务、特点、功能结构以及与其他业务系统之间的关系；掌握应收管理系统初始化设置、日常业务处理及期末业务处理的操作流程。

第一节　应收管理系统基本原理

应收账款是指企业在正常的经营过程中因销售商品、产品、提供劳务等，应向购买单位收取的款项，包括应由购买单位或接受劳务单位负担的税金、代购买方垫付的各种运杂费等。应收管理系统以销售发票、相关费用单据、其他应收单等原始单据为依据，记录销售业务及其他业务所形成的往来款项，进行应收款项的收回、坏账、转账等业务处理，同时提供票据处理功能并将数据传递到总账系统。

一、应收管理系统的目标

应收管理系统与企业销售业务联系紧密，通过对应收账款的管理，一方面，可以有效分析往来企业信用等级，提高企业应收账款回收期，加快企业资金周转的同时减少资金占有率，从而达到创造更高现金流入的目的；另一方面，通过应收账款信息的及时采集、处理、分析，为企业管理者分析制定客户激励政策等提供依据，帮助企业扩大销售，提高产品市场占有率，从而达到提高销售利润的目的。

二、应收管理系统的任务

应收管理系统主要用于核算和管理企业与客户之间的往来款项，反映和监督应收账款的发生、资金回收状况，如对销售业务、其他应收业务产生的应收账款以及对这些应收款项的收回进行处理。运用对应收状况的管理手段，制定应收账款回收期、评价客户信用等级、进行账龄分析、提供催账信息等，帮助其及时收回货款以及处理各种坏账，减少资金占用和风险。

(一) 及时、准确提供应收账款余额资料

应收管理系统主要用于核算和管理企业与客户之间的往来款项，通过销售发票、其他应收单、收款单等单据的记录对企业往来账款进行综合管理，及时、准确地提供客户往来账款余额资料。

(二) 提供应收款项分析信息，便于制定销售政策

应收管理系统提供各种分析报表，如账龄分析表、欠款分析、周转分析、回款情况等为企业管理者分析销售情况、制定客户激励政策提供依据，从而扩大销售，提高产品的市场占有率，达到提高企业经济效益的目的。

(三) 对应收款及其回收进行处理

应收管理系统提供各种预警、控制功能，可以帮助企业及时对到期账款进行催收，以防止发生坏账，减少资金占用和风险。信用额度的控制有助于企业随时了解客户的信用情况，应收票据的跟踪管理功能可以让企业随时对应收票据的背书、贴现、转出、作废等操作进行监控，避免重记、漏记等情况发生。

三、应收管理系统的特点

应收管理系统具有如下三个特点。

(一) 与其他子系统联系紧密

应收管理系统与销售管理系统、总账系统等都有数据共享，这不仅可以避免重复录入操作，还可以大大提高信息传送效率，为企业节约信息成本。

(二) 数据的真实性和准确性要求高

当相关的销售凭单和收款凭单录入应收管理系统，必须严格审核相关凭单，保证数据的真实性和准确性。在制证登账后确认的销售收入、销售成本、销售费用、相关税金等数据直接影响国家的税收、企业的利润，同时也是评价企业经营成果的重要依据。

(三) 数据的及时性要求高

应收账款的发生和收回情况是企业非常重要的信息，只有及时掌握应收账款汇总表、账龄分析表、催款通知单、应收账款明细信息等才能使企业管理者迅速地对市场变化做出反应，及时制定和调整收款方案、催款策略，加快资金周转，提高企业经济效益。

四、应收管理系统的业务处理流程

应收管理系统在业务处理流程中与销售系统密不可分，应收管理系统从销售系统中可

以得到销售凭单、产品目录等信息，销售人员在销售系统中可以录入销售订单，订单信息可以同时与应收管理系统共享。应收管理系统也可以从客户方直接获取发票等原始凭单，在应收管理系统中填制销售发票等单据。财务部门对应收账款的核算主要通过“应收账款”“坏账准备”等科目进行。当企业发生赊销业务时，会计人员根据销售凭单、发票、发货单等单据金额登记“应收账款”账户借方，在采用备抵法进行坏账处理时，当坏账发生时，根据核定的坏账金额借记“坏账准备”，如图 7-1 所示。

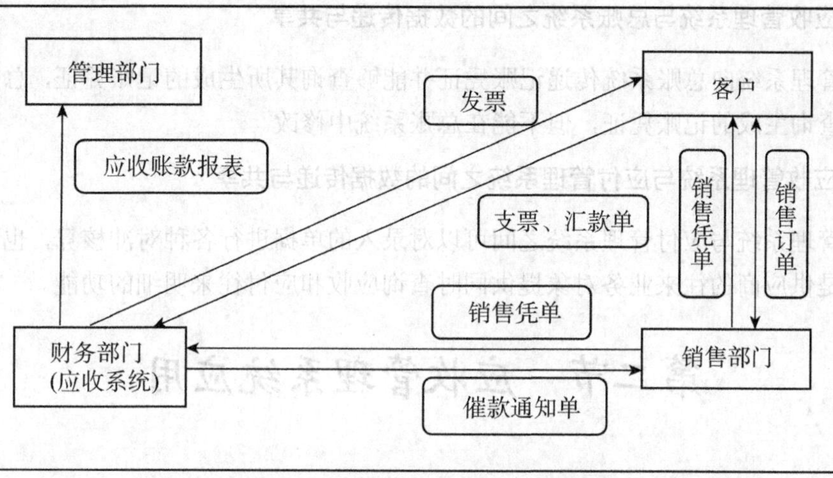

图 7-1　应收管理系统业务流程图

五、应收管理系统与其他业务系统的数据传递与共享

应收管理系统与其他业务系统之间的数据传递与共享如图 7-2 所示。

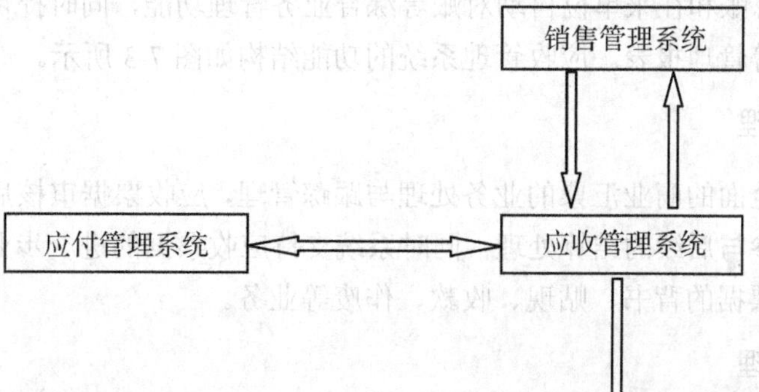

图 7-2　应收管理系统与其他业务系统之间的数据传递与共享

应收管理系统与其他业务系统之间的数据传递与共享主要体现在以下几个方面。

(一) 应收管理系统与销售系统之间的数据传递与共享

销售系统录入的销售发票、销售调拨单以及代垫运费单可以传入应收管理系统，应收管理系统对发票进行审核并据以进行收款结算处理和生成凭证；同时，应收款管理系统为销售系统提供销售发票、销售调拨单的收款结算情况以及代垫费用的核销情况。

(二) 应收管理系统与总账系统之间的数据传递与共享

应收管理系统向总账系统传递记账凭证并能够查询其所生成的记账凭证，总账系统也可以同样查询生成的记账凭证，但不能在总账系统中修改。

(三) 应收管理系统与应付管理系统之间的数据传递与共享

应收管理系统与应付管理系统之间可以对录入的单据进行各种对冲核算，也可以对既是客户又是供应商的往来业务对象提供同时查询应收和应付往来明细的功能。

第二节　应收管理系统应用

一、应收管理系统的功能与操作流程

(一) 系统功能介绍

金蝶 K/3 应收款管理系统提供应收合同管理、销售发票、收款、退款、应收票据管理、应收款结算等全面的应收业务流程管理，以及凭证自动生成、坏账管理、信用管理、到期债权预警、与总账和往来单位自动对账等综合业务管理功能，同时提供账龄分析、回款分析、销售分析等管理报表。应收管理系统的功能结构如图 7-3 所示。

1. 票据管理

系统提供全面的商业汇票的业务处理与跟踪管理，应收票据审核后可以自动生成收款单或预收单，参与后续的结算处理；同时系统支持应收票据的进一步业务处理，帮助企业随时监控应收票据的背书、贴现、收款、作废等业务。

2. 凭证管理

系统提供模板式和非模板式两种凭证生成方式，用户可以根据操作习惯自行选择。凭证保存时，系统自动校验单据与凭证上的往来科目的币别、总金额、账期等内容并对单证内容不符的情况及时给予详细提示，帮助用户最大限度地减少错误操作。

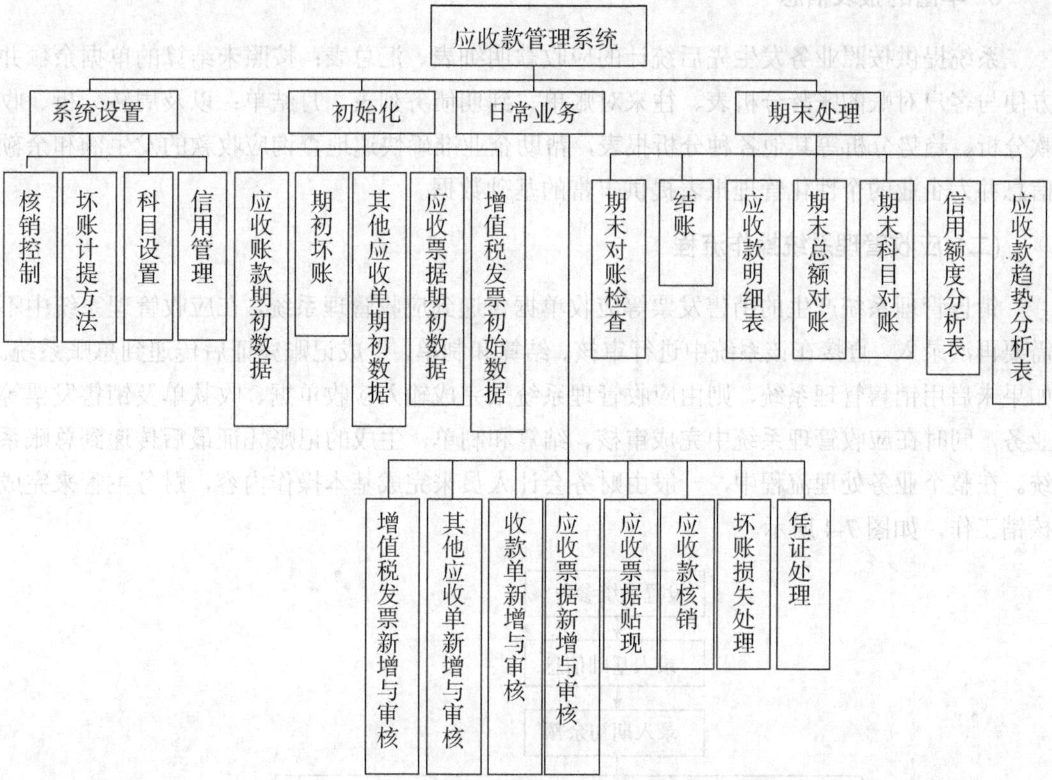

图 7-3　应收管理系统功能结构图

3. 坏账管理

系统提供坏账准备的计提、损失和收回的业务和相关的账务处理，对于坏账准备的计提，系统支持备抵法下的三种计提方法：销货百分比法、账龄分析法和应收账款百分比法，满足企业灵活的业务需要，帮助企业加强对应收账款的管理。

4. 信用管理

系统提供针对客户、部门、业务员等五种信用对象，按照合同、发票等单据的信用期间、信用额度、信用数量进行不同强度的信用控制，包括取消交易、预警提示、不予控制等。帮助企业根据自身的业务管理要求，灵活地配置信用管理方案，达到“以最小的信用管理成本，获取最大的销售成长”的目标。

5. 对账功能

系统提供应收系统的单据与总账账簿的对账功能，包括按总额对账和按往来科目对账两种方式，帮助企业随时进行业务信息与财务信息的核对，及时发现并遏制业务部门与财务部门之间由于信息不对称造成的账实不符问题。

6. 丰富的报表信息

系统提供按照业务发生先后统计的应收款明细表、汇总表；按照未结算的单据余额并方便与客户对账的账龄分析表、往来对账单、到期债务列表、月结单；以及周转分析、收款分析、趋势分析等其他各种分析报表，帮助企业准确快速地查询应收款的发生额和余额信息并为企业的个性化管理报表提供丰富的基础数据。

(二) 应收管理系统操作流程

销售管理系统产生的销售发票等应收单据传递到应收管理系统，在应收管理系统中不需要再次录入，直接在该系统中进行审核、结算和制单，生成记账凭证后传递到总账系统。如果未启用销售管理系统，则由应收管理系统来完成输入应收单据、收款单及销售发票等业务，同时在应收管理系统中完成审核、结算和制单，生成的记账凭证最后传递到总账系统。在整个业务处理流程中，一般由财务会计人员来完成基本操作内容，财务主管来完成核销工作，如图 7-4 所示。

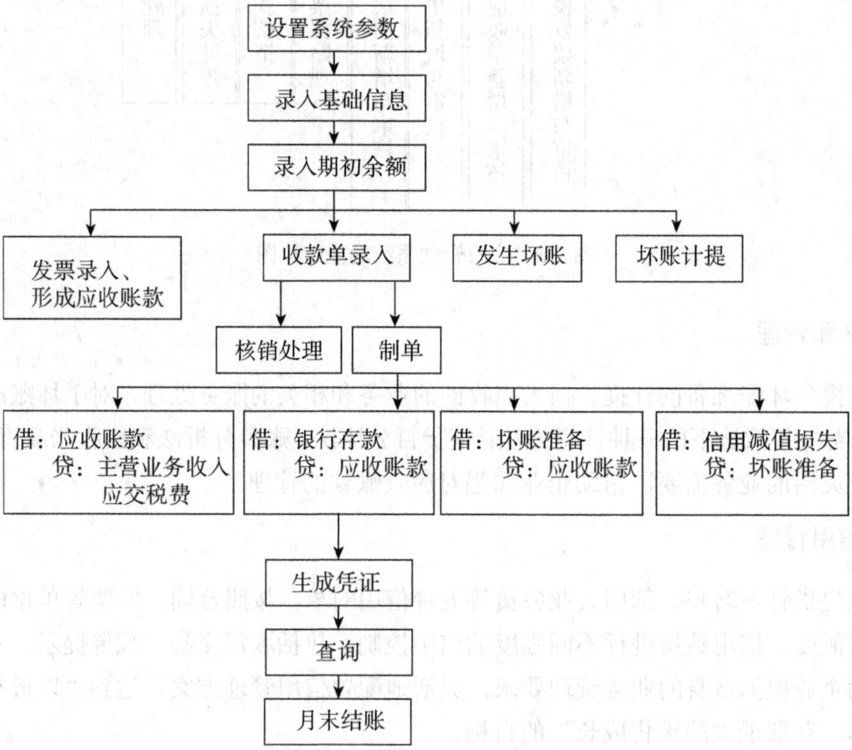

图 7-4　应收管理系统业务处理流程

二、应收管理系统初始化设置

(一) 应收管理系统初始化设置功能简介

应收管理系统的初始化设置主要是建立应收管理的基础数据，设置系统参数和基础资料，录入初始数据，与总账系统进行对账，最后完成初始化设置。

(二) 应收管理系统初始化设置实验

1. 实验目的

理解应收管理系统初始化设置在整个应收系统中的作用及其重要性。掌握应收管理系统初始设置内容及步骤，掌握系统参数设置、基础资料设置、录入期初数据的方法并完成与总账之间的对账过程。

2. 实验内容

按照实验案例资料要求对系统参数、基础资料、录入期初数据进行相关设置操作。

3. 实验案例资料

1) 系统参数设置

(1) 基本信息：启用年份为 2017 年，启用期间年为 1 月。

(2) 坏账计提方法，如表 7-1 所示。

表 7-1　坏账计提方法

计提方法	备抵法
备抵法选项	应收账款百分比法
坏账损失科目代码	资产减值损失：6701，坏账准备：1231
计提坏账科目	应收账款；计提比例：0.5%

(3) 科目设置，如表 7-2 所示。

表 7-2　科目设置

科目名称	科目代码
单据类型	1122
应收票据	1121
应交税金	2221.01.02

(4) 凭证处理：勾选使用凭证模板，不勾选预收冲应收需要生成转账凭证。

(5) 系统参数设置其他没有说明的内容采用默认状态，不更改。

2) 应收款期初基础资料(见表 7-3)

表 7-3 应收账款期初数据表

客　户	时　间	金　额
北京王府井	2016.12.06	80 000
上海永安百货	2016.11.25	60 000
群光百货	2016.10.20	100 000
东莞天虹商场	2016.01.08	40 000
合计		280 000

3) 根据基础资料内容，在系统中录入期初数据并进行对账处理

4. 实验步骤

1) 基础设置

(1) 执行“账套管理”→“用户”命令，将马大勇、李强、张婷赋予应收管理系统所有权限。以总账会计“马大勇”的身份登录金蝶 K/3 主控台，执行“系统设置”→“系统设置”→“应收款管理”→“系统参数”命令，打开应收款系统的“系统参数”对话框，如图 7-5 所示，按照实验案例资料的要求正确操作。

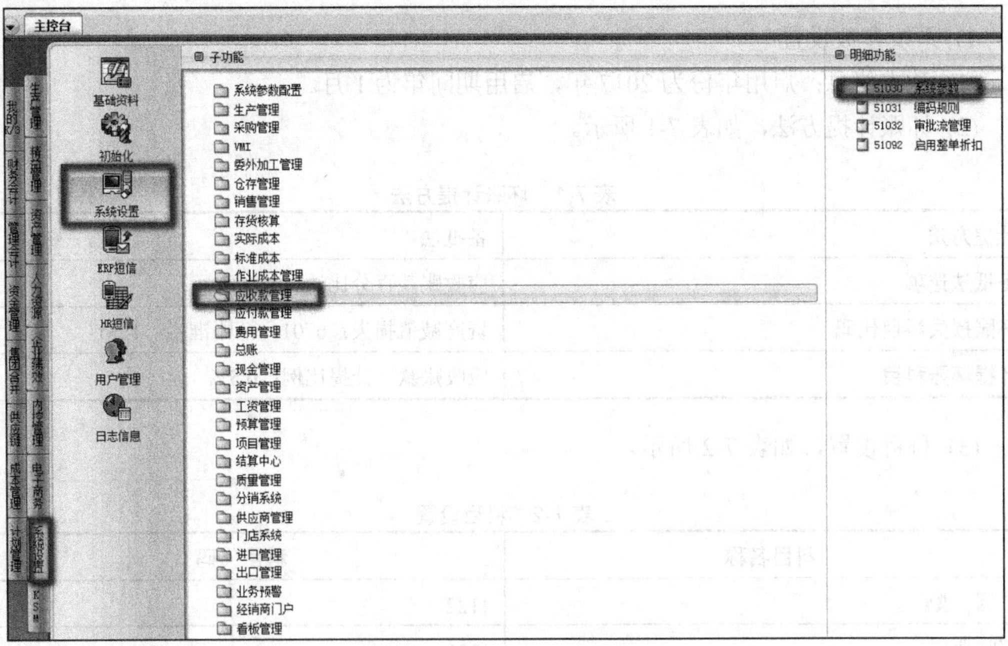

图 7-5 打开系统参数设置

(2) 打开参数设置页面之后，在坏账计提方法页面操作计提方法为备抵法；备抵法选项为应收账款百分比法；坏账损失科目代码为资产减值损失(6701)、坏账准备(1231)；计提坏账科目为应收账款；计提比例为 0.5%，如图 7-6 所示。

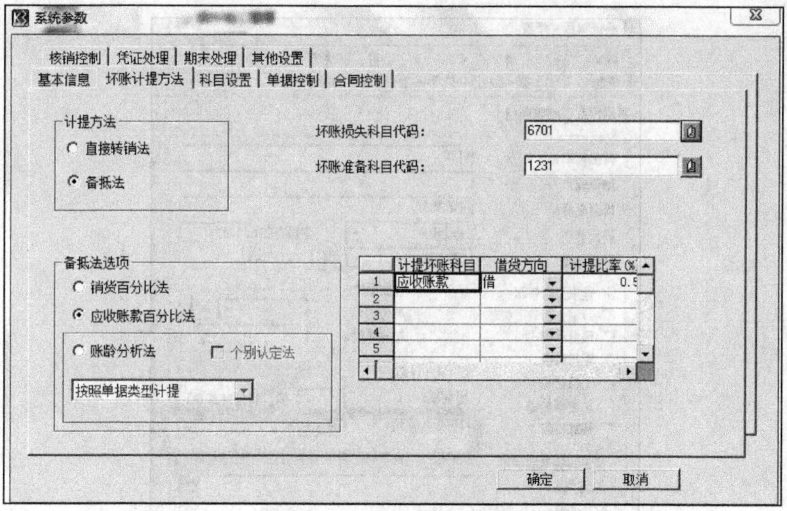

图 7-6 应收管理系统参数

(3) 打开“系统参数”对话框后，在“基本信息”选项卡中设置启用年份为 2017 年，期间为 1 月。

注意：

启用年份、启用会计期间指初次启用应收款管理系统的时间，并且在初始化结束后不能修改。

(4) 打开“系统参数”对话框后，在“科目设置”选项卡中设置基础资料中的相关内容，如图 7-7 和图 7-8 所示。

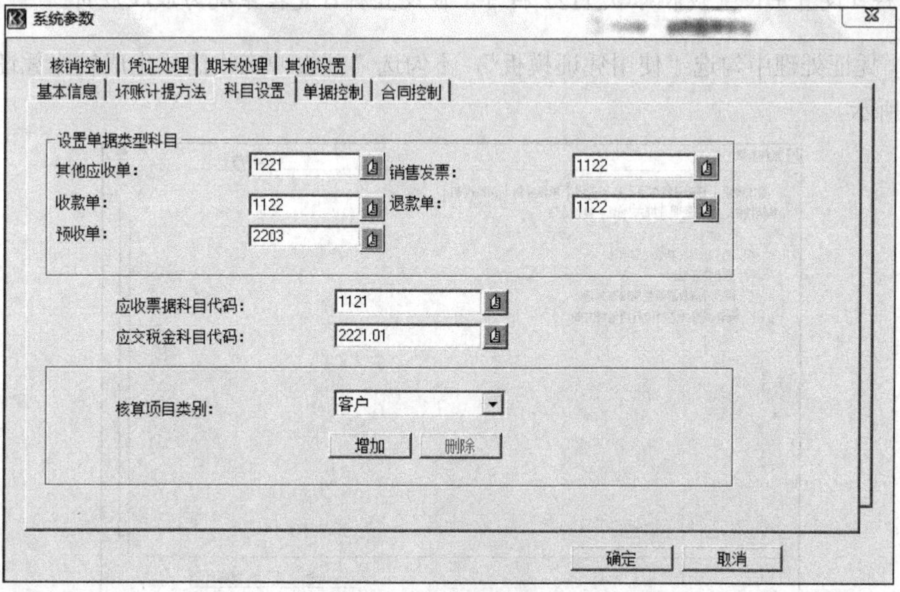

图 7-7 科目设置

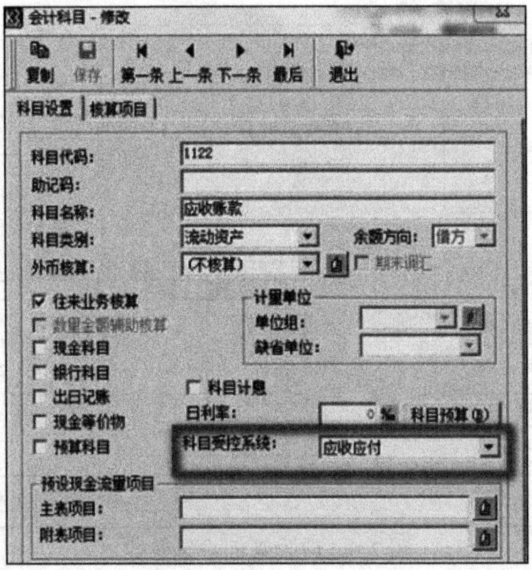

图 7-8　会计科目修改

注意：

收款单 1122、其他应收单 1221 和预收单 2203 应在科目设置中修改为受控应收应付系统。

注意：

如在单击“确认”按钮后弹出“销售发票的科目不是受控科目”而无法确认时，则应在会计科目设置中设置应收账款 1122 科目，应设置科目受控系统为应收应付。

(5) 凭证处理中勾选“使用凭证模板”，不勾选“预收冲应收需要生成转账凭证”，如图 7-9 所示。

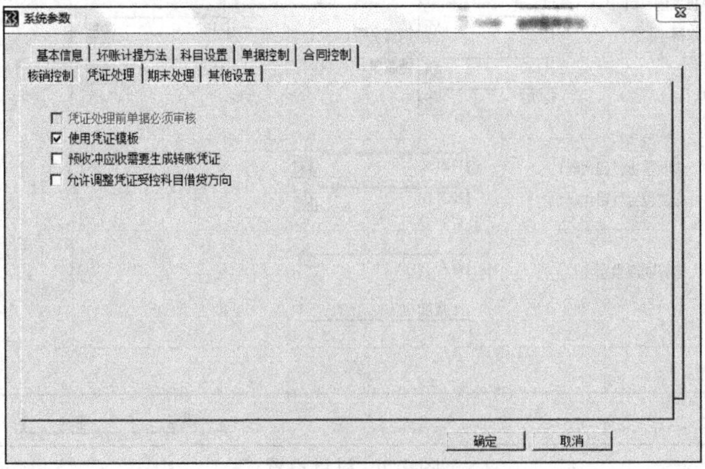

图 7-9　凭证处理设置

2) 应收款基础信息

由总账会计马大勇操作。执行“系统设置”→“基础资料”→“应收款管理”→“类型维护”命令，打开“类型维护”对话框，可以设置应收系统的基础信息。

3) 录入期初数据并进行对账处理

(1) 由总账会计马大勇操作。执行“系统设置”→“初始化”→“应收款管理”→“初始销售增值税发票—新增”命令，打开“初始销售增值税发票—新增”窗口，按照要求的数据资料填写北京王府井应收款单据，完成填写后单击“保存”按钮，如图 7-10 所示。按照北京王府井应收单据录入过程，自行完成群光百货、上海永安百货、东莞天虹商场初始数据的录入。

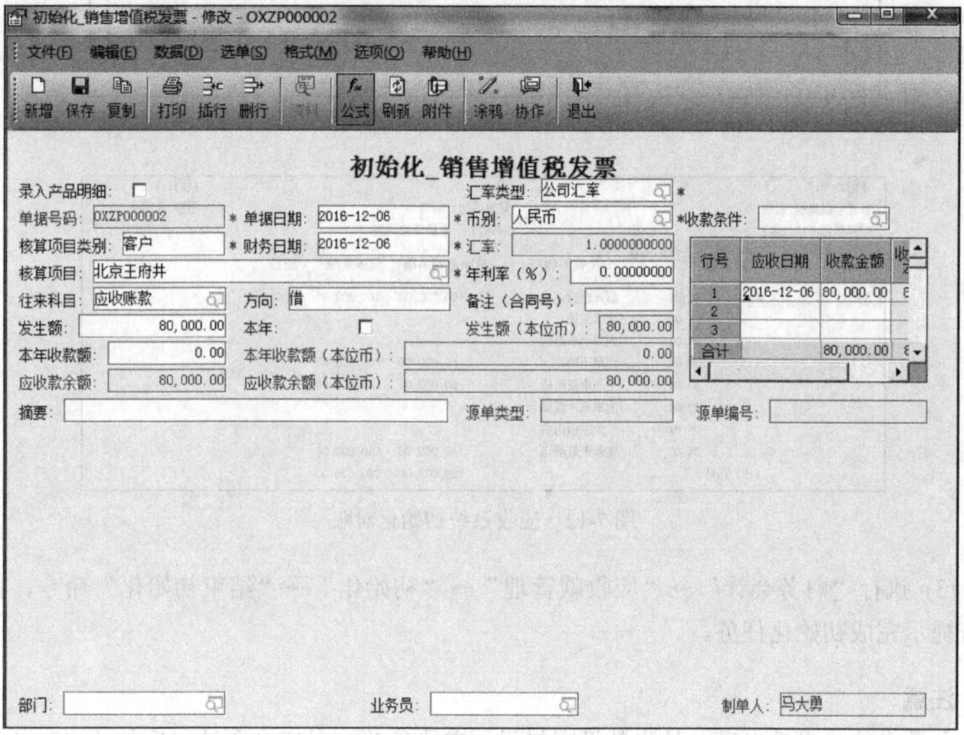

图 7-10　初始销售增值税发票—新增录入

注意：

在初始销售增值税发票—新增录入的过程中，本年状况应为不勾选状态，因为期初数据为 2016 年数据，如果选择本年则无法保存单据。

(2) 与总账系统进行对账处理，执行“财务会计”→“应收款管理”→“初始化”→“初始化对账”命令，进入“初始化对账—过滤条件”窗口，输入过滤条件科目代码为“1122”，选择“显示核算项目明细”选项，单击“确定”按钮。进入“应收款管理—系统[初始化对账]”窗口，如图 7-11 和图 7-12 所示。

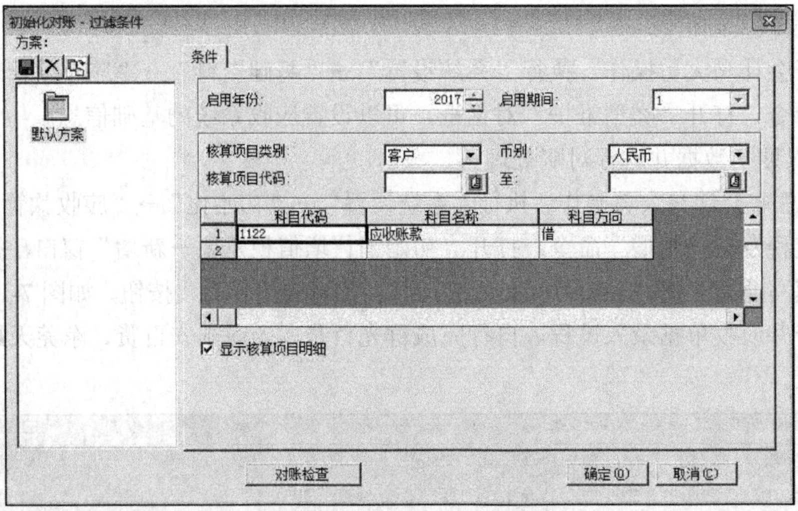

图 7-11　初始化对账—过滤条件窗口

年份：2017　　　　　　　　　　　　　　　　期间：1

核算项目类别:客户　　　　　　核算项目：所有　　　　　　币别:人民币

对账科目:1122[借]　　　　　　对账方式:核算项目明细

年份	期间	科目代码	核算项目代码	核算项目	应收系统余额	总账余额	差额
2017	1	1122	01.01	群光百货	100,000.00	100,000.00	
			01.02	大洋百货			
			02.01	天津远东百货			
			02.02	北京王府井	80,000.00	80,000.00	
			03.01	上海永安百货	60,000.00	60,000.00	
			03.02	上海第一百货			
			04.01	广州东山百货			
			04.02	东莞天虹商场	40,000.00	40,000.00	
		1122 小计			280,000.00	280,000.00	

图 7-12　应收系统初始化对账

(3) 执行“财务会计”→“应收款管理”→“初始化”→“结束初始化”命令，按照系统提示完成初始化任务。

注意：

如果系统启用后发现初始化数据有错误，需要修改，则可以通过“反初始化”功能进行修改。

三、应收管理系统日常业务处理

(一) 应收管理系统日常业务处理功能简介

应收管理系统日常业务处理中主要处理各种销售发票，填制相关应收单据并审核单据，生成记账凭证，传递到总账系统。应收管理日常业务主要以销售发票作为统计应收账款的依据，根据不同种类的单据，如销售发票、其他应收单等填制相应应收单据并审核。在日常业务中如果有发生坏账情况也需做相应处理。在金蝶 K/3 软件中的模块应用如图 7-13 所示。其中，在初始化子功能中完成初始化对账之后方可进行发票处理、其他应收单等业务的处理。

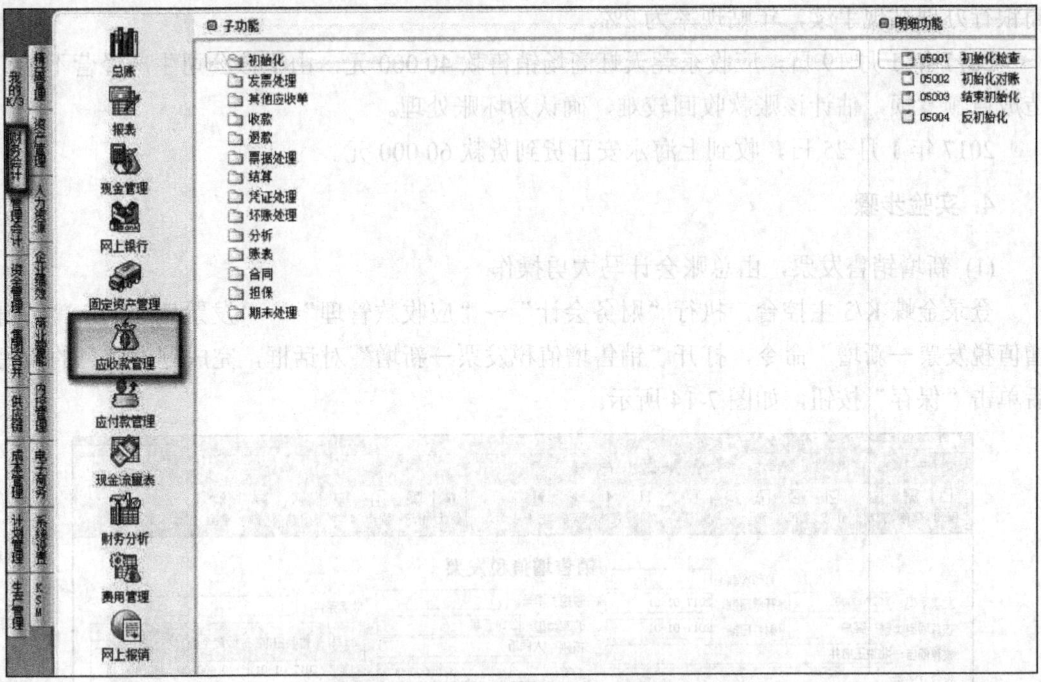

图 7-13　应收管理系统日常业务设置

(二) 应收管理系统日常业务处理实验

1. 实验目的

掌握应收管理系统中销售发票单据、其他应收单据、收款单的新增和审核，掌握坏账发生时的相关会计处理及凭证制作。

2. 实验内容

按照案例资料中发生的日常业务，新增和审核销售发票、其他应收单以及凭证的制作；坏账发生时坏账损失的处理、坏账的计提和坏账凭证的处理；对往来客户进行信用管理；设置相关信用等级。

3. 实验案例资料

2017 年 1 月 1 日，财务部开具增值税发票给北京王府井，销售风衣 300 件，不含税单价为 400 元，计划当日收款，销售业务由销售一部王树林完成。

2017 年 1 月 18 日，收到北京王府井塑料及包装箱款现金结算 4000 元。

2017 年 1 月 20 日，收到北京王府井开出不带息银行承兑汇票 130 000 元，票据签发日期为 2017 年 1 月 1 日，付款期限 2 个月，即 60 天。

2017 年 1 月 22 日，由于资金周转问题，湖北天盛工业有限公司将刚收到的票据到工商银行办理贴现手续，年贴现率为 2%。

2017 年 1 月 19 日，应收东莞天虹商场销售款 40 000 元，由于该公司生产经营不善，造成巨额亏损，估计该账款收回较难，确认为坏账处理。

2017 年 1 月 25 日，收到上海永安百货到货款 60 000 元。

4. 实验步骤

(1) 新增销售发票，由总账会计马大勇操作

登录金蝶 K/3 主控台，执行“财务会计”→“应收款管理”→“发票处理”→“销售增值税发票—新增”命令，打开“销售增值税发票—新增”对话框，完成题设信息的填写后单击“保存”按钮，如图 7-14 所示。

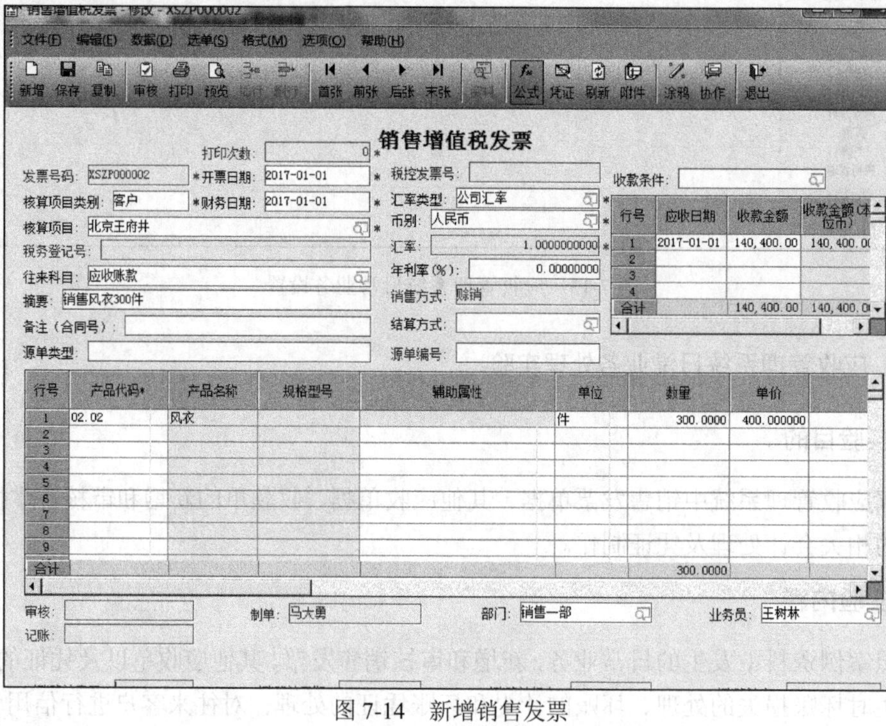

图 7-14　新增销售发票

注意：

如果在操作中同时启用了销售系统，所有销售发票都在销售系统中输入，应收系统可以自动传入相关信息，同时可以根据实际业务需要修改应收系统中的收款计划；如果没启用销售系统，则在应收系统中进行发票的新增、审核、核销操作和凭证制作。

(2) 新增其他应收单，由总账会计马大勇操作

执行“财务会计”→“应收款管理”→“其他应收单”→“其他应收单—新增”命令，

打开“其他应收单—新增”对话框，完成题设信息的填写后单击“保存”按钮，如图 7-15 所示。

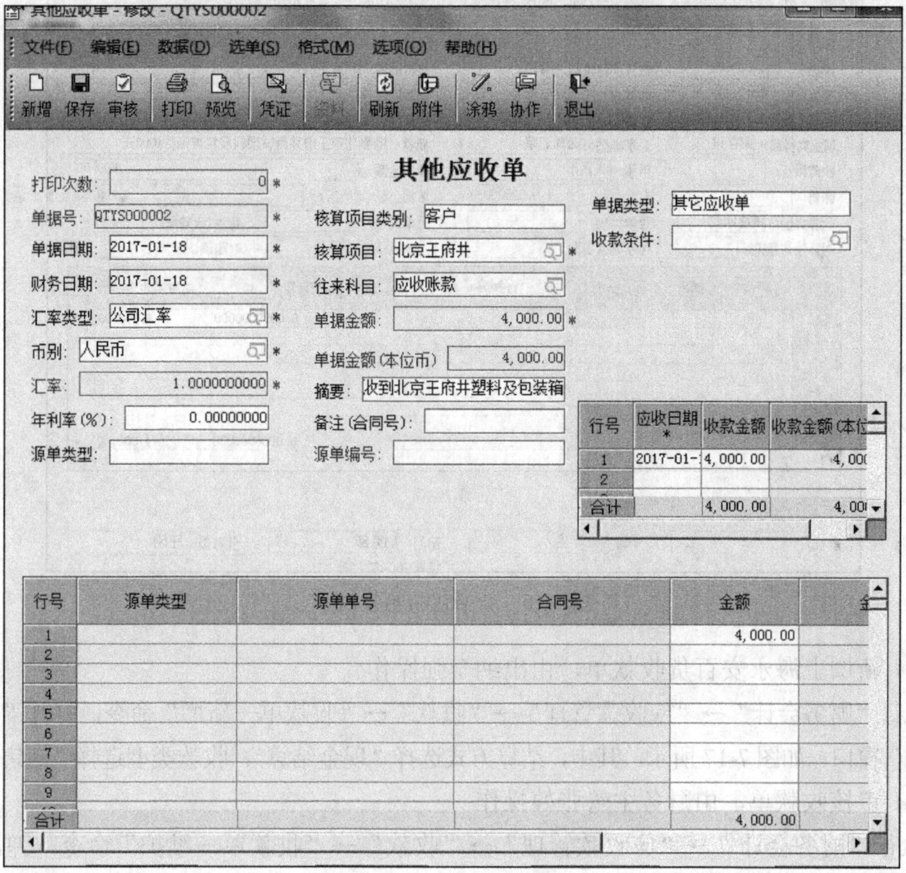

图 7-15 新增其他应收单

(3) 审核单据，由财务主管张婷操作

执行“财务会计”→“应收款管理”→“发票处理”→“销售发票—维护”命令，弹出“过滤”对话框，因业务不涉及相关过滤条件，无须其他操作，直接单击“确定”按钮，进入“销售发票序时簿”列表窗口，逐条审核输入的收款单，单击“确定”按钮，完成操作。同理，用同样的操作方法，完成其他应收单的审核。

(4) 新增包装箱收款单，由出纳李强操作

执行“财务会计”→“应收款管理”→“收款”→“收款单—新增”命令，打开“收款单—新增”窗口，如图 7-16 所示。其中，结算方式选择“现金结算”；源单类型选择“其他应收单据”。

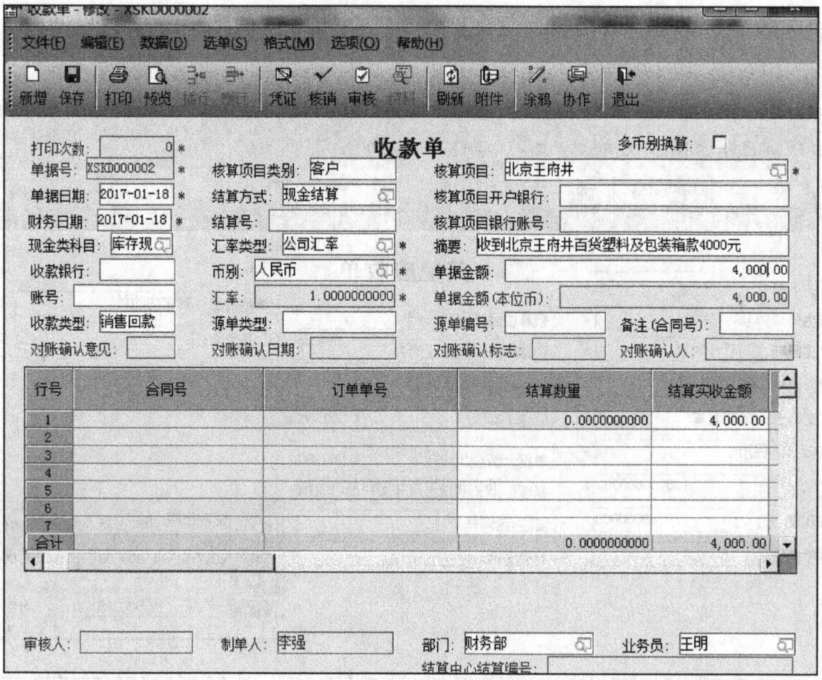

图 7-16　新增包装箱收款单

(5) 新增上海永安百货收款单，由出纳李强操作

执行“财务会计”→“应收款管理”→“收款”→“收款单—新增”命令，打开“收款单—新增”窗口，如图 7-17 所示。其中，结算方式选择“现金结算”；收款类型选择“销售回款”。

(6) 审核收款单，由财务主管张婷操作

执行“财务会计”→“应收款管理”→“收款”→“收款单—维护”命令，弹出“过滤”对话框，因业务不涉及相关过滤条件，无须其他操作，直接单击“确定”按钮，进入“收款单序时簿”列表窗口，逐条审核输入的收款单，单击“确定”按钮，完成操作。

注意：

在前面的应收系统参数设置中勾选了“审核后自动核销”选项，此处张婷在审核收款单后，系统将自动核销相关源单；如果没有勾选此选项，则可以在审核后，直接在该页面单击“核销”按钮及时核销，也可以通过后续结算处理进行核销。

(7) 新增应收票据，由出纳李强操作

执行“财务会计”→“应收款管理”→“票据处理”→“应收票据—新增”命令，打开“应收票据—新增”对话框，如图 7-18 所示。

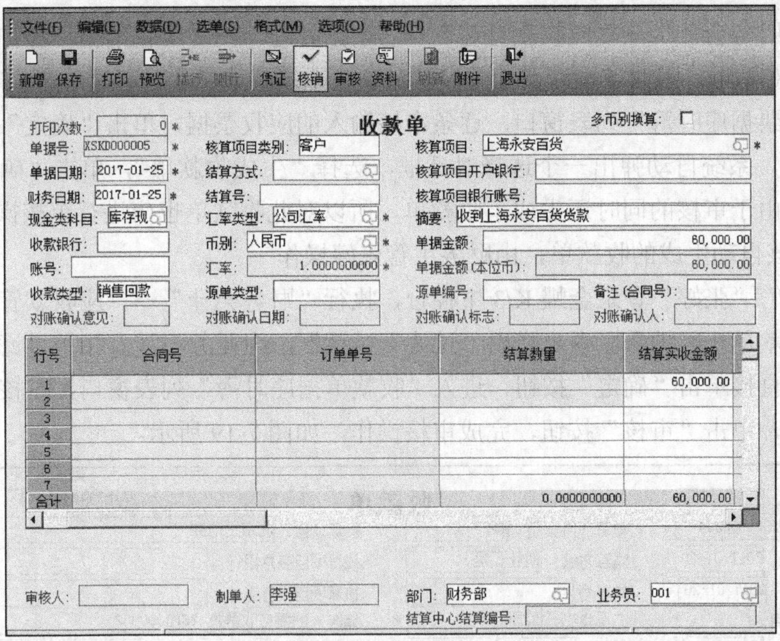

图 7-17 新增永安百货收款单

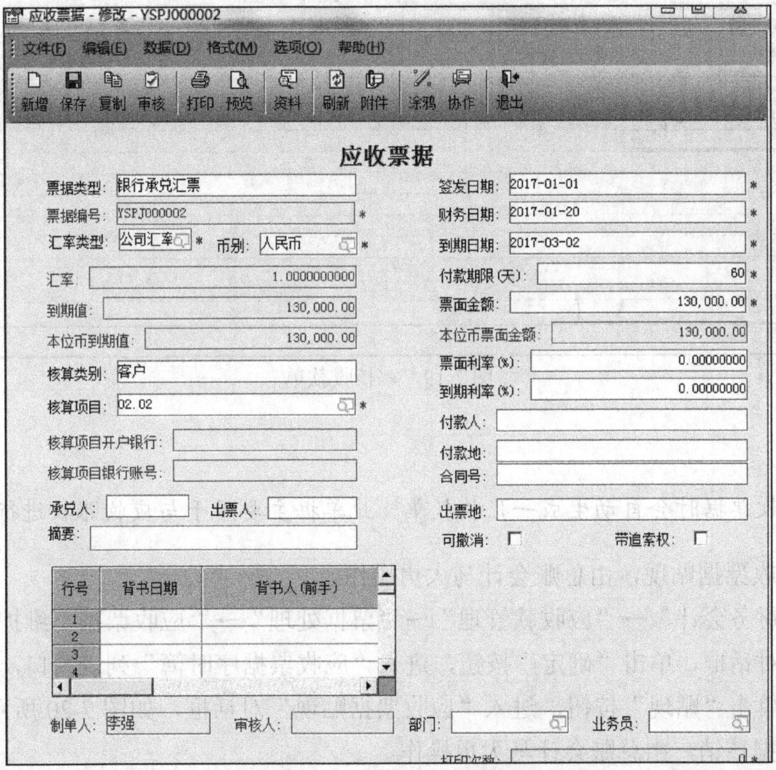

图 7-18 新增应收票据

(8) 审核应收票据，由总账会计马大勇操作执行“财务会计”→“应收款管理”→“票据处理”→“应收票据—维护”命令，弹出“过滤”对话框，因业务不涉及相关过滤条件，无须其他操作，直接单击“确定”按钮，进入“应收票据序时簿”列表窗口，逐条审核输入的应收票据，单击“确定”按钮，完成操作。此时，系统自动弹出一个选择对话框，选择“生成收款单”，单击“确定”按钮，完成操作。由于审核的同时还生成了收款单，所以对此收款单也应进行审核操作。

(9) 审核自动生成的收款单，由财务主管张婷操作

财务主管“张婷”登录金蝶K/3主控台，执行“财务会计”→“应收款管理”→“收款”→“收款单—维护”命令，弹出“过滤”对话框，因业务不涉及相关过滤条件，无须其他操作，直接单击“确定”按钮，进入“收款单据序时簿”列表窗口，审核马大勇自动生成收款单，单击“审核”按钮，完成审核操作，如图7-19所示。

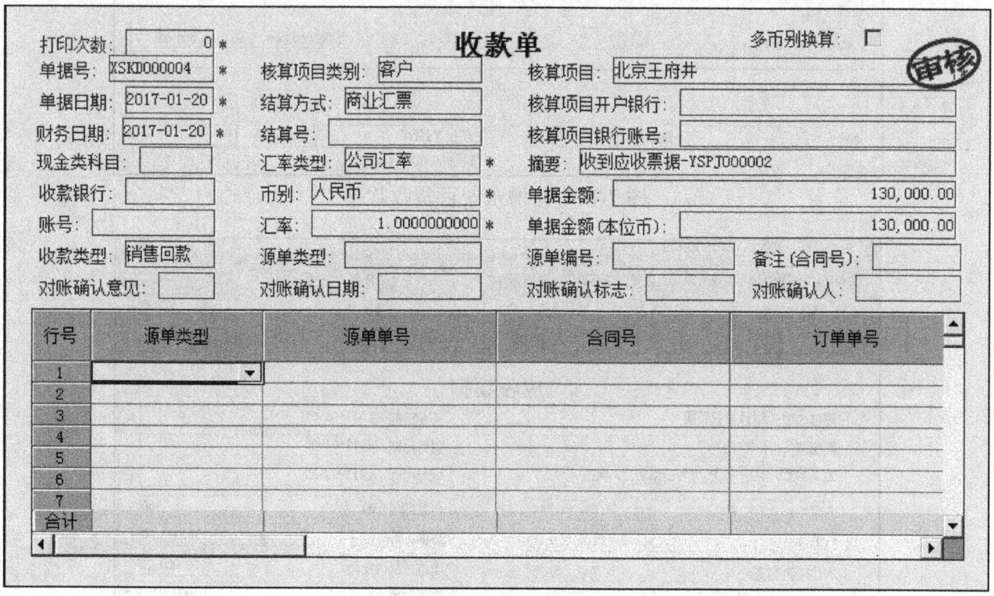

图7-19 审核收款单

注意：

审核应收票据时会自动生成一张收款单，此单据主要用于与应收账款进行核销。

(10) 应收票据贴现，由总账会计马大勇操作

执行“财务会计”→“应收款管理”→“票据处理”→“应收票据—维护”命令，弹出“过滤”对话框，单击“确定”按钮，进入“应收票据序时簿”列表窗口，选中需要贴现的票据，单击“贴现”按钮，进入“应收票据贴现”对话框，如图7-20所示。

(11) 票据核销，由总账会计马大勇操作

执行“财务会计”→“应收款管理”→“结算”→“应收款核销—到款结算”命令，弹出“单据核销”过滤条件对话框，单击“确定”按钮，进入“应收款管理系统—[核销

(应收)]”窗口，如图 7-21 所示。将 2017 年 1 月 1 日给王府井开出的 140 400 元蓝字销售发票和 2017 年 1 月 20 日收到的应收票据 130 000 元进行部分核销。用同样的操作，完成 1 月 18 日收到北京王府井塑料及包装箱款项的核销。

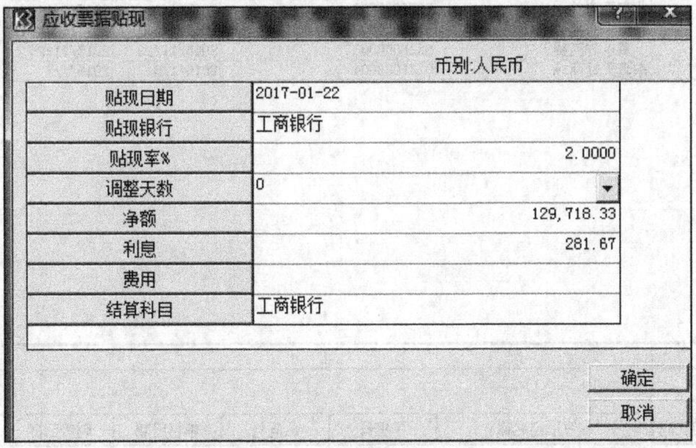

图 7-20　应收票据贴现

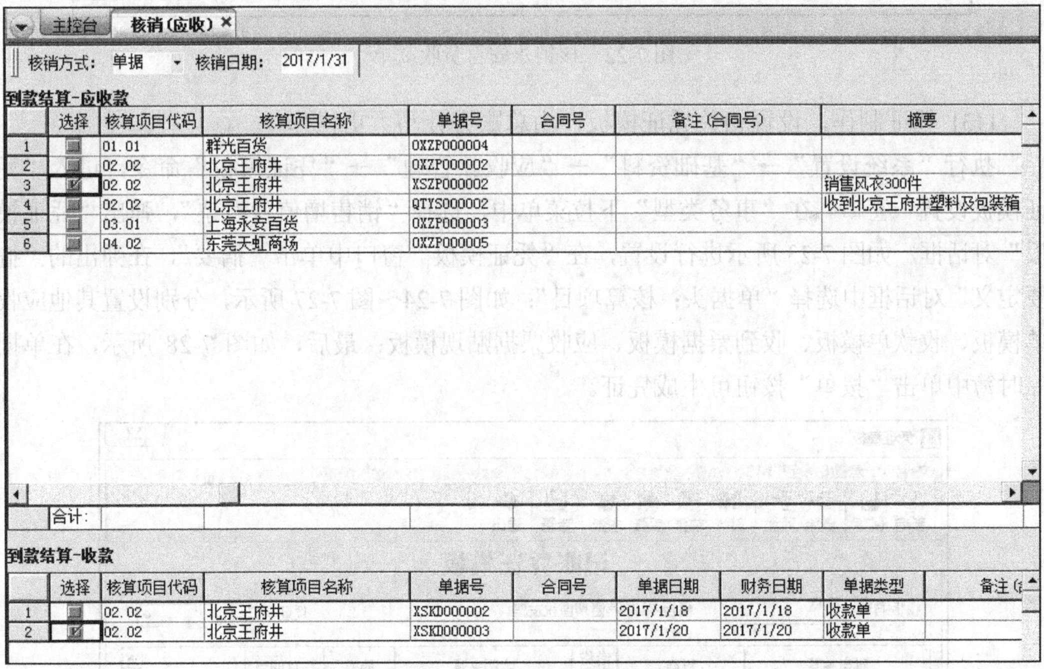

图 7-21　应收款核销

(12) 将收到的上海永安百货货款与总账中已录入期初余额进行核销

执行“财务会计”→“应收款管理”→“结算”→“应收款核销—到款结算”命令，弹出“单据核销”过滤条件框，单击“确定”按钮，进入“应收款管理系统—[核销(应收)]”窗口，如图 7-22 所示。

核销方式：单据 核销日期：2010-03-02

到款结算-应收款

	选择	核算项目代码	核算项目名称	单据号	合同号	单据日期	财务日期	单据类型
1		01.01	群光百货	OXZP000005		2016/10/20	2016/10/20	销售发票
2		02.02	北京王府井	OXZP000002		2016/12/6	2016/12/6	销售发票
3		02.02	北京王府井	XSZP000002		2017/1/1	2017/1/1	销售发票
4		02.02	北京王府井	QTYS000002		2017/1/18	2017/1/18	其他应收单
5	✓	03.01	上海永安百货	OXZP000003		2016/11/25	2016/11/25	销售发票
6		04.02	东莞天虹商场	OXZP000004		2016/1/8	2016/1/8	销售发票
	合计:							

到款结算-收款

	选择	核算项目代码	核算项目名称	单据号	合同号	单据日期	财务日期	单据类型
1		02.02	北京王府井	XSKD000002		2017/1/18	2017/1/18	收款单
2		02.02	北京王府井	XSKD000004		2017/1/20	2017/1/20	收款单
3	✓	03.01	上海永安百货	XSKD000003		2017/1/25	2017/1/25	收款单

图 7-22 核销永安百货收款单

(13) 凭证制作，设置相关凭证模板，由总账会计马大勇操作

执行“系统设置”→“基础资料”→“应收款管理”→“凭证模板”命令，进入“凭证模板设置”窗口。在“事务类型”下拉菜单中，选择“销售增值税发票”，弹出“凭证模板”对话框，如图 7-23 所示进行设置，在“凭证模板”窗口中单击“摘要”，在弹出的“摘要定义”对话框中选择“单据头：核算项目”；如图 7-24～图 7-27 所示，分别设置其他应收单模板、收款单模板、收到票据模板、应收票据贴现模板；最后，如图 7-28 所示，在单据序时簿中单击“按单”按钮可生成凭证。

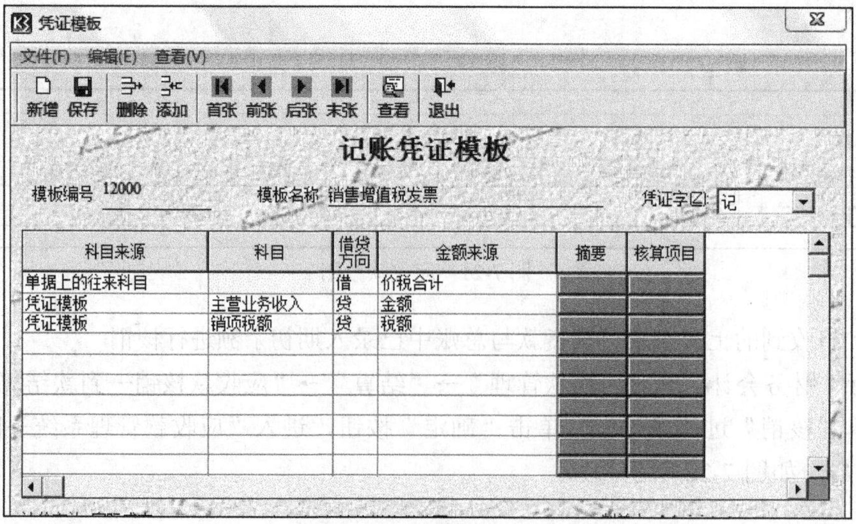

科目来源	科目	借贷方向	金额来源	摘要	核算项目
单据上的往来科目		借	价税合计		
凭证模板	主营业务收入	贷	金额		
凭证模板	销项税额	贷	税额		

图 7-23 销售发票凭证模板

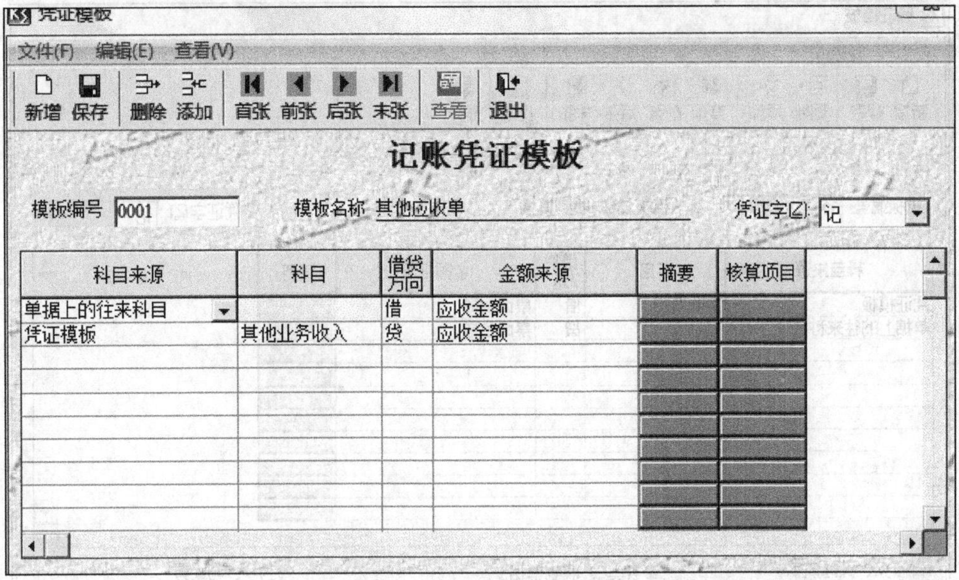

图 7-24　其他应收单凭证模板

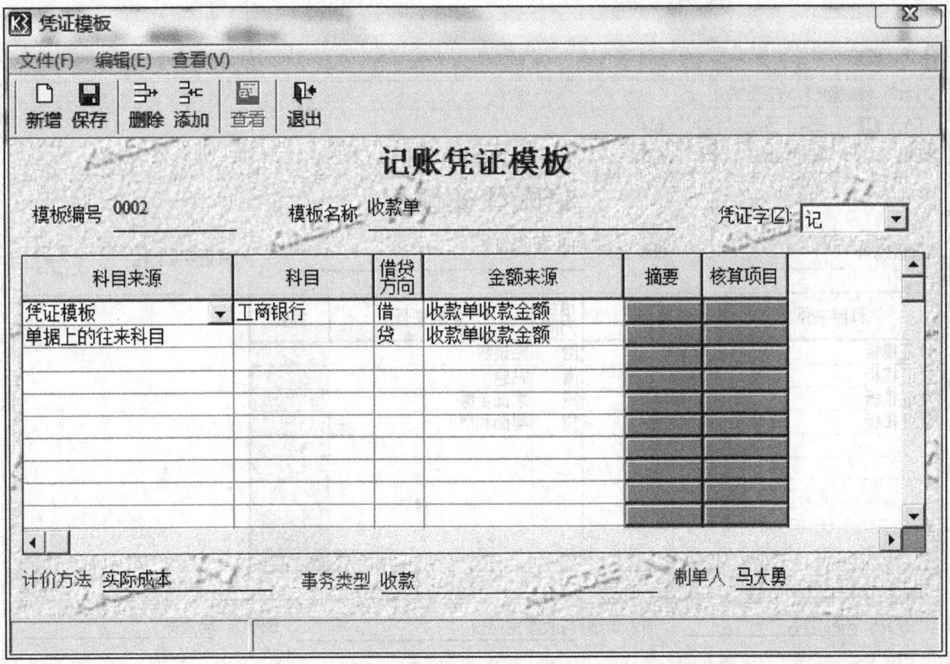

图 7-25　收款单凭证模板

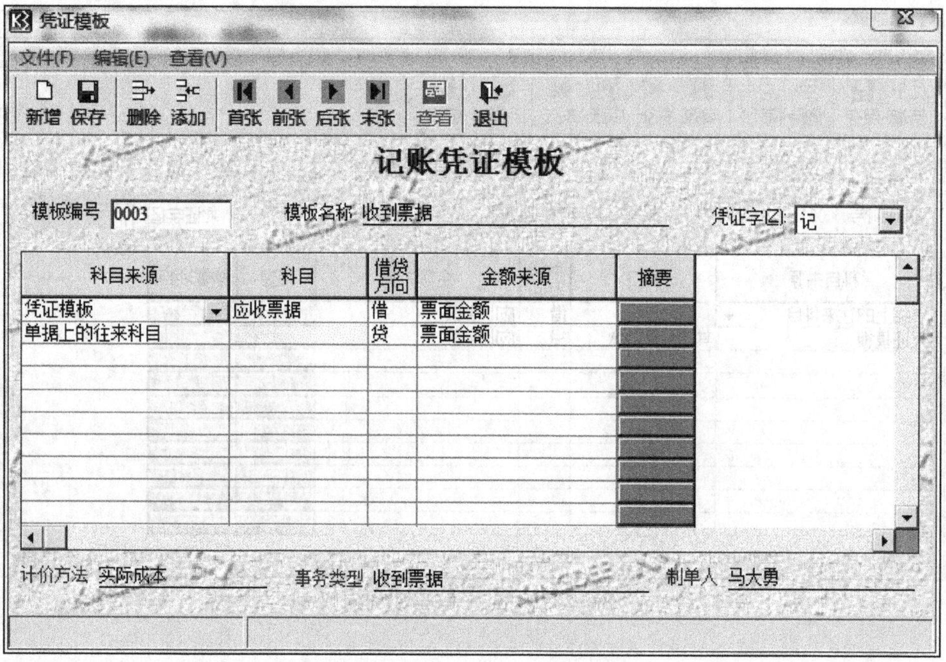

图 7-26 收到票据凭证模板

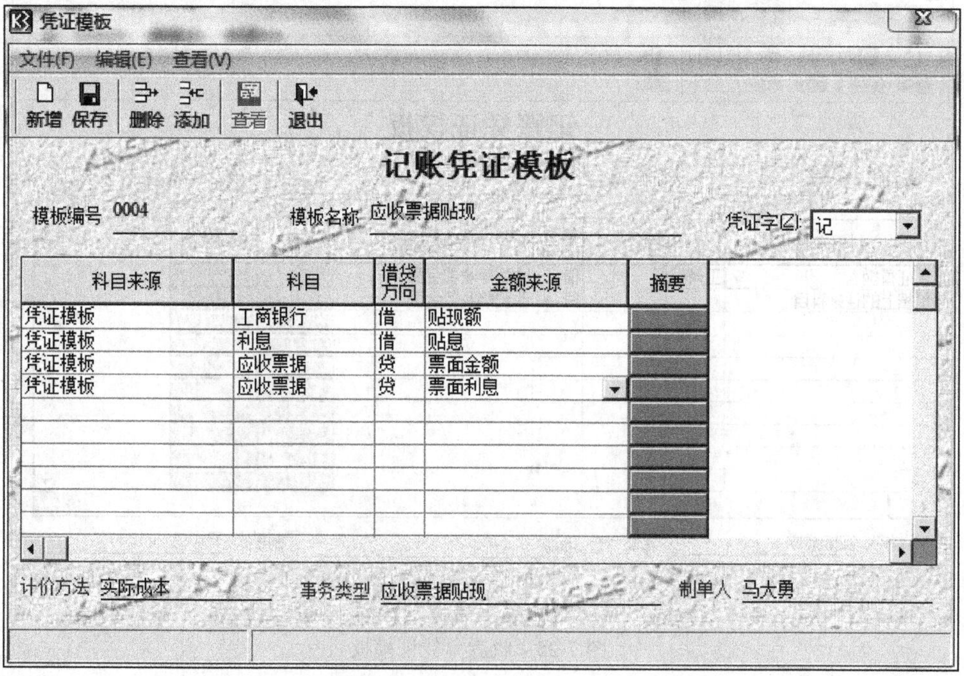

图 7-27 应收票据贴现凭证模板

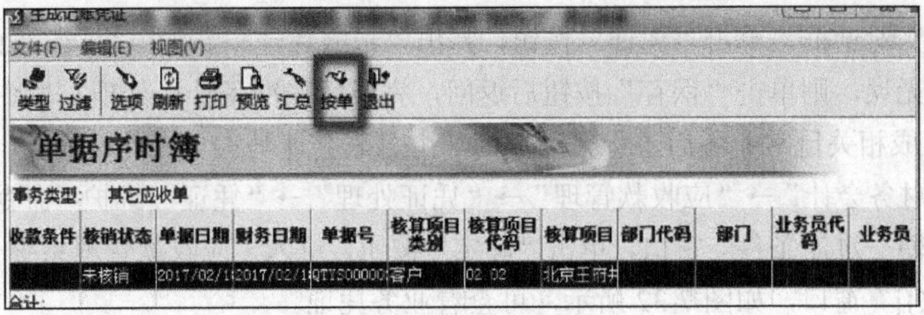

图 7-28 生成凭证设置

(14) 凭证审核并过账，由财务主管张婷操作

执行“财务会计”→“应收款管理”→“凭证处理”→“凭证—维护”命令，弹出“会计分录序时簿—过滤条件”窗口，单击“确定”按钮，进入“应收款管理系统—[会计分录序时簿(应收)]”窗口，选择需要审核的凭证，单击“审核”按钮，可全部审核。

执行“财务会计”→“总账”→“凭证处理”→“凭证过账”命令，在弹出的对话窗口中的“过账发生错误时”一栏选择“继续过账”，单击“确定”按钮，完成过账步骤，结果如图 7-29 所示。

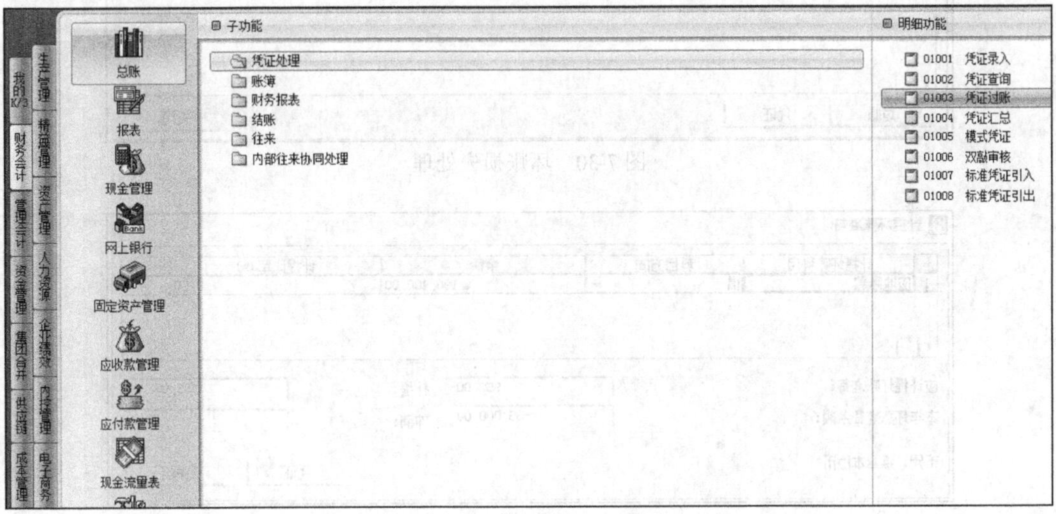

图 7-29 凭证过账

(15) 处理坏账损失及制作凭证，由总账会计马大勇操作

执行“财务会计”→“应收款管理”→“坏账处理”→“坏账损失”命令，弹出“过滤条件”对话框。设置核算项目代码为“04.02”，单据类型为“销售发票”，单击“确定”按钮，进入“坏账损失处理”对话框，如图 7-30 所示。选择需要进行坏账处理的记录，单击“坏账原因”列表，再单击“凭证”按钮，弹出“记账凭证—新增”窗口。如果系统自动生成的凭证无误，则单击“保存”按钮后返回“坏账损失处理”对话框，完成坏账损失的处理。

(16) 计提坏账准备，由总账会计马大勇操作

执行“财务会计”→“应收款管理”→“坏账处理”→“坏账准备”命令，打开“计

提坏账准备”对话框，单击“凭证”按钮，弹出“记账凭证—新增”窗口，如果系统自动生成的凭证无误，则单击“保存”按钮后返回，完成坏账准备计提处理，如图 7-31 所示。

(17) 完成相关日常业务后进行凭证查询，由总账会计马大勇操作

执行“财务会计”→“应收款管理”→“凭证处理”→“凭证—维护”命令，弹出“会计分录序时簿—过滤条件”窗口，单击“确定”按钮，进入“应收款管理系统—[会计分录序时簿(应收)]”窗口，如图 7-32 所示，可查看业务凭证。

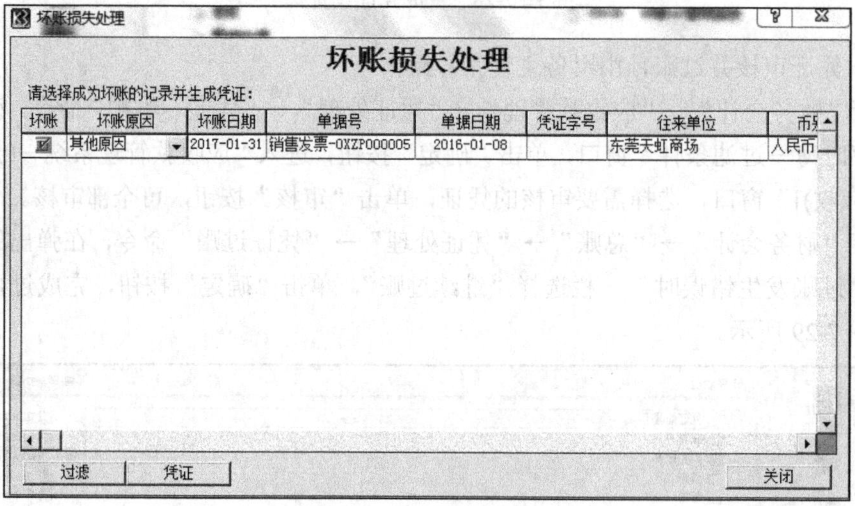

图 7-30 坏账损失处理

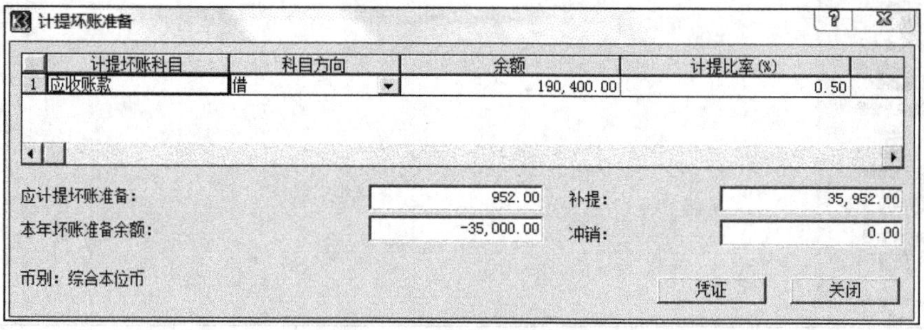

图 7-31 计提坏账准备

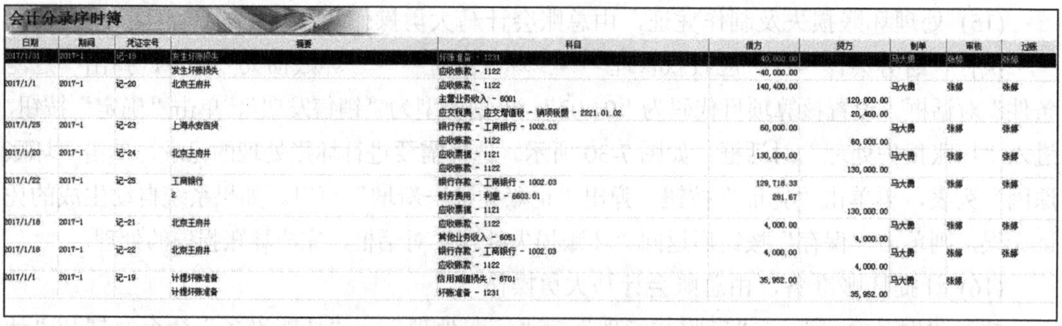

会计分录序时簿

日期	期间	凭证字号	摘要	科目	借方	贷方	制单	审核	过账
2017/1/31	2017-1	记-18	发生坏账损失	坏账准备 - 1231	40,000.00		马大勇	张娜	张娜
			发生坏账损失	应收账款 - 1122	-40,000.00				
2017/1/1	2017-1	记-20	北京王府井	应收账款 - 1122	140,400.00		马大勇	张娜	张娜
				主营业务收入 - 6001		120,000.00			
				应交税费 - 应交增值税 - 销项税额 - 2221.01.02		20,400.00			
2017/1/25	2017-1	记-23	上海永安百货	银行存款 - 工商银行 - 1002.03	60,000.00		马大勇	张娜	张娜
				应收账款 - 1122		60,000.00			
2017/1/20	2017-1	记-24	北京王府井	应收票据 - 1121	130,000.00		马大勇	张娜	张娜
				应收账款 - 1122		130,000.00			
2017/1/22	2017-1	记-25	工商银行	银行存款 - 工商银行 - 1002.03	129,718.33		马大勇	张娜	张娜
			2	财务费用 - 利息 - 6603.01	281.67				
				应收票据 - 1121		130,000.00			
2017/1/18	2017-1	记-21	北京王府井	应收账款 - 1122	4,000.00		马大勇	张娜	张娜
				其他业务收入 - 6051		4,000.00			
2017/1/18	2017-1	记-22	北京王府井	银行存款 - 工商银行 - 1002.03	4,000.00		马大勇	张娜	张娜
				应收账款 - 1122		4,000.00			
2017/1/1	2017-1	记-19	计提坏账准备	信用减值损失 - 6701	35,952.00		马大勇	张娜	
			计提坏账准备	坏账准备 - 1231		35,952.00			

图 7-32 凭证查询

四、应收管理系统期末处理

(一) 应收管理系统期末处理功能简介

应收管理系统期末处理主要是为了完成对账检查，期末总额对账和结账。对账检查是为了检查指定科目的凭证是否存在对应的单据，应收管理系统的结账期间是否与总账系统匹配等。期末总额对账是指为了让应收管理系统的数据和总账系统等的数据保持一致，需要对数据进行核对检查。当期末所有操作完成之后，如所有单据进行了审核、核销处理，相关单据已生成了凭证，同时与总账等系统的数据资料已核对完毕，则可以进行应收管理系统期末结账工作。在金蝶 K/3 软件操作中主要在期末处理子功能中完成相关操作，如图 7-33 所示。

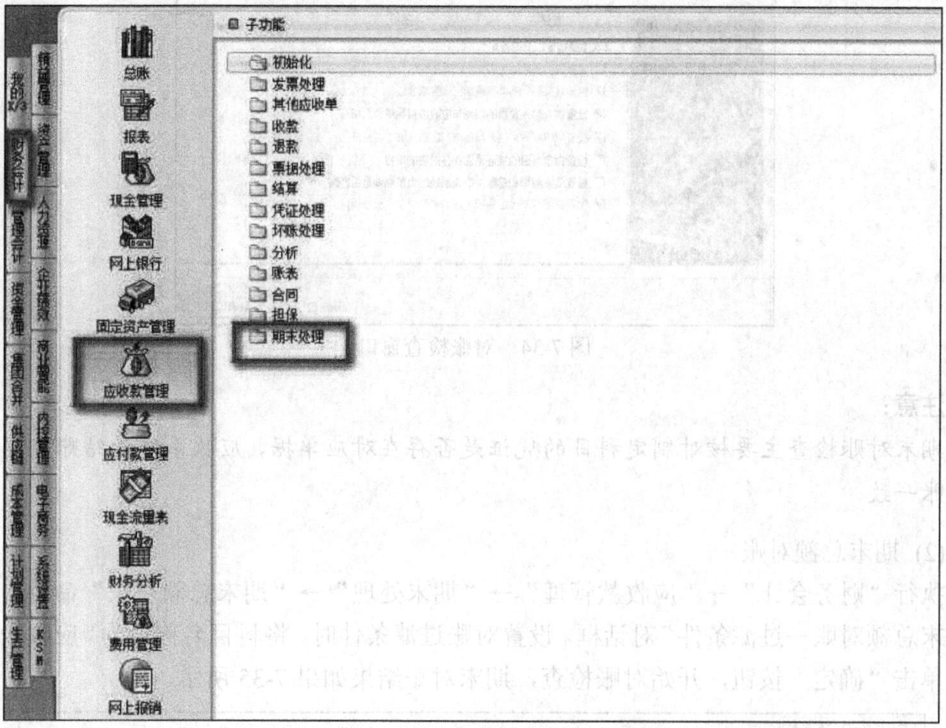

图 7-33　应收管理系统期末设置

(二) 应收管理系统期末处理实验

1. 实验目的

掌握应收管理系统期末对账检查，期末总额对账和结账。

2. 实验内容

根据发生的日常业务进行后续期末对账检查、总额对账和结账相关操作。

3. 实验案例资料

参照日常业务进行处理，期末业务由总账会计马大勇负责处理。

4. 实验步骤

(1) 期末对账检查，由总账会计马大勇操作

执行“财务会计”→“应收款管理”→“期末处理”→“期末对账检查”命令，弹出“应收系统对账检查”向导窗口，如图7-34所示。设置对账的过滤条件，单击“确定”按钮，开始对账检查。

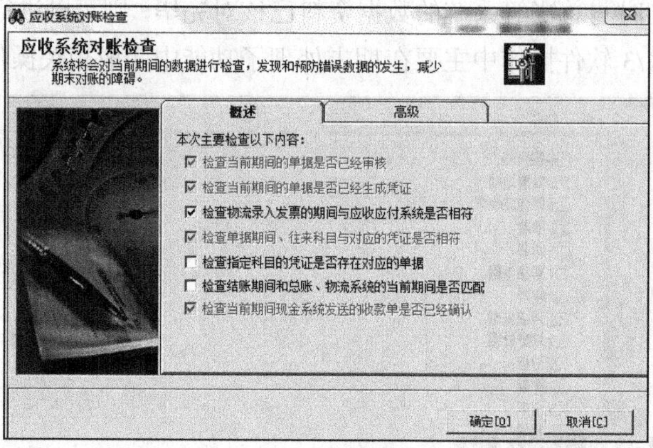

图7-34　对账检查窗口

注意：

期末对账检查主要核对制定科目的凭证是否存在对应单据，应收系统的结账期间是否和总账一致。

(2) 期末总额对账

执行“财务会计”→“应收款管理”→“期末处理”→“期末总额对账”命令，弹出“期末总额对账—过滤条件”对话框。设置对账过滤条件时，将科目名称设为“应收账款”，然后单击“确定”按钮，开始对账检查，期末对账结果如果7-35所示。

期末总额对账

年份：2017　　期间：1

核算项目类别：客户　　核算项目：所有　　币别：人民币

总账科目：[1122 借]　　对账方式：核算项目明细

年份	期间	核算项目代码	核算项目	期初余额			本期借方发生			本期贷方发生			期末余额		
				应收系统	总账	差额	应收系统	总账	差额	应收系统	总账	差额	应收系统	总账	差额
2017	1	01.01	群光百货	00,000.00	00,000.00								00,000.00	00,000.00	
		01.02	大洋百货												
		02.01	天津远东百												
		02.02	北京王府井	80,000.00	80,000.00		44,400.00	44,400.00		34,000.00	34,000.00		90,400.00	90,400.00	
		03.01	上海永安百	60,000.00	60,000.00					60,000.00	60,000.00				
		03.02	上海第一百												
		04.01	广州东山百												
		04.02	东莞天虹商	40,000.00	40,000.00		40,000.00	40,000.00							
		(期间小计		80,000.00	80,000.00		04,400.00	04,400.00		94,000.00	94,000.00		90,400.00	90,400.00	
		(年小计)		80,000.00	80,000.00		04,400.00	04,400.00		94,000.00	94,000.00		90,400.00	90,400.00	
		(合计)		80,000.00	80,000.00		04,400.00	04,400.00		94,000.00	94,000.00		90,400.00	90,400.00	

图7-35　期末对账结果

注意：

期末总额对账主要核对应收系统数据与总账系统数据的一致性，在进行期末总账对账前，务必保证所有应收系统相关单据已生成凭证并审核。如果出现对账不平的情况，一定要找出原因并修改。造成对账不平的原因一般有：应收单据未生成；应收系统凭证金额与单据金额不一致；应收系统生成凭证没有通过审核和过账；等等。

(3) 结账

当本期所有操作完成之后，对所有单据进行审核、核销处理，生成相关凭证，并且完成上述两个对账过程，那么可以进行应收系统结账工作。执行“财务会计”→“应收款管理”→“期末处理”→“结账”命令，按系统提示操作。完成结账以后，系统将自动进入下一个会计期间。

注意：

期末一旦结账后，期间数据将不能进行修改，如果需要修改，则必须先反结账，然后再进行修改。但在一般操作中不要轻易进行反结账处理，故在结账前务必仔细检查核对。

【本章小结】

本章第一节主要从应收管理基础理论方面阐述了应收管理系统的目标、任务、特点、业务流程和与其他业务系统之间的数据联系等内容。在第二节中主要通过案例资料完成相关实务操作流程，介绍应收管理系统初始化设置、日常业务处理过程和期末结账的处理过程。

【关键名词】

应收账款　系统设置　初始化设置　日常业务　坏账准备
期末处理　结账　收款单

【思考题】

1. 应收管理系统的特点有哪些？
2. 简述应收管理系统业务处理流程。
3. 简述应收管理系统日常业务处理的操作流程。

【练习题】

一、单项选择题

1. 在应收管理系统和其他子系统之间的业务传递中，应收管理系统主要处理(　　)子系统之间的业务往来。

A. 销售系统　　B. 采购系统　　C. 存货核算　　D. 现金管理

2. 在应收管理系统中，日常业务操作环节收款单业务必须由(　　)填制完成。

A. 总账会计　　B. 出纳　　C. 财务主管　　D. 销售主管

3. 应收管理系统产生的凭证可以传递到(　　)系统进行汇总。

A．现金管理　　B. 存货核算　　C. 总账　　D. 销售系统

4. 如果启用后发现初始化数据有误，需要修改，则可以通过(　　)操作。

A. 过滤初始化　　B. 删除初始化　　C. 结束初始化　　D. 反初始化

5. 在登记应收款时，一般以(　　)作为统计应收账款的依据。

A. 其他应收单　　B. 销售出库单　　C. 销售发票　　D. 销售订单

二、多项选择题

1. 应收管理系统初始化主要功能包括(　　)。

A．初始化设置　　B. 初始化对象　　C. 结束初始化　　D. 反初始化

2. 计提坏账准备的方法有(　　)。

A. 直接转销法　　B. 账龄分析法　　C. 销货百分比法　　D. 备抵法

3. 往来账款核销经济业务一般包括(　　)。

A. 应收款与收款单核销　　B. 应收款冲应付款

C. 收款冲付款　　D. 应收款转销

4. 应收票据贴现表可以查看到票据的(　　)信息。

A. 签发日期　　B. 到期日期　　C. 贴现日期　　D. 贴现利息

5. 应收管理系统进行期末结账工作之前需要完成(　　)等操作。

A. 生成凭证　　B. 单据审核　　C. 核销处理　　D. 销售发票

三、判断题

1. 应收冲应付业务是指将一个客户的应收款转到另外一个客户的应付款中。(　　)

2. 对原始单据进行审核、对收款单进行核销等操作之后，发现操作有误，可将其恢复到操作状态之前，再进行修改。(　　)

3. 对生成的凭证进行审核的可以是财务主管也可以是出纳人员。(　　)

4. 输入应收款管理系统的初始数据时，单据日期必须小于该账套启用期间(第一年)或者该年度会计期初(以后年度使用)。(　　)

5. 期末结账后，以前期间的数据不能再进行修改，如果需要修改可以进行反结账处理。（　　）

四、业务分析题

1. 在应收系统中，执行“财务会计”→“应收款管理”→“凭证处理”→“凭证—生成”命令，在“选择事务类型”后进入“单据序时簿”，进行相关操作后，如果出现凭证制作不成功，则原因有哪些？

2. 在处理应收票据业务中，总账会计马大勇执行“财务会计”→“应收管理”→“票据处理”→“应收票据—维护”命令对应收票据进行审核，同时会自动生成一张收款单，如果对此收款单没有进行后续处理会造成怎样的影响？

第八章

应付管理系统原理及应用

【学习目标】

通过本章的学习，了解应付管理系统的特点、任务、功能结构、业务流程以及与其他业务系统之间的数据联系；掌握应付管理系统初始化设置、日常业务处理及期末业务处理的操作流程。

第一节　应付管理系统基本原理

应付账款通常是指因购买材料、商品或接受劳务供应等而发生的债务，这是买卖双方在购销活动中由于取得物资与支付货款在时间上不一致而产生的负债。应付管理系统主要实现企业对业务往来账款进行核算与管理，以采购发票、其他应付单据等原始单据为依据，记录采购业务及其他业务所形成的往来款项，处理应付款的支付、转账等情况，同时提供票据处理的功能并将数据传递到总账系统。

一、应付管理系统的目标

应付管理系统主要涉及企业供应阶段的业务，而供应阶段是生产的准备阶段，企业通过应付管理系统与供货单位进行货款和各种采购费用的结算，及时处理采购业务从而降低采购成本及采购费用，保证生产与经营的顺利进行。另外，应付管理系统中应付账款账龄分析、应付账款到期日通知等功能可以加强对应付账款的核算和管理，为采购供应、财务等相关部门提供管理决策支持。

二、应付管理系统的任务

应付管理系统主要用于核算和管理企业与供应商业务往来账款，反映和监督在采购交易过程中资金的支出和应付情况，跟踪应付账款的到期日，分析应付账款账龄，及时提供债务总额和现金需要量，合理安排企业的现金流量，为资金管理决策提供信息支持。

(一) 清楚掌握企业自身账款余额

应付账款是企业在正常经营活动中，因采购商品物资、原材料、接受劳务供应，应付未付供货单位的款项。应付管理系统主要用于核算和管理企业与供应商业务往来账款，通过采购发票、其他应付单、付款单等单据的记录对企业的应付账款进行综合管理，及时、准确地提供与供应商往来的账款余额资料。

(二) 提供企业债务分析信息，便于调整支付政策

应付管理系统提供各种分析报表，如账龄分析表、欠款分析、付款情况分析以及信用报警单等，通过各种分析报表，企业可以清楚地掌握自己的信用利用情况，调整支付政策，提高财务管理能力。

(三) 对应付款的支付业务进行处理

应付管理系统还提供各种预警、控制功能，到期债务列表的列示和合同到期款项列表，帮助企业对到期应付账款进行管理。

三、应付管理系统的特点

应付管理系统有如下三个特点。

(一) 与其他子系统联系紧密

应付管理系统与账务处理子系统、采购管理子系统、库存管理子系统及总账系统等都有数据共享，这不仅可以避免重复录入操作，还可以大大提高信息传送效率，为企业节约信息成本。如在库存管理子系统可以了解采购材料的入库情况，以便企业及时发出催货函进行查询，加强对企业财产物资的管理。

(二) 付款结算方式多样性

企业在进行采购业务时可以根据业务的不同选择不同的结算方式，在应付管理子系统中提供多种多样的结算方式：现金支票结算、转账支票结算、商业汇票结算、银行汇票结算、托收承付结算等，在提供多样化结算方式的同时，也必须加强对付款业务的控制和管理。

(三) 数据的真实性和有效性要求高

企业进行采购业务后，相关信息录入应付管理系统，必须认真审核凭单，保证数据真实性是最基本的要求之一。而企业在处理应付款业务时应当按照约定的付款要求进行相关业务处理，保证企业的良好信誉，提高企业综合竞争力。

四、 应付管理系统的业务处理流程

应付管理系统在业务处理流程中与采购系统密不可分，应付管理系统从采购系统得到

采购凭单等信息，采购员在采购系统中可以录入采购订单，订单信息可以同时与应付管理系统共享。应付管理系统也可以从供应商方之间获取原始凭单，在应付管理系统中直接填制相关采购发票等单据。财务部门根据采购订单和发票上的结算方式签发付款结算单给供应商并编制记账凭证，主要通过“应付账款”“应付票据”“银行存款”等会计科目进行核算，如图 8-1 所示。

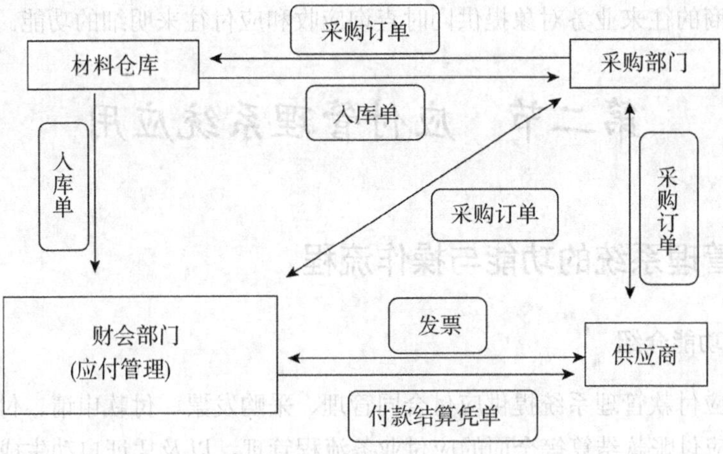

图 8-1　应付管理系统业务处理流程图

五、应付管理系统与其他业务系统的数据传递与共享

应付管理系统与其他业务系统之间的数据传递与共享如图 8-2 所示。

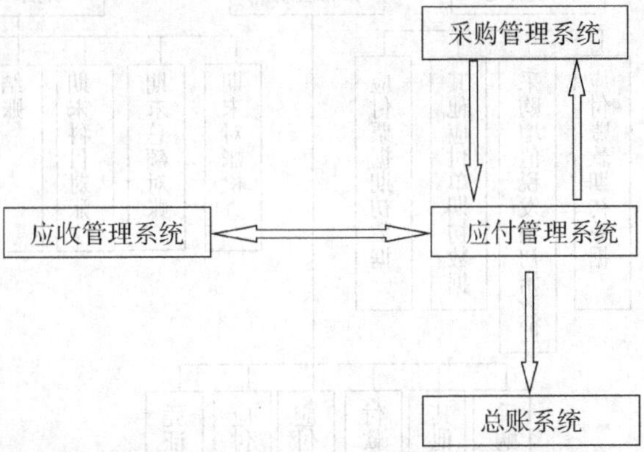

图 8-2　应付管理系统与其他业务系统之间的数据传递与共享

应付管理系统与其他业务系统之间的数据传递与共享主要体现在以下几个方面。

(一) 应付管理系统与采购管理系统之间的数据传递与共享

采购管理系统录入的采购发票等向应付管理系统传递，在应付管理系统中产生付款结算凭单，完成付款业务。

(二) 应付管理系统与总账系统之间的数据传递与共享

应付管理系统向总账系统传递记账凭证并能够查询其所生成的记账凭证。

(三) 应付管理系统与应收管理系统之间的数据传递与共享

应付管理系统与应收管理系统之间可以进行转账处理，如应付冲应收，也可以对既是客户又是供应商的往来业务对象提供同时查询应收和应付往来明细的功能。

第二节　应付管理系统应用

一、应付管理系统的功能与操作流程

(一) 系统功能介绍

金蝶 K/3 应付款管理系统提供应付合同管理、采购发票、付款申请、付款、退款、应付票据管理、应付账款结算等全面的应付业务流程管理，以及凭证自动生成、到期债务预警、与总账和往来单位自动对账等综合业务管理功能，同时提供账龄分析、付款分析、趋势分析等管理报表。应付款管理系统功能结构图如图 8-3 所示。

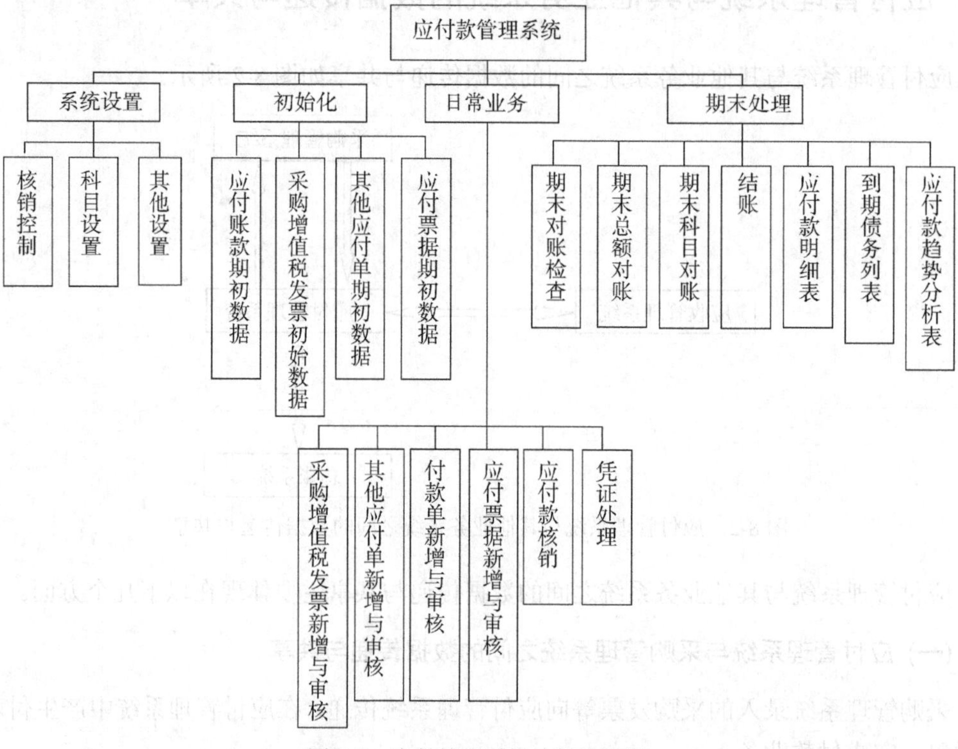

图 8-3　应付管理系统功能结构图

1. 票据管理

系统提供全面的商业汇票的业务处理与跟踪管理，应付票据审核后可以自动生成付款单或预付单，参与后续的结算处理，同时系统支持应付票据的进一步业务处理，帮助企业随时监控应付票据的开具、付款、作废等业务。

2. 凭证管理

系统提供模板式和非模板式两种凭证生成方式，用户可以根据操作习惯自行选择。凭证保存时，系统自动校验单据与凭证上的往来科目的币别、总金额、账期等内容并对单证内容不符的情况及时给予详细提示，帮助用户最大限度地减少错误操作。

3. 结算管理

应付系统可接收采购系统传递的发票，也可以直接在本系统新增发票和其他应付单，作为企业确认债务的依据并通过预付单、付款单等对债务进行付款结算处理。付款结算提供包括付款结算、预付款冲应付款、应付款转销等七种类型的企业债务结算方式，满足企业按单付款、按产品明细付款、按合同和订单付款等不同层次的结算要求，以及转销业务结算和财务处理的要求。同时系统支持手工核销、自动核销、单据审核后自动核销等多种核销方式，帮助企业根据业务重要性原则和效益性原则，随时选择适合业务需要的结算解决方案，以便在报表分析中得到明细程度不同的数据结果。

4. 对账功能

系统提供应付系统的单据与总账账簿的对账功能，包括按总额对账和按往来科目对账两种方式，帮助企业随时进行业务信息与财务信息的核对，及时发现并遏制业务部门与财务部门之间由于信息不对称造成的账实不符问题。

5. 丰富的报表信息

系统提供按照业务发生先后统计的应付款明细表、汇总表；按照未结算的单据余额并方便与供应商对账的账龄分析表、往来对账单、到期债务列表、月结单；以及周转分析、付款分析、趋势分析等其他各种分析报表，帮助企业准确快速地查询应付款的发生额和余额信息并为企业的个性化管理报表提供丰富的基础数据。

(二) 应付管理系统操作流程

采购管理系统产生的采购发票等应付单据传递到应付管理系统，在应付管理系统中不需要再次录入，直接在该系统中进行审核和制单，生成凭证后传递到总账系统。如果未启用采购管理系统，则由应付管理系统来完成输入应付单据、付款单及采购发票等业务，同时在应付管理系统中完成审核、结算和制单，生成的凭证最后传递到总账系统。在整个业务处理流程中，一般由财务会计人员来完成基本操作内容，财务主管来完成审核工作，如图 8-4 所示。

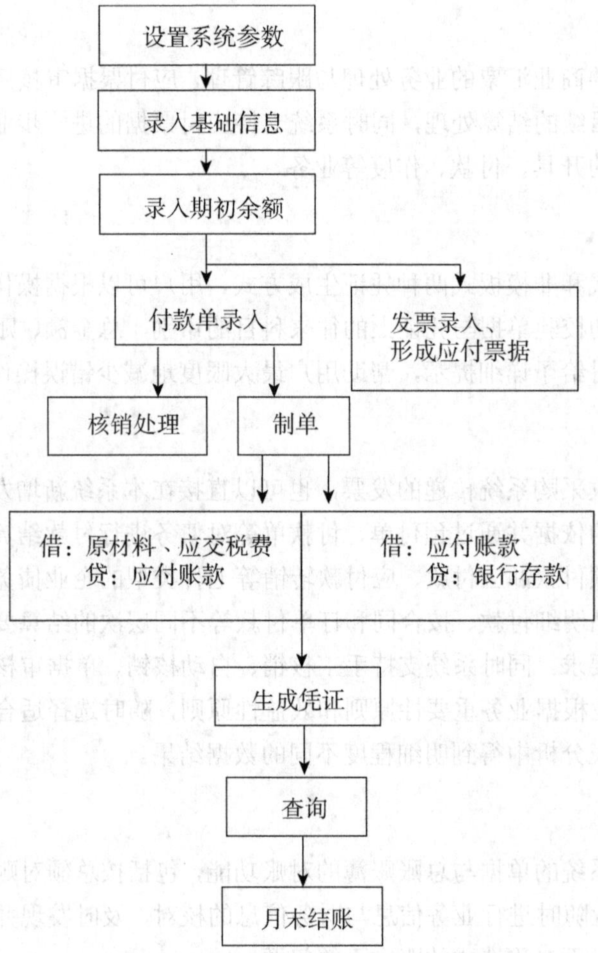

图 8-4　应付管理系统的业务处理流程

二、应付管理系统初始化设置

(一) 应付管理系统初始化设置功能简介

应付管理系统的初始化设置主要是建立应付管理的基础数据，设置系统参数和基础资料，录入初始数据，与总账系统进行对账，最后完成初始化设置功能。

(二) 应付管理系统初始化设置实验

1. 实验目的

理解应付管理系统初始化设置在整个应付系统中的作用及其重要性。掌握应付管理系统初始设置内容及步骤，掌握参数设置、基础资料设置、录入期初数据的方法并完成与总账之间的对账过程。

2. 实验内容

按照实验案例资料要求对系统参数、基础资料、录入期初数据进行相关设置操作。

3. 实验案例资料

1) 系统参数设置

(1) 基本信息：启用年份为2017年，启用期间为1月。

(2) 科目设置：科目设置资料如表8-1所示。

表8-1 科目设置表

科目类型	科目代码
单据类型	2202
应付票据	2201
应交税金	2221.01.01

(3) 系统参数设置：其他没有说明的内容采用默认状态，不更改。

(4) 凭证处理：勾选使用凭证模板。

2) 应付款期初基础资料

应付款期初基础资料如表8-2所示。

表8-2 应付账款期初数据

供应商	时间	金额
珠海毛纺	2016.09.12	100 000
达力纺织	2016.07.20	120 000
东兴纺织	2016.06.03	180 000
合计		400 000

3) 根据基础资料内容，在系统中录入期初数据并进行对账处理

4. 实验步骤

(1) 执行“账套管理”→“用户”命令，将马大勇、李强、张婷赋予应付管理系统所有权限。系统参数设置，以总账会计“马大勇”的身份登录金蝶K/3主控台，执行“系统设置”→“系统设置”→“应付款管理”→“系统参数”命令，打开应付款系统的“系统参数”对话框，如图8-5所示，按照实验案例资料的要求正确操作。

(2) 打开“系统参数”对话框后，在“基本信息”选项卡中设置启用年份为2017年，期间为1月。

(3) 在“科目设置”选项卡中设置基础资料中的相关内容，如图8-6所示。

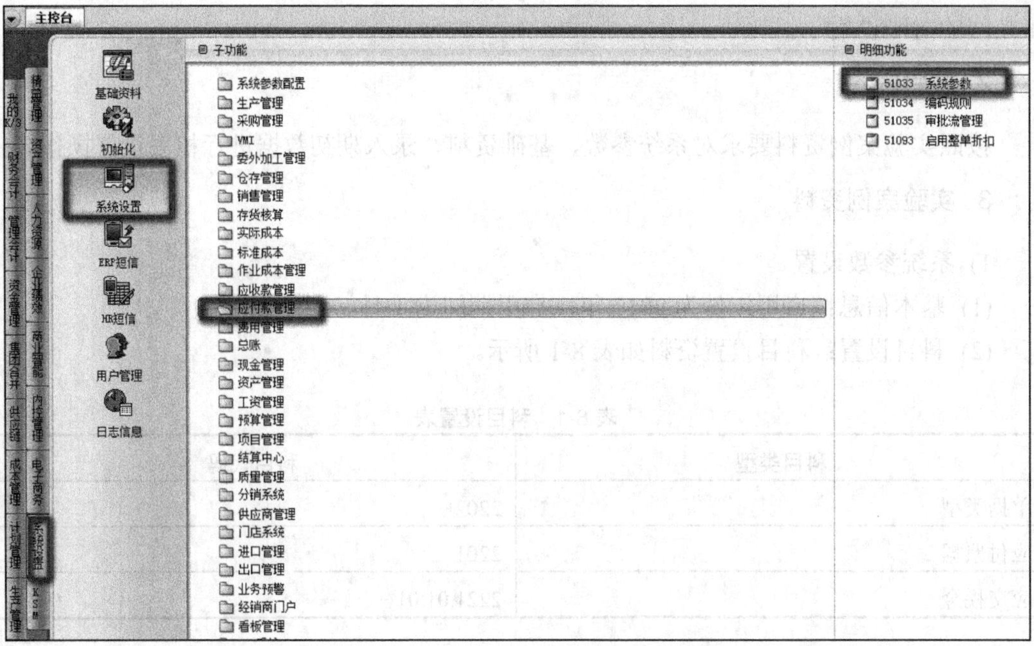

图 8-5　打开系统参数设置

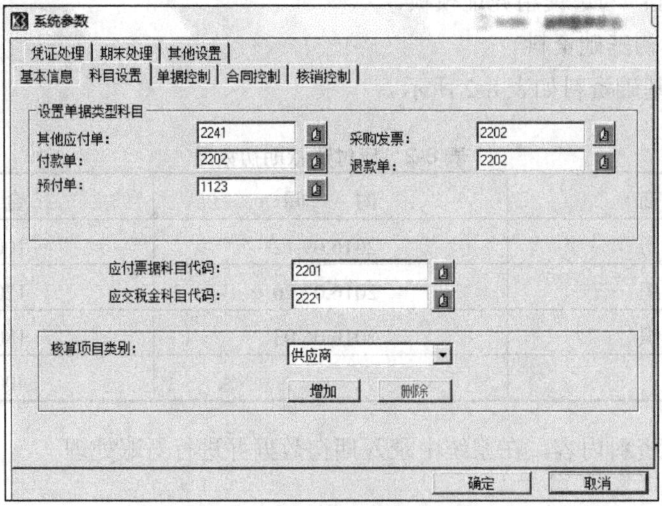

图 8-6　应付管理系统参数设置

注意：

会计科目设置中应付账款 2202 科目应设置科目受控系统为应收应付，否则此处设置无法通过。

(4) 在凭证处理中勾选“使用凭证模板”，如图 8-7 所示。

(5) 设置应付款期初基础资料。执行“系统设置”→“基础资料”→“应付款管理”→“类型维护”命令，打开“类型维护”对话框，可以设置应付系统的基础信息。

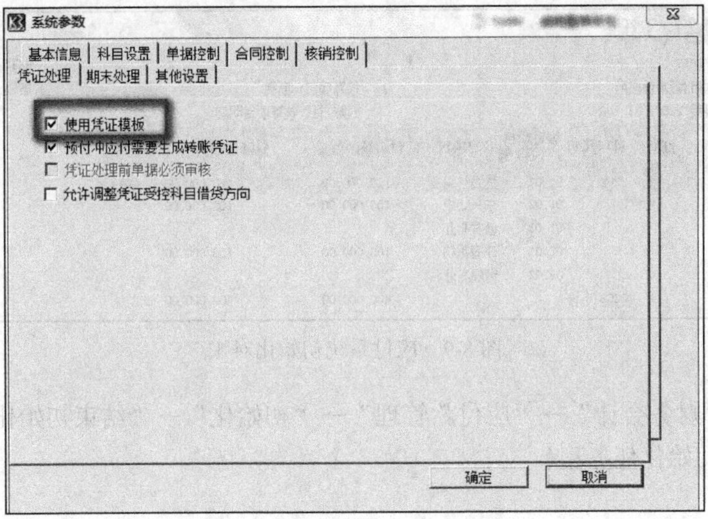

图 8-7　凭证处理系统参数设置

(6) 录入期初数据并进行对账处理。执行“财务会计(系统设置)”→“初始化”→“应付款管理”→“初始采购增值税发票—新增”命令，打开“初始采购增值税发票—新增”窗口，按照要求的数据资料填写达力纺织应付款单据，如图 8-8 所示。按照达力纺织应付款单据录入过程，自行完成珠海纺织和东兴纺织初始数据的录入。

图 8-8　初始采购增值税发票—新增的录入

注意：

在初始采购增值税发票—新增录入的过程中，本年状况应为不勾选状态，因为期初数据为 2016 年数据，如果选择本年则无法保存单据。

(7) 与总账系统进行对账处理。执行“财务会计”→“应付款管理”→“初始化”→“初始化对账”命令，进入“初始化对账—过滤条件”窗口，输入过滤条件科目代码为“2202”，选择“显示核算项目明细”选项，单击“确定”按钮。进入“应付款管理—系统[初始化对账]”窗口，如图 8-9 所示。

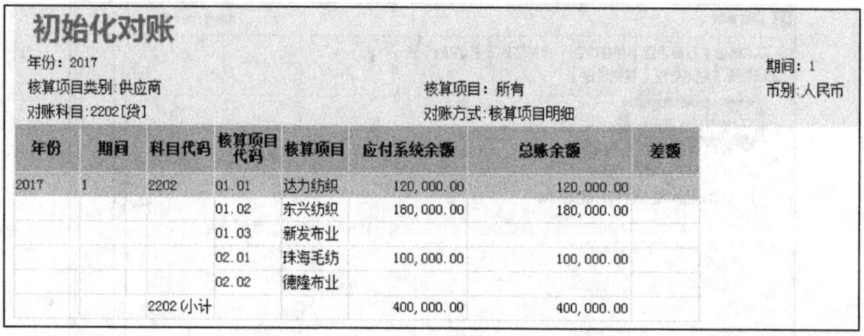
初始化对账

年份：2017　　期间：1

核算项目类别：供应商　　核算项目：所有　　币别：人民币

对账科目：2202[贷]　　对账方式：核算项目明细

年份	期间	科目代码	核算项目代码	核算项目	应付系统余额	总账余额	差额
2017	1	2202	01.01	达力纺织	120,000.00	120,000.00	
			01.02	东兴纺织	180,000.00	180,000.00	
			01.03	新发布业			
			02.01	珠海毛纺	100,000.00	100,000.00	
			02.02	德隆布业			
		2202小计			400,000.00	400,000.00	

图 8-9　应付系统初始化对账

(8) 执行“财务会计”→“应付款管理”→“初始化”→“结束初始化”命令，按照系统提示完成初始化任务。

注意：

如果系统启用后发现初始化数据有错误，需要修改，则可以通过“反初始化”功能进行修改。

三、应付管理系统日常业务处理

(一) 应付管理系统日常业务处理功能简介

应付管理系统日常业务处理中主要处理各种采购发票，填制相关应付单据并审核单据，生成记账凭证，传递到总账系统。金蝶 K/3 中应付系统在完成初始化对账之后，根据业务的需求主要进行发票处理，其他应付单、付款、票据处理，结算及凭证处理等日常业务，如图 8-10 所示。

(二) 应付管理系统日常业务处理实验

1. 实验目的

掌握应付管理系统中采购发票单据的新增和审核。

2. 实验内容

按照实验掌握应付管理系统期末对账检查，期末总额对账和结账案例资料中发生的日常业务，新增和审核采购发票、其他应付单以及相关凭证的制作。

3. 实验案例资料

2017 年 1 月 3 日，向供应商东兴纺织采购羽绒原料，单价为 100 元，共 1000 件羽绒原料。收到对方开具的增值税发票，含税金额为 117 000 元，货款暂时未付。运输费用 900 元以现金方式结算。

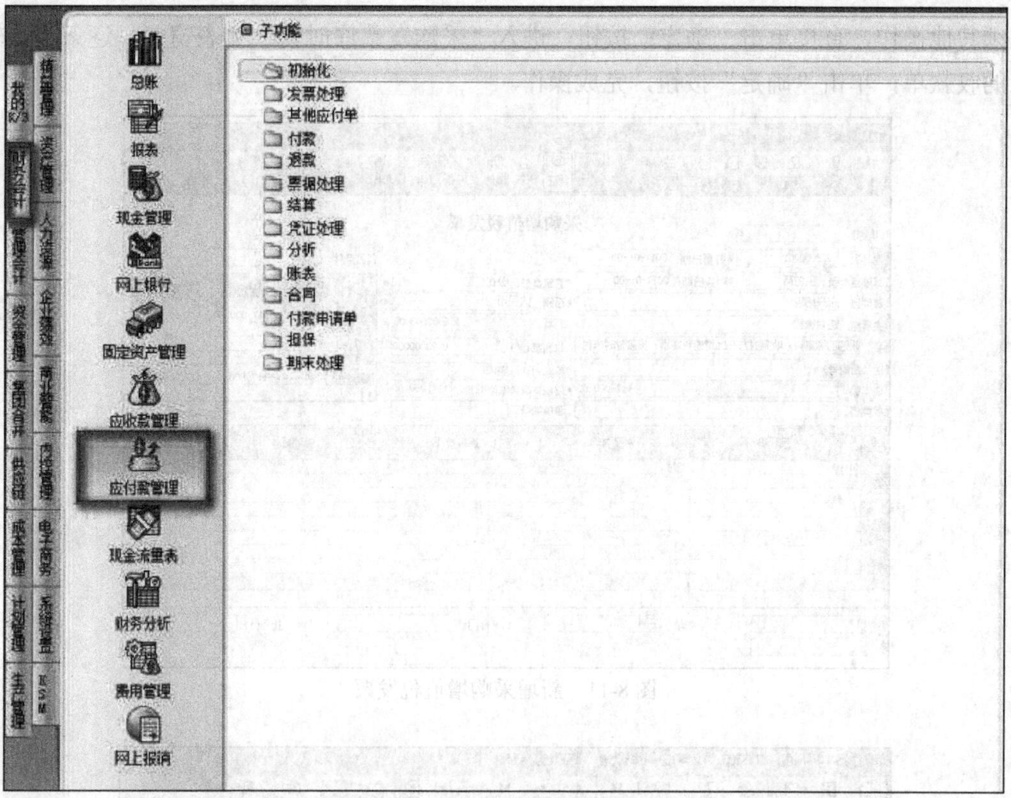

图 8-10 应付系统日常业务功能

2017 年 1 月 25 日，以现金结算方式支付货款。

2017 年 1 月 28 日，支付珠海毛纺货款 100 000 元。

4. 实验步骤

(1) 新增采购发票，由总账会计马大勇操作。登录金蝶 K/3 主控台，执行“财务会计”→“应付款管理”→“发票处理”→“采购增值税发票—新增”命令，打开“采购增值税发票—新增”对话框，如图 8-11 所示。

注意：

如果在操作中同时启用了采购系统，所有采购发票都在采购系统中输入，应付系统可以自动传入相关信息，同时可以根据实际业务需要修改应付系统中的付款计划；如果没有启用采购系统，则在应付系统中进行发票的新增、审核、核销操作和凭证制作。

(2) 新增其他应付单，由总账会计马大勇操作。执行“财务会计”→“应付款管理”→“其他应付单”→“其他应付单—新增”命令，打开“其他应付单—新增”对话框，如图 8-12 所示。

(3) 审核单据，由财务主管张婷操作。执行“财务会计”→“应付款管理”→“发票处理”→“采购发票—维护”命令，弹出“过滤”对话框，因业务不涉及相关过滤条件，无须其他操作，直接单击“确定”按钮，进入“采购发票序时簿”列表窗口，逐条审核输入的收款单，单击“确定”按钮，完成操作。

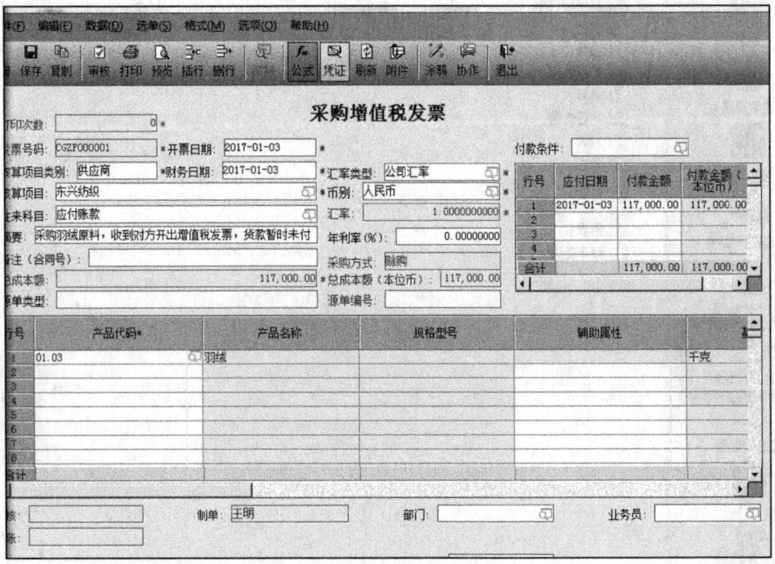

图 8-11　新增采购增值税发票

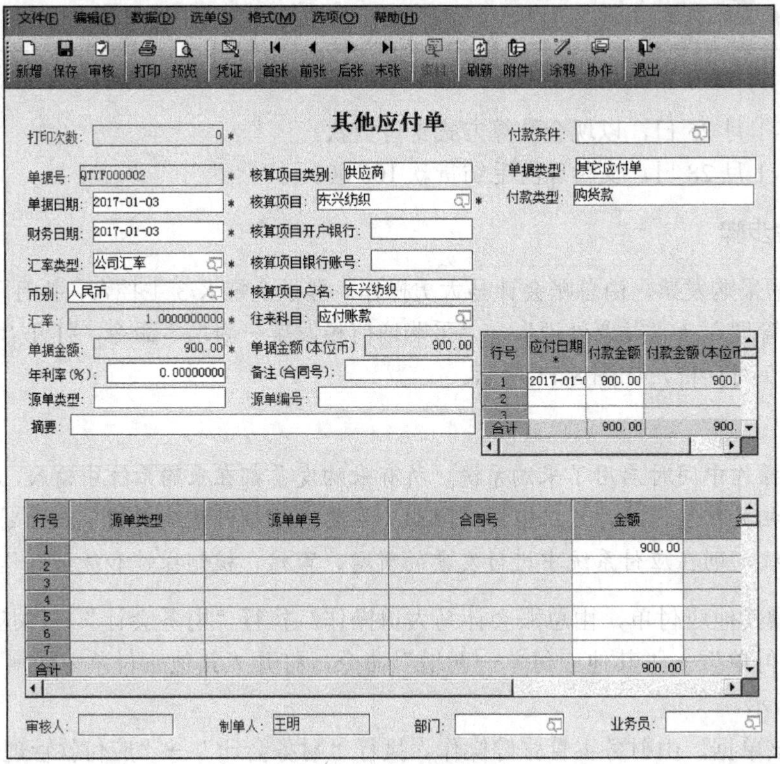

图 8-12　新增其他应付单

(4) 新增东兴纺织含税金额 117 000 元购货款付款单，由出纳李强操作。执行“财务会计”→“应付款管理”→“付款”→“付款单—新增”命令，打开“付款单—新增”窗口，如图 8-13 所示。其中，结算方式选择“现金结算”。同样的操作，完成 900 元运输费生成付款单，如图 8-14 所示。

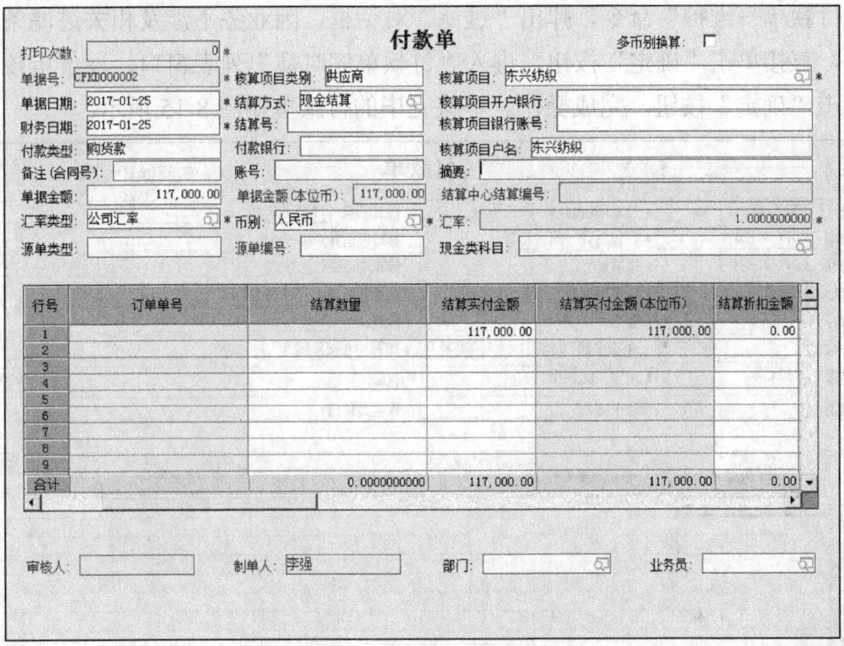

图 8-13　新增购货款付款单

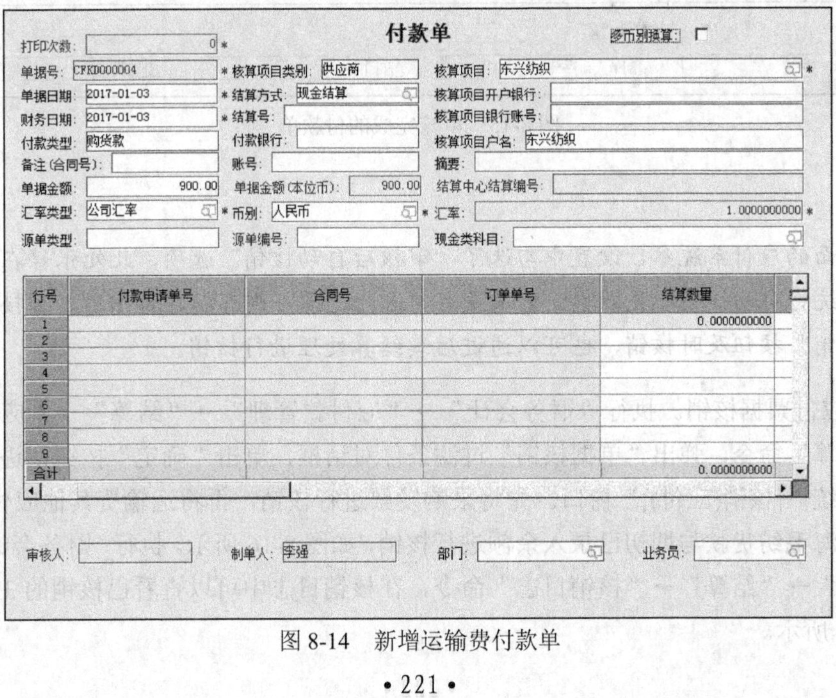

图 8-14　新增运输费付款单

(5) 新增支付珠海毛纺货款 100 000 元付款单，由出纳李强操作。执行“财务会计”→“应付款管理”→“付款”→“付款单—新增”命令，打开“付款单—新增”窗口，结算方式选择“现金结算”。

(6) 审核付款单，由财务主管张婷操作。执行“财务会计”→“应付款管理”→“付款”→“付款单—维护”命令，弹出“过滤”对话框，因业务不涉及相关过滤条件，无须其他操作，直接单击“确定”按钮，进入“付款单序时簿”列表窗口，逐条审核输入的付款单，单击“确定”按钮，完成操作。审核完毕的付款单如图 8-15 所示。

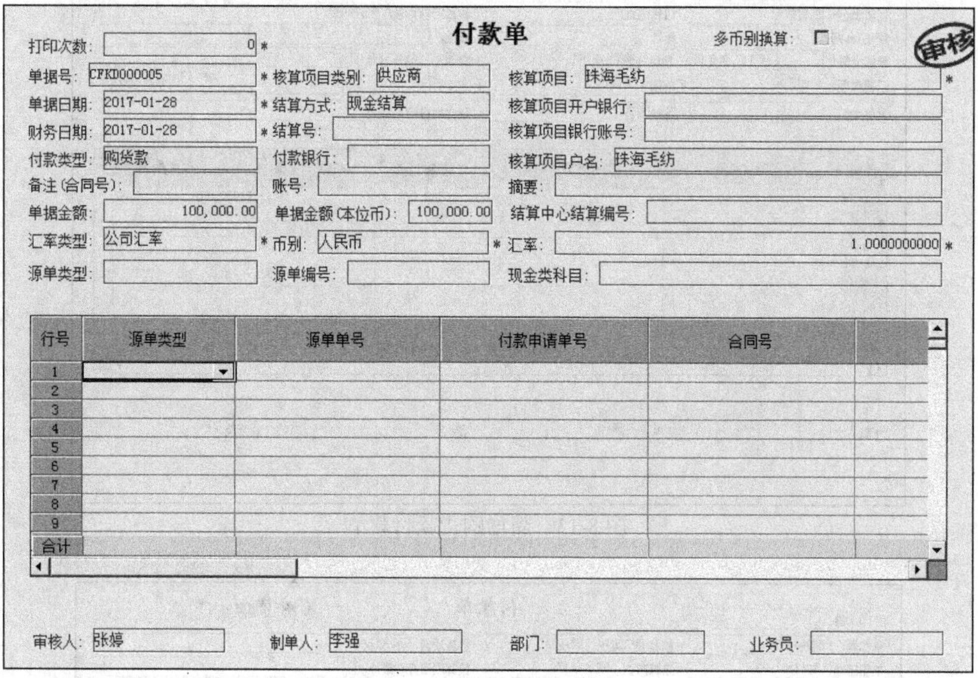

图 8-15　审核完成的付款单

注意：

在前面的应付系统参数设置中勾选了“审核后自动核销”选项，此处张婷在审核付款单后，系统将自动核销相关源单；如果没有勾选此选项，则可以在审核后，直接在该页面单击“核销”按钮及时核销，也可以通过后续结算处理进行核销。

(7) 应付票据核销。执行“财务会计”→“应付款管理”→“结算”→“应付款核销—到款结算”命令，弹出“单据核销”过滤条件对话框，单击“确定”按钮，进入“应付款管理系统—[核销(应付)]”窗口。先将采购发票进行核销，再将运输费其他应付单核销，最后将珠海毛纺货款与期初已录入余额进行核销，如图 8-16 所示。执行“财务会计”→“应付款管理”→“结算”→“核销日志”命令，在核销日志中可以查看已核销的 3 笔业务，如图 8-17 所示。

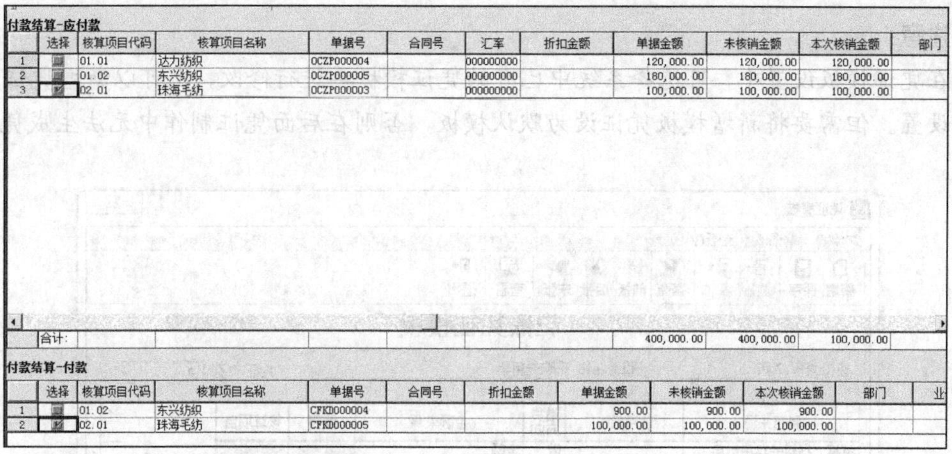
付款结算-应付款
选择 核算项目代码 核算项目名称 单据号 合同号 汇率 折扣金额 单据金额 未核销金额 本次核销金额 部门
1 01.01 达力纺织 OCZP000004 000000000 120,000.00 120,000.00 120,000.00
2 01.02 东兴纺织 OCZP000005 000000000 180,000.00 180,000.00 180,000.00
3 02.01 珠海毛纺 OCZP000003 000000000 100,000.00 100,000.00 100,000.00
合计: 400,000.00 400,000.00 100,000.00
付款结算-付款
选择 核算项目代码 核算项目名称 单据号 合同号 折扣金额 单据金额 未核销金额 本次核销金额 部门
1 01.02 东兴纺织 CFKD000004 900.00 900.00 900.00
2 02.01 珠海毛纺 CFKD000005 100,000.00 100,000.00 100,000.00

图 8-16　核销珠海毛纺货款

图 8-17　核销日志

(8) 凭证制作，设置相关凭证模板，由总账会计马大勇操作。执行“系统设置”→“基础资料”→“应付款管理”→“凭证模板”命令，进入“凭证模板设置”窗口，选择“其他应付”，在弹出的“凭证模板”窗口中修改凭证模板科目为“原材料”，凭证字为“记”字，其他不做修改。其他应付凭证模板如图 8-18 所示，采购发票凭证模板如图 8-19 所示，付款单凭证模板如图 8-20 所示。

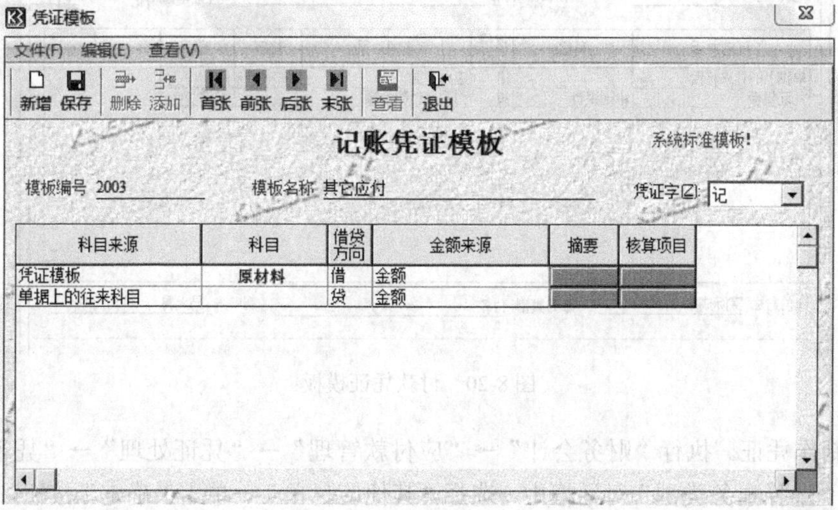
凭证模板
文件(F) 编辑(E) 查看(V)
新增 保存 删除 添加 首张 前张 后张 末张 查看 退出
记账凭证模板
系统标准模板!
模板编号 2003
模板名称 其它应付
凭证字(Z): 记
科目来源 科目 借贷方向 金额来源 摘要 核算项目
凭证模板 原材料 借 金额
单据上的往来科目 贷 金额

图 8-18　其他应付凭证模板

注意：

在凭证模板设置中，可选择系统中已有的凭证模板再进行修改，也可以新增凭证模板进行设置。但需要将新增模板凭证设为默认模板，否则在后面凭证制作中无法生成凭证。

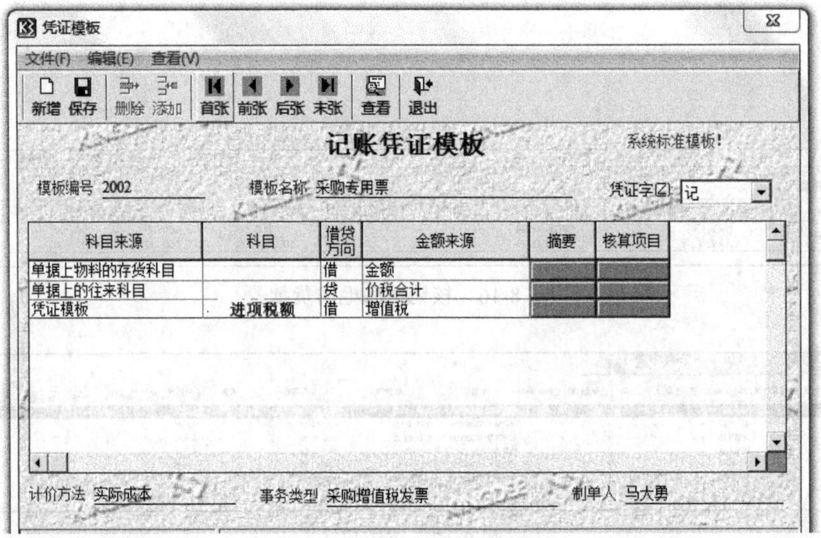

图 8-19　采购发票凭证模板

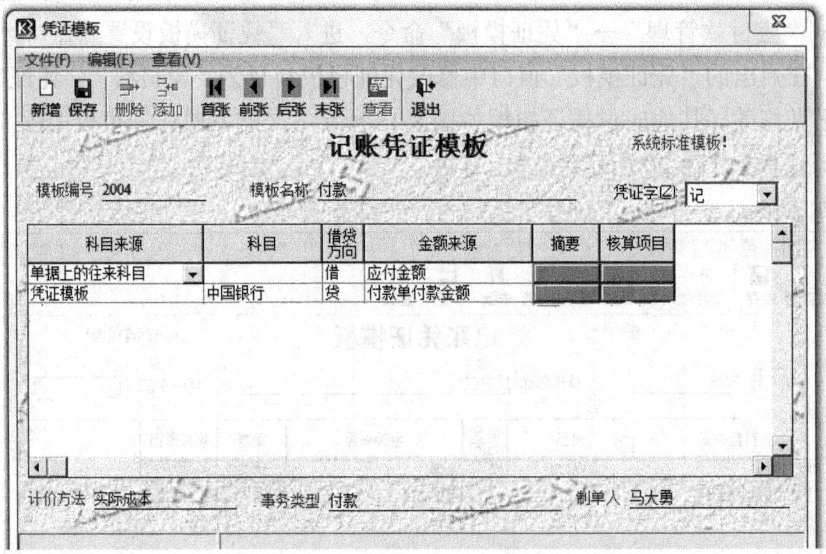

图 8-20　付款凭证模板

(9) 制作凭证。执行“财务会计”→“应付款管理”→“凭证处理”→“凭证—生成”命令，在“选择事务类型”对话框中，选择“其他应付单”，单击“确定”按钮，弹出“过滤”窗口，将“核销状态”选择为“全部”，单击“确定”按钮，进入“单据序时簿”窗口，选择需要生成的凭证，单击“按单”按钮，系统自动按设置的凭证模板逐张单据生成凭证，如图 8-21 所示。

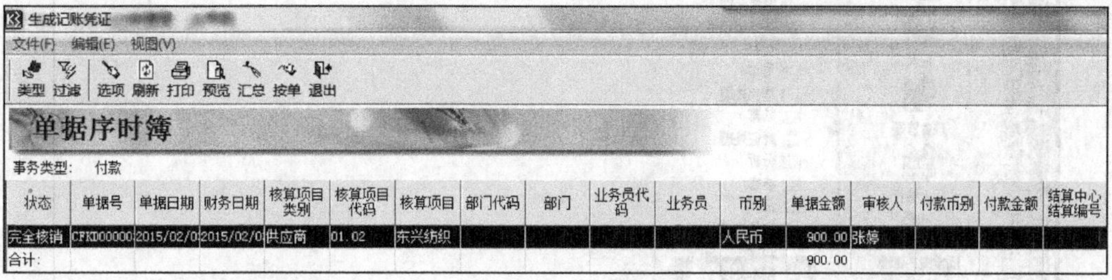

图 8-21　凭证制作

(10) 凭证审核，由财务主管张婷操作。执行“财务会计”→“应付款管理”→“凭证处理”→“凭证—维护”命令，弹出“会计分录序时簿—过滤条件”窗口，单击“确定”按钮，进入“应付款管理系统— [会计分录序时簿(应付)]”窗口，如图 8-22 所示。选择需要审核的凭证，单击“审核”按钮，可全部审核。

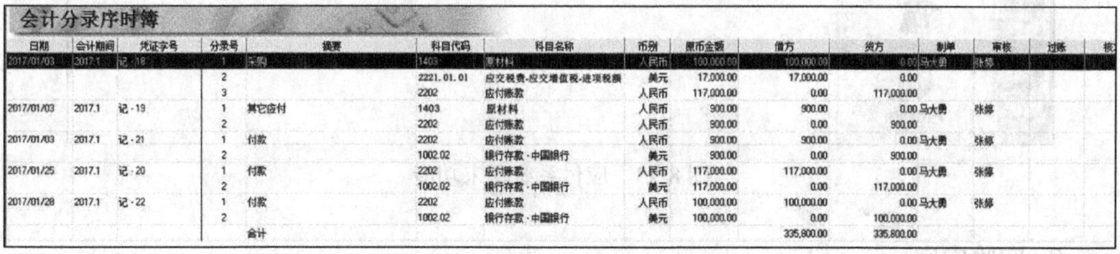

会计分录序时簿
日期 会计期间 凭证字号 分录号 摘要 科目代码 科目名称 币别 原币金额 借方 贷方 制单 审核 过账
2017/01/03 2017.1 记-18 1 采购 1403 原材料 人民币 100,000.00 100,000.00 0.00 马大勇 张婷
2 2221.01.01 应交税费-应交增值税-进项税额 美元 17,000.00 17,000.00 0.00
3 2202 应付账款 人民币 117,000.00 0.00 117,000.00
2017/01/03 2017.1 记-19 1 其它应付 1403 原材料 人民币 900.00 900.00 0.00 马大勇 张婷
2 2202 应付账款 人民币 900.00 0.00 900.00
2017/01/03 2017.1 记-21 1 付款 2202 应付账款 人民币 900.00 900.00 0.00 马大勇 张婷
2 1002.02 银行存款-中国银行 美元 900.00 0.00 900.00
2017/01/25 2017.1 记-20 1 付款 2202 应付账款 人民币 117,000.00 117,000.00 0.00 马大勇 张婷
2 1002.02 银行存款-中国银行 美元 117,000.00 0.00 117,000.00
2017/01/28 2017.1 记-22 1 付款 2202 应付账款 人民币 100,000.00 100,000.00 0.00 马大勇 张婷
2 1002.02 银行存款-中国银行 美元 100,000.00 0.00 100,000.00
合计 335,800.00 335,800.00

图 8-22　应付管理系统凭证查询

四、应付管理系统期末处理

(一) 应付管理系统期末处理功能简介

应付管理系统期末处理主要是为了完成对账检查，期末过账处理和结账。对账检查是为了检查指定科目的凭证是否存在对应的单据，应付管理系统的结账期间是否与总账系统匹配等。过账处理是将应付管理系统中生成的凭证在总账系统中全部过账。当期末所有操作完成之后，如所有单据进行了审核、核销处理，相关单据已生成了凭证，同时与总账等系统的数据资料已核对完毕，则可以进行应付管理系统期末结账工作。在金蝶 K/3 软件操作中主要在期末处理子功能中完成相关操作，如图 8-23 所示。

(二) 应付管理系统期末处理实验

1. 实验目的

掌握应付管理系统期末对账检查，期末总额对账和结账。

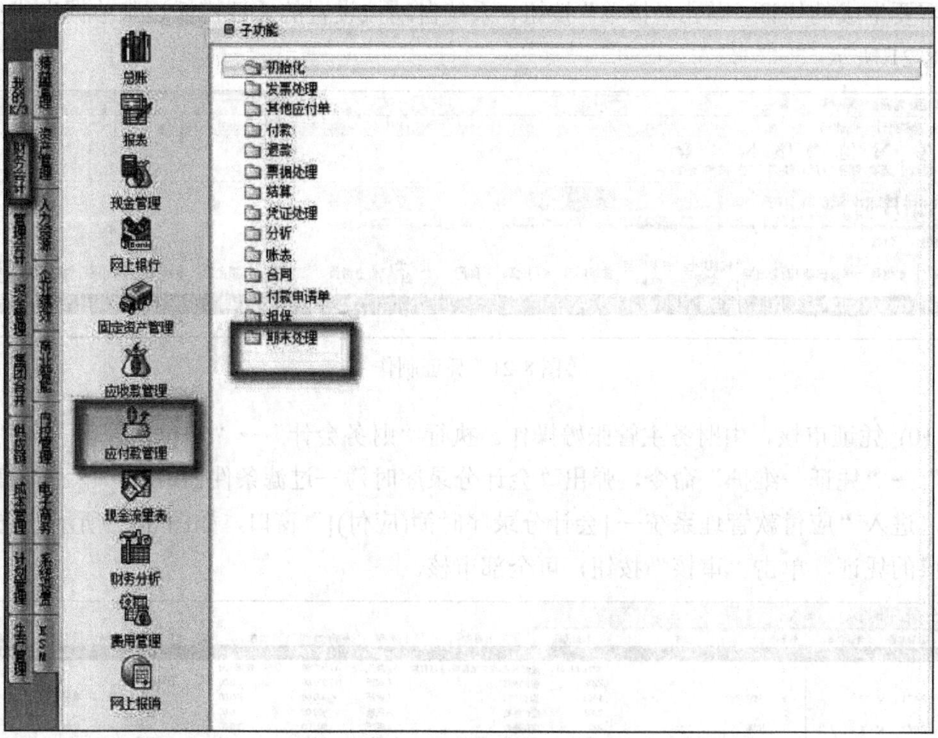

图 8-23　应付系统期末功能

2. 实验内容

根据发生的日常业务进行后续期末对账检查、总额对账和结账相关操作。

3. 实验案例资料

参照日常业务进行处理。

4. 实验步骤

(1) 期末对账检查。执行“财务会计”→“应付款管理”→“期末处理”→“期末对账检查”命令，弹出“应付系统对账检查”向导窗口，如图 8-24 所示。设置对账的过滤条件，单击“确定”按钮，开始对账检查。

注意：

期末对账检查主要核对制定科目的凭证是否存在对应单据，应付系统的结账期间是否和总账一致。

(2) 期末过账处理。执行“财务会计”→“总账”→“凭证处理”→“凭证过账”命令，弹出“凭证过账”对话框，如图 8-25 所示，进行相应设置后，单击“确定”按钮，完成对账过程。

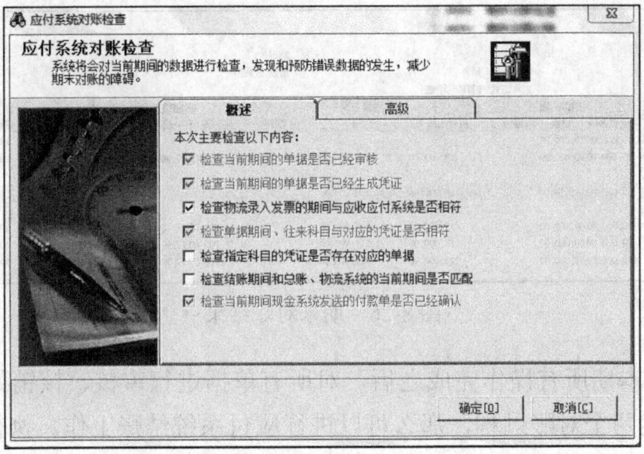

图 8-24　对账检查窗口

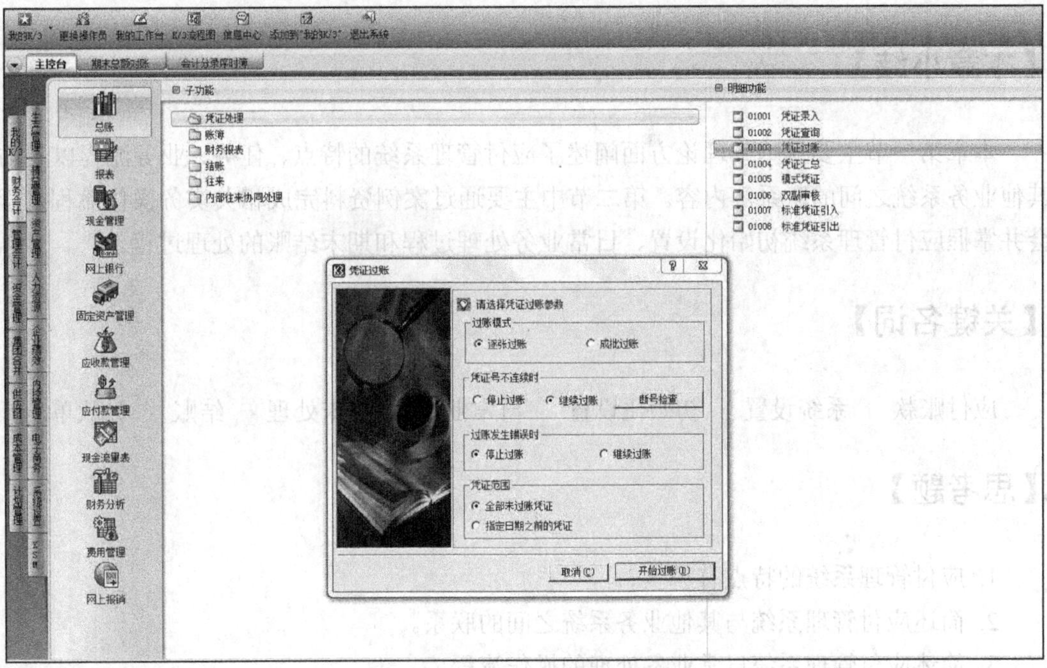

图 8-25　凭证过账处理

(3) 期末总额对账。执行“财务会计”→“应付款管理”→“期末处理”→“期末总额对账”命令，弹出“期末总额对账—过滤条件”对话框。设置对账过滤条件时，将科目名称设为“应付账款”，然后单击“确定”按钮，开始对账检查，结果如图 8-26 所示。

注意：

期末总额对账主要核对应付系统数据与总账系统数据的一致性，在进行期末总账对账前，务必保证所有应付系统相关单据已生成凭证并审核。

期末总额对账

年份：2017　　期间：1

核算项目类别：供应商　　核算项目：所有　　币别：人民币

总账科目：[2202 贷]　　对账方式：核算项目明细

年份	期间	核算项目代码	核算项目	期初余额			本期借方发生			本期贷方发生			期末余额		
				应付系统	总账	差额	应付系统	总账	差额	应付系统	总账	差额	应付系统	总账	差额
2017	1	01.01	达力纺织	20,000.00	20,000.00								20,000.00	120,000.00	
		01.02	东兴纺织	80,000.00	80,000.00		117,900.00	117,900.00		17,900.00	17,900.00		80,000.00	180,000.00	
		01.03	新发布业												
		02.01	珠海毛纺	00,000.00	00,000.00		100,000.00	100,000.00							
		02.02	德隆布业												
		(期间小计		00,000.00	00,000.00		217,900.00	217,900.00		17,900.00	17,900.00		00,000.00	300,000.00	
		(年小计)		00,000.00	00,000.00		217,900.00	217,900.00		17,900.00	17,900.00		00,000.00	300,000.00	
		(合计)		00,000.00	00,000.00		217,900.00	217,900.00		17,900.00	17,900.00		00,000.00	300,000.00	

图 8-26　期末对账结果

(4) 结账。当本期所有操作完成之后，对所有单据进行审核、核销处理，生成相关凭证，并且完成上述两个对账过程，那么可以进行应付系统结账工作。执行“财务会计”→“应付款管理”→“期末处理”→“结账”命令，按系统提示操作。完成结账以后，系统将自动进入下一个会计期间。

【本章小结】

本章第一节主要从基础理论方面阐述了应付管理系统的特点、任务、业务流程以及与其他业务系统之间的联系等内容。第二节中主要通过案例资料完成相关实务操作流程，学会并掌握应付管理系统初始化设置、日常业务处理过程和期末结账的处理过程。

【关键名词】

应付账款　　系统设置　　初始化设置　　日常业务　　期末处理　　结账　　付款单

【思考题】

1. 应付管理系统的特点有哪些？
2. 简述应付管理系统与其他业务系统之间的联系。
3. 简述应付管理系统日常业务处理的操作流程。

【练习题】

一、单项选择题

1. 在应付管理系统中，期初数据必须是账套(　　)的数据。

A. 启用会计期间前　　B. 启用会计期间中

C. 启用会计期间后　　D. 年初

2. (　　)是指提前支付的供应商款项，在系统中以付款单的形式出现。

A. 期初票据　　B. 期初预付单

C. 期初发票　　D. 期初应付单

3. 应付管理系统与采购管理系统相互联系，在系统中进行结账的顺序应该是(　　)。

A. 总账→应付管理→采购管理　　B. 总账→采购管理→应付管理

C. 应付管理→采购管理→总账　　D. 采购管理→应付管理→总账

二、多项选择题

1. 应付管理系统的付款单用来记录企业支付的供应商款项，款项性质包括(　　)。

A. 应付款　　B. 预收款

C. 其他费用　　D. 预付款

2. 应付管理系统中转账处理业务主要包括(　　)。

A. 应付冲应付　　B. 预付冲应付

C. 应付冲应收　　D. 红票对冲

3. 应付管理系统中收付核销处理的方式有(　　)。

A. 半手工核销　　B. 手工核销

C. 自动核销　　D. 半自动核销

三、判断题

1. 对于采购管理系统中生产的应付单据，在应付管理系统中必须再次录入。　(　　)

2. 在应付管理系统中制单生成凭证并将记账凭证传递到应收管理系统记账。　(　　)

3. 如果选择月结前全部生成凭证，若没有完全制单，不可以结账。　(　　)

四、业务分析题

1. 马大勇执行“财务会计”→“应付款管理”→“结算”→“应付款核销—到款结算”命令，对日常发生业务进行核销，如果没有进行核销处理，则会产生怎样的后果？

2. 在期末执行“财务会计”→“应付款管理”→“期末处理”→“期末总账对账”命令，弹出“期末总额对账—过滤条件”窗口后，如果出现对账不平，则原因有哪些？

附 录

会计软件应用实训

综合实训案例

一、总账系统练习

1. 新建组织机构及账套

(1) 机构代码：02

(2) 机构名称：武汉阳光

(3) 账套号：02.0001

(4) 账套名：武汉阳光工业有限公司

(5) 账套类型：标准供应链解决方案

2. 设置账套参数

(1) 机构名称：武汉阳光工业有限公司；地址：武汉市武昌区；电话：88887777

(2) 记账本位币：人民币；货币代码：RMB

(3) 凭证过账前必须审核

(4) 账套启用期间：2017 年 06 月 01 日

3. 添加用户组和用户(见表 1 和表 2)

表 1　用户分组及功能权限相关信息

用户组名	说　明	功能权限
Administrators	系统管理员组	所有权限
总账组	非业务类凭证制作、个人往来账管理、会计报表制作等	基础资料、数据引入引出、总账、报表、财务分析、现金流量表
人事薪资组	工资核算	基础资料、工资
固定资产组	固定资产入账、计提折旧、报废等管理	基础资料、固定资产

表 2　用户明细资料

用户姓名	认证方式	用　户　组	备　注
肖潇	密码认证(不设密码)	Administrators(系统管理员组)	总经理
吴悠	密码认证(不设密码)	总账组	财务主管
李好	密码认证(不设密码)	总账组	出纳
孙大光	密码认证(不设密码)	总账组	总账会计
刘资	密码认证(不设密码)	人事薪资组	薪资管理员
王力	密码认证(不设密码)	固定资产组	资产管理员

4. 账套初始化

1) 从模板中引入会计科目并进行会计科目维护

(1) 增加或修改会计科目(见表 3)。

表 3　会计科目表

科目代码	科目名称	外币核算	期末调汇	核算项目	备　注
1002	银行存款	所有币别	√		
1002.01	农业银行	不核算			
1002.02	招商银行	美元	√		
1002.03	建设银行	欧元	√		
1221	其他应收款			职员	往来业务核算
1403	原材料			物料	数量金额核算
1405	库存商品			物料	
2211	应付职工薪酬				
2211.01	工资				
2211.02	福利费				
6602	管理费用				
6602.01	工资及福利				
6602.02	折旧费				
6602.03	通信费			部门、职员	
5001	生产成本				
5001.01	基本生产成本			物料	
5001.02	辅助生产成本				
5101	制造费用				
5101.01	折旧费用				
5101.02	工资及福利费				
6001	主营业务收入			部门、职员、物料	
6603	财务费用				
6603.01	利息				
6603.02	汇兑损益				

(2) 往来会计科目的修改(见表4)。

表4　往来会计科目修改

科目代码	科目名称	往来业务核算	核算项目
1122	应收账款	√	客户
2202	应付账款	√	供应商

2) 设置总账系统参数

(1) 设置“本年利润”科目代码；设置“利润分配”科目代码。

(2) 对以下账套选项打“√”：①启用往来业务核销；②新增凭证自动填补断号；③凭证过账前必须审核。

3) 系统资料维护

(1) 增加两种币别(见表5)。

表5　币别资料

币别代码	币别名称	记账汇率	折算方式
USD	美元	6.88	原币×汇率=本位币
EUR	欧元	7.47	原币×汇率=本位币

(2) 增加凭证字“记”。

(3) 增加两个计量单位组及相应组中的计量单位，如表6所示。

表6　计量单位组资料

计量单位组	代　码	计量单位名称	换　算　率
面积组	M^2	平方	1
重量组	KG	千克	1

(4) 增加支票结算方式，如表7所示。

表7　结算方式资料

代　码	名　称
JF01	现金结算
JF06	支票结算
JF0601	现金支票
JF0602	转账支票

(5) 新增相关核算项目资料，如表 8～表 11 所示。

表 8　新增“客户”资料

代　码	名　称
01	武昌区
01.01	大发百货
01.02	红旗百货
02	洪山区
02.01	八方百货
02.02	顺心商场
03	江岸区
03.01	乐购百货
03.02	良品百货
04	硚口区
04.01	平价百货
04.02	旺达商场

表 9　新增“部门”资料

代　码	名　称
01	财务部
02	行政部
03	销售部
03.01	销售一部
03.02	销售二部
04	生产部
04.01	生产一部
04.02	生产二部

表 10　新增“职员”资料

代　码	名　称	部　门
001	肖潇	财务部
002	胡亮	行政部
003	余伟	销售一部
004	孙一平	销售二部
005	顾小雨	生产一部
006	王安	生产二部

表 11　新增“供应商”资料

代　　码	名　称
01	华东地区
01.01	新大木业
01.02	东阳木业
01.03	恒固木业
02	华中地区
02.01	得力油漆
02.02	永道油漆

(6) 新增“物料”信息资料，如表 12 所示。

上级组：01—材料

02—产品

表 12　物料资料信息

代　码	名　称	属　性	计量单位	计价方法	存货科目	销售收入	销售成本
01.01	实木板	外购	平方	加权平均	1403	6051	6402
01.02	木芯板	外购	平方	加权平均	1403	6051	6402
01.03	油漆	外购	千克	加权平均	1403	6051	6402
02.01	餐桌	自制	张	加权平均	1405	6001	6401
02.02	书桌	自制	张	加权平均	1405	6001	6401
02.03	办公桌	自制	张	加权平均	1405	6001	6401

4) 初始余额录入(见表 13～表 15)

表 13　6 月份期初余额数据

科目名称	外币/备注	汇　　率	借方金额	贷方金额
库存现金			30 000	
银行存款—农业银行			500 000	
银行存款—招商银行	100 000	6.88	688 000	
银行存款—建设银行	150 000	7.47	1 120 500	
库存商品—餐桌			121 000	
库存商品—书桌			204 600	
库存商品—办公桌			323 400	
预付账款			2 400	
应收账款			250 000	
原材料—实木板			20 000	
原材料—木芯板			15 000	

(续表)

科目名称	外币/备注	汇　　率	借方金额	贷方金额
原材料—油漆			15 000	
其他应收款—职员	胡亮		1 000	
坏账准备				750
固定资产			2 000 000	
累计折旧				800 000
应付账款				450 000
短期借款				200 000
本年利润				357 250
实收资本				3 482 900
合计			5 290 900	5 290 900

注：其他应收款的业务发生日期为 2016 年 11 月 4 日

表 14　应收账款期初数据

客　　户	时　　间	金　　额
大发百货	2016.11.09	70 000
顺心商场	2016.12.26	50 000
良品百货	2016.08.25	110 000
旺达商场	2016.03.07	20 000
合计		250 000

表 15　应付账款期初数据

供　应　商	时　　间	金　　额
新大木业	2016.07.18	150 000
恒固木业	2016.09.27	180 000
永道油漆	2016.05.04	120 000
合计		450 000

5. 日常业务处理

(1) 建立摘要库：可按照经常发生的业务活动内容来建立常用摘要库。

(2) 录入记账凭证。

① 6 月 1 日，从银行提取现金 20 000 元备用。

借：库存现金　　　　　　　　20 000

　　贷：银行存款—农业银行　　　　　　20 000

② 6 月 3 日，购入实木板 1 000 平方，单价为 500 元；木芯板 2 000 平方，单价为 200 元；油漆 100 千克，每千克 100 元；增值税专用发票注明材料价款为 910 000 元，增值税为 154 700 元，款项均已通过农业银行支付，材料入库。

借：原材料—实木板　　　　　　500 000
　　　　—木芯板　　　　　　　400 000
　　　　—油漆　　　　　　　　10 000
　　应交税费—应交增值税(进项税额)　　154 700
　　贷：银行存款—农业银行　　　　1 064 700

③ 6月4日，销售部孙一平出差预支差旅费2 000元。

借：其他应收款/孙一平　　　　2 000
　　贷：库存现金　　　　　　　2 000

④ 6月5日，收到外方投资100 000欧元，存入建行账户，当日汇率为7.81。

借：银行存款—建设银行　　　　781 000
　　贷：实收资本　　　　　　　781 000

⑤ 6月7日，销售部孙一平报销差旅费1 600元，退还现金400元。

借：库存现金　　　　　　　　　400
　　销售费用　　　　　　　　　1 600
　　贷：其他应收款/孙一平　　　2 000

⑥ 6月8日，用库存现金支付交通违章罚款300元。

借：营业外支出　　　　　　　　300
　　贷：库存现金　　　　　　　300

⑦ 6月13日，为生产餐桌，从仓库领用实木板200平方，计划成本为500元每平方米。

借：生产成本—基本生产成本—餐桌　　100 000
　　贷：原材料—实木板　　　　　　100 000

⑧ 6月15日，销售一部余伟向乐购百货销售书桌一批100 000元，增值税税率为17%，货款已存入银行。

借：银行存款—农业银行　　　　1170 00
　　贷：主营业务收入—销售一部/余伟/书桌　　100 000
　　　　应交税费—应交增值税—销项税额　　　17 000

⑨ 6月15日，结转已销售书桌的成本为89 000元。

借：主营业务成本　　　　　　　89 000
　　贷：库存商品—书桌　　　　　89 000

⑩ 6月30日，用现金支付行政部本月通信费。

借：管理费用—通信费/行政部/胡亮　　500
　　贷：库存现金　　　　　　　　500

(3) 凭证审核、过账。

(4) 冲销凭证。

假设6月8日的记账凭证金额出错，正确金额应为200元，请用红字冲销法更正。

(5) 制作模式凭证。

制作一张有关提现的模式凭证，用模式凭证处理下述业务。

6 月 30 日，从银行提取现金 3 000 元。

(6) 账簿查询。

查看各种总分类账、明细账、科目余额表、试算平衡表等。

(7) 核销管理。

① 利用核销管理功能进行其他应收账款的核销。

② 查看往来对账单及账龄分析表。

6. 期末业务处理

1) 制作自动转账凭证

摊销应由本月负担的报刊费，如表 16 所示。

名称：摊销报刊费

表 16 摊销报刊费

转账期间	会计科目	方　向	转账方式	比　例	包含本期未过账凭证
1-12	管理费用—办公费	自动判定	转入	100%	
	预付账款	自动判定	按公式转出	100%	包含

公式提示：ACCT("1123","C","",0,1,1,"")/12

2) 期末处理

(1) 进行当月的期末调汇操作，生成凭证并审核过账。

美元的期末汇率：6.98

欧元的期末汇率：7.78

(2) 结转当期损益。

(3) 将结转损益的记账凭证过账。

(4) 期末结账。

二、报表管理系统练习

调用模板生成并查看当月武汉阳光工业有限公司的资产负债表及利润表。

三、工资管理系统练习

1. 建立工资类别方案

类别名称：正式员工

是否多类别：否

币别：人民币

2. 系统维护

系统参数：要求结账前必须审核，结账与总账期间同步。

3. 设置

(1) 导入或新增部门资料(参见表 9)。

(2) 导入并修改或新增职员资料(见表 17 和表 18)

表 17 职员资料

代 码	名 称	职员类别	部 门	个人账号
001	肖潇	管理人员	财务部	2712356487
002	胡亮	管理人员	行政部	2712568435
003	余伟	销售人员	销售一部	2713258741
004	孙一平	销售人员	销售二部	2713856984
005	顾小雨	生产人员	生产部	2714521436
006	王安	生产管理人员	生产部	2713632541
007	王力	管理人员	财务部	2712456789
008	吴悠	管理人员	财务部	2712567891
009	刘资	管理人员	行政部	2712568445
010	孙大光	管理人员	财务部	2712356789
011	李好	管理人员	财务部	2712456378

表 18 新增职员类别

代 码	职员类别
01	管理人员
02	销售人员
03	生产人员
04	生产管理人员

(3) 增加银行资料，如表 19 所示。

表 19 银行资料

代 码	名 称	账号长度
1001	中国农业银行水果湖支行	10

(4) 工资项目设置，如表 20 所示。

表 20 工资项目

项目名称	数据类型	小数位数	项目属性
职员代码	文本		其他
职员姓名	文本		其他
部门	文本		其他
基本工资	货币	2	固定项目
浮动工资	货币	2	可变项目
津贴	货币	2	可变项目
加班	货币	2	可变项目
病假	货币	2	可变项目
事假	货币	2	可变项目
应发合计	货币	2	可变项目
代扣所得税	货币	2	可变项目
医疗保险	货币	2	固定项目
养老保险	货币	2	固定项目
工会	货币	2	固定项目
扣款合计	货币	2	可变项目
实发合计	货币	2	可变项目
个人账号	文本		其他

(5) 工资计算公式设置。

公式名称：正式员工

应发合计＝基本工资＋浮动工资＋津贴＋加班

扣款合计＝病假＋事假＋代扣所得税＋医疗保险＋养老保险＋工会

实发合计＝应发合计－扣款合计

(6) 所得税设置，如表 21 所示。

表 21 所得税设置资料

名　　称	个人所得税计算
税率类别	含税级距税率
税率项目	应税所得＝应发合计－医疗保险－养老保险
所得计算	应税所得＝应发合计－医疗保险－养老保险
所得期间	2017.06
外币币别	人民币
基本扣除	3500

4. 日常初期

(1) 设置工资数据输入过滤器。

过滤器名称：正式员工

计算公式：正式员工

工资项目：全选

(2) 工资数据录入，如表 22 所示。

表 22 工资数据

职员姓名	基本工资	浮动工资	津 贴	加 班	病 假	事 假	医疗保险	养老保险	工 会
肖潇	2200	2000	500	200			44	176	9
胡亮	2000	1800	400	320		400	40	160	7
余伟	1600	1400	280	410	100		32	128	5
孙一平	1600	1400	280	320			32	128	5
顾小雨	1500	1300	260	480		200	30	120	4
王安	1500	1300	260				30	120	4
王力	1700	1500	300	200			34	136	6
吴悠	1500	1300	260	250	50		30	120	4
刘资	2000	1800	400	300			40	160	7
孙大光	1900	1700	350	300			38	152	7
李好	1700	1500	300	400			34	136	6

(3) 利用“工资计算”功能计算工资。

(4) 所得税计算。所得税计算方法为“按工资发放期间计算”，将计算出的个人所得税引入工资修改模块当中的“代扣所得税”栏中并保存。

(5) 工资费用分配，如表 23 所示。

表 23 工资费用分配

分配名称	工资费用分配			
凭 证 字	记			
摘要内容	分配工资费用		分配比例	100%
部 门	职员类别	工资项目	费用科目	工资科目
行政部	管理人员	应发合计	管理费用—工资及福利费	应付职工薪酬—应付工资
财务部	管理人员	应发合计	管理费用—工资及福利费	应付职工薪酬—应付工资
销售一部	销售人员	应发合计	销售费用—工资及福利费	应付职工薪酬—应付工资
销售二部	销售人员	应发合计	销售费用—工资及福利费	应付职工薪酬—应付工资

(续表)

分配名称	工资费用分配			
凭 证 字	记			
摘要内容	分配工资费用		分配比例	100%
部　门	职员类别	工资项目	费用科目	工资科目
生产部	生产人员	应发合计	生产成本—工资及福利费	应付职工薪酬—应付工资
生产部	生产管理人员	应发合计	制造费用—工资及福利费	应付职工薪酬—应付工资

(6) 福利费用分配，如表24所示。

表24　福利费分配

分配名称	福利费分配			
凭 证 字	记			
摘要内容	计提职工福利费		分配比例	14%
部　门	职员类别	工资项目	费用科目	工资科目
行政部	管理人员	应发合计	管理费用—工资及福利费	应付职工薪酬—福利费
财务部	管理人员	应发合计	管理费用—工资及福利费	应付职工薪酬—福利费
销售一部	销售人员	应发合计	销售费用—工资及福利费	应付职工薪酬—福利费
销售二部	销售人员	应发合计	销售费用—工资及福利费	应付职工薪酬—福利费
生产部	生产人员	应发合计	生产成本—工资及福利费	应付职工薪酬—福利费
生产部	生产管理人员	应发合计	制造费用—工资及福利费	应付职工薪酬—福利费

(7) 人员变动。

将财务部李好转为销售二部。

5. 期末处理

查看工资费用分配表，进行期末结账。

四、固定资产管理系统练习

1. 系统维护

系统参数设置：①与总账系统相连；②允许改变基础资料编码。

2. 基础资料

(1) 变动方式类别增加，如表25所示。

表 25　新增变动方式

代　　码	方式名称	凭证字	摘要	对方科目
002.004	报废	记	报废固定资产	固定资产清理

(2) 卡片类别管理，如表 26 所示。

表 26　固定资产卡片类别

代码	名　　称	使用年限	净残值率	计量单位	预设折旧方法	固定资产科目	累计折旧科目	卡片编码规则	是否计提折旧
001	房屋类	50	5%	栋	平均年限法	1601	1602	FW-	不管使用状态如何一定提折旧
002	交通工具	10	3%	辆	工作量法	1601	1602	JT-	由使用状态决定是否提折旧
003	生产设备	10	3%	台	双倍余额递减法	1601	1602	SC-	由使用状态决定是否提折旧
004	办公设备	5	5%	台	平均年限法	1601	1602	BG-	由使用状态决定是否提折旧

(3) 计量单位类别，如表 27 所示。

表 27　计量单位类别

代　　码	组　　名	单　　位
01	数量组 1	栋
02	数量组 2	辆
03	数量组 3	台

(4) 固定资产期初明细表，如表 28 所示。

表 28　固定资产期初数据

资产编码	FW-1	JT-1	SC-1	SC-2
名　　称	办公楼	小汽车	刨床	喷漆设备
类　　别	房屋及建筑物	交通工具	生产设备	生产设备
计量单位	栋	辆	台	台
数　　量	1	1	2	1
入账日期	2017.5.31	2017.5.31	2017.5.31	2017.5.31
使用状态	正常使用	正常使用	正常使用	正常使用

(续表)

变动方式	自建	购入	购入	购入
使用部门	02 行政部	03 销售一部	04 生产一部	04 生产二部
折旧费科目	管理费用—折旧费	销售费用	制造费用—折旧费	制造费用—折旧费
币　　别	人民币	人民币	人民币	人民币
原币金额	1 200 000	300 000	200 000	300 000
开始使用日期	1997.5.31	2011.5.31	2011.5.31	2011.5.31
已使用期间	240	工作总量：300 000 km 已使用：100 000km	60	60
折旧方法	平均年限法	工作量法(计量单位 km)	平均年限法	平均年限法
累计折旧	480 000	100 000	100 000	120 000

3. 结束初始化

4. 日常业务处理

(1) 新增固定资产，如表 29 所示。

表 29　新增固定资产

资产编码	BG-001
名　　称	打印机
类　　别	办公设备
计量单位	台
数　　量	2
变动日期	2017.6.15
经济用途	经营用
使用状态	正常使用
变动方式	购入
使用部门	行政部
折旧费用科目	管理费用—折旧费
币　　别	人民币
原币金额	8000
购进累计折旧	无
开始使用日期	2017.6.20
已使用期间	0
累计折旧金额	0
折旧方法	平均年限法

(2) 减少固定资产。

将固定资产卡片中的一台刨床报废，如表 30 所示。

表 30　固定资产清理

清理日期	清理数量	清理费用	残值收入	变动方式
2017.6.20	1	300	3200	报废

注：清理费用以现金支付；残值收入存入农行

(3) 固定资产其他变动。

将固定资产卡片中小汽车的使用部门由销售部转为行政部，折旧费用科目也由“销售费用”转为“管理费用”。

(4) 利用“凭证管理”功能制作增加、减少固定资产的记账凭证。

(5) 查看固定资产清单等各种账表。

5. 期末处理

(1) 小汽车本月工作量 1500 公里。

(2) 计提固定资产折旧。

(3) 进行固定资产管理系统和总账系统的对账。

五、应收款管理系统练习

1. 系统设置

(1) 系统参数设置，如表 31 所示。

基本信息：启用年份为 2017 年，启用期间为 6 月。

表 31　坏账计提方法设置

计提方法	备　抵　法
备抵法选项	应收账款百分比法
坏账损失科目代码	坏账损失：6602.05，坏账准备：1231
计提坏账科目	应收账款；计提比例：0.3%

科目设置，如表 32 所示。

表 32　科目设置表

科目类型	科目代码
单据类型	1122
应收票据	1121
应交税金	2221.01.05

凭证处理：勾选“使用凭证模板”，不勾选“预收冲应收需要生成转账凭证”。

系统参数设置其他没有说明的内容采用默认状态，不更改。

(2) 应收款期初基础资料(参见表 14)。

(3) 根据基础资料内容，在系统中录入期初数据并进行对账处理。

2. 日常处理

(1) 2017 年 6 月 4 日，财务部开出增值税发票给良品百货，销售办公桌 200 张，不含税单价为 500 元，货款暂欠，销售业务由销售二部孙一平完成。

(2) 2017 年 6 月 18 日，收到顺心商场前欠货款 50 000 元。

(3) 2017 年 6 月 21 日，应收旺达商场销售款 20 000 元，由于意外原因，相关凭证丢失，同时该账款收回较难，确认为坏账处理。

3. 期末处理

进行期末对账检查、总额对账和结账。

六、应付款管理系统练习

1. 系统设置

(1) 系统参数设置，如表 33 所示。

基本信息：启用年份为 2017 年，启用期间为 6 月。

表 33　科目设置

科目类型	科目代码
单据类型	2202
应付票据	2201
应交税金	2221.01.01

系统参数设置其他没有说明的内容采用默认状态，不更改。

凭证处理：勾选“使用凭证模板”。

(2) 应付款期初基础资料(参见表 15)。

(3) 根据基础资料内容，在系统中录入期初数据并进行对账处理。

2. 日常处理

(1) 2017 年 6 月 5 日，向供应商新大木业支付前欠货款 150 000 元。

(2) 应付账款核销处理。

3. 期末处理

进行期末对账检查，期末总额对账和结账。

七、生成最终的资产负债表和利润表

注意，制造费用直接分配到餐桌。

模拟测试

一、要求

(1) 建会计科目(根据会计业务适当增加明细科目)，应收账款有客户往来辅助核算。
(2) 录入期初余额。
(3) 填制记账凭证并审核入账。
(4) 查余额表。
(5) 编制资产负债表、利润表。

二、资料

(一) 账套参数

公司机构代码：03
公司名称：武汉新华
账套号：03.01
账套名：新华工业
账套类型、数据库文件路径等参数按照默认设置。
记账本位币：人民币　　　　　　　货币代码：RMB。
启用会计期间：2017 年 9 月 1 日。
账套主管：王刚，不设密码；Administrators(系统管理员组)，不需授权。
会计：周平，不设密码；Users(一般用户组)，授予所有权限。

(二) 账套初始化及基础档案

1. 从模板中引入会计科目(新会计准则科目)。
2. 增加凭证字为“记”字。
3. 基础资料。

(1) 部门档案，如表34所示。

表 34　部门档案

部门代码	部门名称
01	财务部
02	销售部
03	厂部

(2) 客户档案，如表 35 所示。

表 35　客户档案

客户编号	客户名称
01	安逸公司
02	平价百货

(3) 该公司 9 月份期初余额数据如表 36 所示。

表 36　期初余额数据

账户名称	余　额	账户名称	余　额
库存现金	1950	原材料—配件	5670
银行存款—中信银行	369 200	原材料—油漆	2912
银行存款—招商银行	80 004 500	库存商品—A 产品	489 000
应收账款—平价百货	66 750	固定资产	285 000
累计折旧	2888	实收资本	81 222 094

4. 试算平衡检查并结束初始化。

三、9 月份发生的会计业务

(1) 9 月 1 日，采购原材料共计 85 000(不含税)元，其中：配件 68 520 元，油漆 16 480 元，增值税税率为 17%，货款已用招行存款支付，材料已验收入库。

(2) 9 月 2 日，车间生产 A 产品领用材料 35 130 元，其中配件 23 000 元，油漆 12 130 元。

(3) 9 月 4 日，购进小汽车一辆，价税合计 234 000 元，增值税税率为 17%，已用招行存款支付。

(4) 9 月 5 日，从招商银行提取现金 30 000 元。

(5) 9 月 8 日，销售部员工王可预支差旅费 2000 元。

(6) 9 月 10 日，现金支付本月行政管理部门通信费 4400 元。

(7) 9 月 10 日，王可报销差旅费 1800 元，多余现金退回。

(8) 9 月 25 日，计提固定资产折旧，其中车间折旧 8350 元，行政部门资产折旧 5350 元。

(9) 结转本月制造费用到产品 A。

(10) 9 月 26 日，完工产品 A 入库，结转其成本。

(11) 9 月 28 日，计提职工工资 26 200 元，其中生产人员工资 10 000 元，管理人员工资 10 000 元，销售人员工资 6200 元。

(12) 9 月 28 日，销售产品 A 给安逸公司，不含税价为 68 000 元，增值税税率为 17%，货款尚未收到。该批产品的实际成本为 61 200 元。

(13) 结转当期损益。

(14) 编制资产负债表、利润表。

参考文献

1. 欧阳电平. 电算化会计——原理. 分析. 应用[M]. 武汉：武汉大学出版社，2011.

2. 杨周南. 会计信息系统——面向财务业务一体化[M]. 北京：电子工业出版社，2006.

3. 张瑞君，蒋砚章. 会计信息系统[M]. 北京：中国人民大学出版社，2006.

4. 中华会计网校. 会计电算化[M]. 北京：高等教育出版社，2016.

5. 黄辉. 会计电算化[M]. 大连：东北财经大学出版社，2016.

6. 周明智，肖靖. 会计电算化[M]. 上海：立信会计出版社，2016.

7. 张慧德. 会计电算化[M]. 北京：清华大学出版社，2014.

8. 金蝶软件(中国)有限公司. 金蝶 K/3 标准财务培训教材[M]. 北京：机械工业出版社，2011.

9. 郑菁. 金蝶 K/3 财务管理系统实验教程[M]. 北京：清华大学出版社，2015.

10. 毛华扬. 会计信息系统原理与方法[M]. 北京：清华大学出版社，2011.

11. 欧阳电平. 电算化会计实验教程[M]. 武汉：武汉大学出版社，2008.

12. 李海波. 新编会计学原理——基础会计[M]. 上海：立信会计出版社，2017.

13. 夏冬林. 会计学[M]. 北京：清华大学出版社，2003.